新时代高校英语课程改革与发展策略

张曦月 著

新华出版社

图书在版编目（CIP）数据

新时代高校英语课程改革与发展策略 / 张曦月著 .
-- 北京：新华出版社 , 2023.5
ISBN 978-7-5166-6835-1

Ⅰ . ①新… Ⅱ . ①张… Ⅲ . ①英语—课程改革—教学
研究—高等学校 Ⅳ . ① H319.3

中国国家版本馆 CIP 数据核字（2023）第 100430 号

新时代高校英语课程改革与发展策略

作者： 张曦月
出版发行： 新华出版社有限责任公司
（北京市石景山区京原路 8 号　邮编：100040）
印刷： 天津和萱印刷有限公司

成品尺寸： 170mm×240mm　1/16　　**印张：** 17　　**字数：** 276 千字
版次： 2025 年 1 月第 1 版　　　　　　**印次：** 2025 年 1 月第 1 次印刷
书号： ISBN 978-7-5166-6835-1　　　　**定价：** 72.00 元

微店　　视频号小店　　抖店　　京东旗舰店　　请加我的企业微信

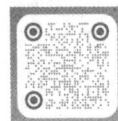

微信公众号　　喜马拉雅　　小红书　　淘宝旗舰店　　扫码添加专属客服

作者简介

张曦月，女，讲师，硕士学位，现为贵州师范大学国际教育学院教师。主要研究方向为对外英语教学。发表论文七篇，其中在北大核心刊物上发表论文两篇，并有一篇SCI论文待发。主持教育部协同育人项目一项，参与厅级重点项目一项，参与厅级普通课题两项。

大学英语是我国高校教学中的一门基础课程，是我国高等教育体系中的重要构成要素，它在培养学生的英语能力、向社会输送英语人才等方面发挥着重要作用。21世纪，随着商贸国际化和利益共同体建设的推进，社会对大学生的英语听说能力提出了更高的要求，然而受传统教学模式的影响，大学英语教学面临着一些问题，如学生的语言综合应用能力不足、教师的知识结构单一等。对此大学英语教学的深入改革与创新势在必行，大学英语教学有必要在转变教学思想、革新教学模式、创新教学策略的基础上，寻求更大的进步与发展。

建立人类命运共同体是当今世界的重大命题，共赢共享是全人类的美好心愿。建立人类命运共同体的前提是民心相连，而民心相连的基石是语言沟通。跨文化交际与交流、国际合作和沟通，需要人们通过有效的语言表达来进行。能有效运用英语进行跨文化交际，已成为经济全球化、信息化发展时代社会公民应具备的基本素养。在21世纪，大学生理应具有国际视野和全球意识。新时代要求高校英语课程应更注重以学生的学习兴趣、生活体验和语言理解水平为基础，训练学生的综合语言能力，将语言学习过程变为学生建立积极的情感心态、培养跨文化交际能力和独立学习能力的过程。

大学生是人类命运共同体的建设者和受益者。积极有效的英语学习能够帮助学习者更加了解外国文化，加深对祖国文明的认识，进而拓展海外文明视野，形成跨文化交际意识，养成初步的跨文化交际交往能力。

本书共七章。第一章对高校英语教学进行了整体性的分析，包括高校英语教学内涵、高校英语教学模式概述及高校英语教学现状与问题。第二章的内容为高校英语教学理论研究，包括我国高校英语教学定位、高校英语课程设置研究概述和高校英语教学中教育理论的应用。第三章探究了高校英语课堂中的跨文化教学，包括跨文化交际与高校英语教学融合探索、跨文化交际理论在高校英语教学中的实践研究及高校英语跨文化教学中的问题与成因。第四章的内容为新时代高校英语教学创新性研究，包括新时代高校英语教学与生态教育融合研究、新时代高校英语混合式教学实践探究及新时代高校英语教学理论与实践的创新。第五章为新时代高校英语教学思维创新研究，包括多元文化思维下的高校英语教学、跨文化背景下高校英语教学思维创新及新时代高校英语教学创新性思维培养与发展。第六章探讨了新时代高校英语教学模式改革与创新，包括新时代高校英语教学改革的方向与趋势、新时代高校英语教学模式改革的理论基础、新时代高校英语教学模式改革的策略及新时代高校英语教学模式的创新与应用。第七章论述了新时代高校英语教学模式探索与实施，包括新时代"互联网+"与高校英语教学的关系、新时代"互联网+"背景下高校英语教学的创新模式及新时代"互联网+"背景下高校英语教学的创新优化。

本书理论观点清晰新颖，实践论述详尽实用，不仅做到了理论与实践的有机结合，也体现了最新的研究方向和成果。此外，本书结构严谨合理，语言通俗易懂，便于读者阅读和理解。因此，对于教师的教学、学生的学习以及相关专业人士的研究来说，本书有着重要的借鉴意义和价值。

在成书的过程中，作者受到学院领导及同人的大力支持和帮助，他们提供了很多资料、书籍以及有价值的观点和意见；此外，作者参考了大量的文献和专著，并引用了部分专家和学者的观点，在此一并表示感谢。由于作者的写作水平有限，书中难免有疏漏和不妥之处，还望广大读者批评指正。

作者
2022 年 12 月

目　录

第一章 高校英语教学综述

第一节 高校英语教学内涵

经过几十年的发展，我国的大学英语教学取得了显著的成绩。大学英语教学在教与学两个层面上的改革都取得了明显的进步，在教学理论、教学内容、教学方式、教学效果、教学实践上都有较大的改变。

一、高校英语发展脉络

大学英语教学是我国高等教育的一个重要组成部分，是反映一所高校整体教学质量和教学水平的重要窗口之一，也是国家判断、衡量高校教学水平的一个重要指标。大学英语课程是本科教学的一门必修公共基础课程，具有重要的工具性和人文性特征。

1966 年以前的大学外语教学主要采用语法翻译法。改革开放以后，大学英语教学经历了恢复、发展和提高三个阶段，形成了新的教学体系。也有专家认为，改革开放以来的外语教学历程基本上可以分为复苏期、发展期和稳定期三个阶段。

20 世纪 70 年代末至 80 年代中期，听、说、读、写、译等语言技能均合格的大学英语教师奇缺，不少非英语专业的教师（如俄转英）匆匆走上讲台。1985 年的教学大纲制定得比较切合实际，没有对大学英语教学提出过高的目标，主要是培养学生的阅读能力。实际上，这样的教学大纲对当时的教师已经算是具有很大的挑战性了。因为这一阶段入校的学生绝大部分在中学阶段所受的英语教育非常有限，在校期间受到的技能训练不够正规，大部分大学毕业生除了听说能力较差以外，阅读能力也只能对付一般文献，更谈不上写作能力了。

20 世纪 80 年代中后期到 90 年代中期，大量经过正规语言技能训练的英语专业本科毕业生及研究生加入大学英语教师队伍。同时，中学英语教师中本科和专科学历的比例也在不断提高。全国专家编写了数种大学英语教材，并建立了全国统一的四、六级测试系统，大学英语教学出现了空前的喜人局面。也正是这个时候，社会的发展对高校毕业生提出了更高的要求，高等院校发展的差异也日趋明显。教师教学理念从以教师为主转向以学生为主，"一刀切"的教学管理转向个性化教学，多媒体教学和网络教学模式也提到日程上来了。

1997 年，教育部高教司委托全国大学英语指导委员会开始对 1985 年理工类和文史类两个教学大纲进行修订。经过两年多的修订工作，《大学英语教学大纲》（修订本）于 1999 年颁布实行。

修订后的大纲以阅读为主，用四、六级这一把尺子衡量全国的大学英语教学。不少院校把四、六级通过率当成教师教学业绩的重要组成部分，造成了大规模的应试教学。

在《大学英语教学大纲》修订的同时，大学英语四、六级考试项目做了相应的调整，增加了主观题的类型和比例，并在一定的范围内实行英语口试。全国性考试项目的调整有效地推动了学习者英语运用能力的培养，特别是口语考试的引入，进一步为大学英语教学树立了新的标准和努力的方向。

近几年来，外语教学界的部分学者、专家，乃至在校学生，对大学英语教学提出疑问。例如，有人指出，大学英语课是最费时、最耗力的课程，但学生运用英语的能力远不能满足社会发展的需要，对英语国家文化的了解非常有限。高校英语教学改革除了政策上的正确、坚定与领导者的支持外，最为重要的是一线教师的教学理念、教学方法及策略的转变与更新。大学英语教学的改革尤其如此。传统的教学理念曾经培养了一些语言技能不全的大学毕业生。新时代对人才的新要求迫使我们对过去的教学理念和教学原则进行反思，并从中吸取教训。我国高校的英语教学一直在发展，但是发展过程中也充满困难，如缺少足够的合格教师、缺少体现语言教学新理论的全新教材、缺少不给教学带来副作用的评测方式等。为了解决大学英语教学中存在的问题，首先要修订大纲，全面提高学生的综合应用能力。

进入新世纪，教师队伍也发生了比较大的变化，一批英语专业本科毕业生以及一定数量的硕士、博士毕业生充实到教师队伍中，并成为英语教学的骨干力量。这与十几年前相比较，已经发生了很大的变化。十几年前大学英语教师的教学论文多数还只是经验之谈；而现在，许多教师能够在语言学等相关学科的指导下，致力于教学理论、学习理论以及有关方面的研究，并将研究成果应用于教学实践中。

21 世纪以来，中国高等教育经历了几次大规模的改革，其中"质量工程"是重点改革项目之一，而"大学英语课程教学改革"是其中的一个子项目。2002 年底，教育部成立了由全国中学及大学外语教育界、用人单位、国家行政主管部门等单位专家组成的"大学英语教学改革项目组"，并开始工作。同年，教育部把大学英语教学改革作为"质量工程"的一部分下发了《关于启动大学英语教学改革部分项目的通知》，至此，大学英语教学改革正式启动。在不断的调整与改革中，大学英语教学发生了比较明显的变化，这些变化可归纳如下。

2002 年开始的新一轮大学英语教学改革，其目标是以提高大学生的英语听说能力为主，以此带动英语综合能力的提高。大学英语教学改革概括地说可分为三个部分，即教学大纲的修订、教学内容和方法（包括教材、软件、教学方法和模式）的改革以及大学英语四、六级考试改革。

大学英语教学改革的第一个部分是英语教学大纲的修订，主要有三点：一是修正原教学大纲纲领性过强、分类指导不足等问题，把新的大纲改为《大学英语课程教学要求》，给学校自主权，增加了大学的自主性和可选择性。二是修正教学目的，将原大纲的教学目的修改为"大学英语教学的重点从以提高阅读写作能力为主转移到以提高听说能力为主"。三是提出了"采用信息技术，把以课堂教学模式为主改为基于计算机和课堂的教学模式"，也就是通过信息技术的应用来解决学生的英语听说学习问题。

2007 年，教育部以文件形式下发了《大学英语课程教学要求》（以下简称《教学要求》）正式稿。

大学英语教学改革的第二个部分是教学内容和教学方法的改革。计算机和网络技术的发展为我们改革教学内容和方法提供了强有力的技术支撑。大学英语教学最重要的任务之一是解决中学阶段还未解决的听力问题，传授学生学习英语的技巧，使之具有可持续发展的自学和自我提高能力，在大学毕业走向社会后，还能够自主学习，自我发展完善，适应工作和生活需要。

大学英语教学改革的第三个部分是大学英语四、六级考试改革。考试改革主要分为两大部分，即考试内容的改革与考试方法的改革。考试内容的设计要以促进英语学习可持续发展为目的。在考试方法改革方面，准备推进以机考为主的考试形式。

大学英语四、六级考试是与《教学要求》紧密相关的，它是检验大学英语教学是否达到《教学要求》的一种教学性水平考试，而不是选拔性考试。也可以说，大学英语教学改革的成败很大程度上取决于四、六级考试改革。

二、高校英语教学的本质

高校英语教学的本质主要可以从两方面来论述，即英语教学的属性及其内容。

（一）英语教学的属性

英语教学的属性可以从以下几个方面来进行讨论：①英语教学是一种语言教学。英语教学属于英语学科，因此，自然是一门语言的教学。②英语教学是一种外语教学。在我国，汉语才是我们的母语，英语虽然是学校课程设置中的外语学科的主要语种，但是终究属于外语的范畴，因此，英语教学属于外语教学。③英语教学是一种文化教学。英语不仅是一门语言，而且是以英语为母语和工作语言的群体文化的重要载体，甚至是世界文化的重要载体。对于我国学生而言，英语国家文化是不同于我国文化的外在文化，因此英语教学对我国师生而言还是一种跨文化教学。④英语教学是一种能力教学。对我国英语学习者而言，英语教学是以英语知识教学为基础的、培养运用英语能力的活动，其目的是培养学生运用英语的能力，而英语知识教学只是为培养英语运用能力这一目的提供基础。因此，从本质上说，英语教学是能力教学，而不是知识教学。

（二）英语教学的主要内容

早在 20 世纪初，欧洲就提出了英语教学主要以听、说、读、写四项基本技能及其文化传承为主要内容。我国英语教学的主要内容包括以下几个方面。

1. 语言知识

知识是语言能力的有机组成部分，也是发展语言技能的重要基础。要想学好一门语言，必须先了解其相关的知识，这样我们才能更快、更好地理解和掌握这门语言。学习英语语言知识可以从语音、词汇、语法、功能以及话题五个方面入手。

2. 语言技能

英语的语言技能包括听、说、读、写、译这五个方面以及五种技能的综合运用能力。这五种技能既是学习的内容，又是学习的手段。

3. 学习策略

学习策略是指学生为了有效地学习和发展而采取的各种行动、步骤，它们是学好知识的重要组成部分。掌握了正确的方法和步骤，就会使我们的学习效率事半功倍。英语学习策略包括认知策略、交际策略和资源策略。

4. 情感态度

情感态度是指兴趣、动机、自信、意志以及合作精神等影响学生学习过程和学习效果的相关因素，以及在学习过程中逐渐养成的文化情感。

5. 文化意识

文化意识是指所学语言国家的历史、地理、风土人情、传统习俗、生活方式以及文学艺术、行为规范、价值观念等。英语不仅仅是一种语言的表达，更是一个国家文化的展现，了解一个国家的风俗人情、礼仪文化对我们学习这个国家的语言是大有裨益的。从宏观角度讲，它还有利于我们培养世界意识。

第二节　高校英语教学模式概述

一、教学模式的定义

"模式"一词是英文 model 的汉译名词。model 还可译为"模型""范式""典型"等，一般指被研究对象在理论上的逻辑框架，是经验与理论之间的一种可操作性的知识系统，是再现现实的一种理论性的简化结构。最先将"模式"一词引入教学领域并加以系统研究的人，当推美国的布鲁斯·乔伊斯（Bruce Joyce）和玛莎·韦尔（Marsha Weil）。

乔伊斯和韦尔在《教学模式》一书中指出，教学模式是构成课程和作业、选择教材、提示教师活动的一种范式或计划①。冯克诚、西尔枭认为，教学模式是在一定的教学思想或教学理论指导下建立起来的、较为稳定的教学活动结构框架和活动程序②。作为结构框架，突出了教学模式从宏观上把握教学活动整体及各要素之间内部关系的功能；作为活动程序则突出了教学模式的有序性和可操作性。黄旭明认为，教学模式也称教学流程结构，就是在一定的教学思想指导下建立的比较典型、稳定的教学流程。它是在教学实践中不断总结、改良、提炼而逐步形成的一套流程结构，源于教学，又反过来指导教学实践，是影响教学效果的重要因素③。黄子成认为，教学模式是在一定的教学思想或教学理论指导下建立起来的，在教学过程中遵循较为稳定的教学程序及其实施策略体系，具有显著的可操作性特点④。

虽然对"教学模式"的表达各异，但以下几点受到了广泛认可：

①教学模式与教学理论密切相关。在某种教学理论指导下建立某种相应的教学模式。

②教学模式与教学目标密切相关。教学模式为达成教学目标服务。

③教学模式与教学方法相关。某些教学方法适用于某些教学模式，或者某些教学模式要求使用某些教学方法。

④教学模式与教学结构相关。教学结构从宏观上把握教学活动整体及各教学要素之间内部关系的功能。

⑤教学模式与教学程序相关。程序体现模式。

⑥教学模式是教学理论与教学实践的中介，是教学理论的操作化和教学实践的规范化。

二、教学模式的基本要素

教学模式是教学理论和教学实践的中介，是从教学原理、教学内容、教学目

---

① 乔伊斯，韦尔，卡尔霍恩. 教学模式［M］. 兰英，译. 北京：中国人民大学出版社，2014.

② 冯克诚，西尔枭. 实用课堂教学模式与方法改革全书［M］. 北京：中央编译出版社，1994.

③ 黄旭明. 中小学信息技术教学法［M］. 长春：东北师范大学出版社，2005.

④ 黄子成. 中学英语教学建模［M］. 南宁：广西教育出版社，2003.

标和任务、教学过程直至教学组织形成的一种整体系统的操作样式，这种操作样式是加以理论化的，其结构一般包括教学思想（或教学理论）、教学目标、操作程序、实现条件和教学评价等。

（一）教学思想

教学模式是对一定的教学理论或教学思想的反映，是一定理论指导下的教学行为范式。不同的教育观往往提出不同的教学模式。概念获得模式和先行组织概念模式的理论依据是认知心理学派的学习理论，而情境陶冶模式理论依据则是人的有意识心理活动与无意识心理活动、理智与情感活动在认知活动中的统一。

（二）教学目标

任何教学模式都指向一定的教学目标。在教学模式的结构中教学目标处于核心地位，并对构成教学模式的其他因素起着制约作用，它决定着教学模式的操作程序和师生组合，也是教学评价的标准和尺度。正是由于教学模式与教学目标的这种极强的内在统一性，决定了不同教学模式的个性。不同的教学模式是为完成一定的教学目标服务的。

（三）操作程序

每一种教学模式都有其特定的逻辑步骤或操作程序，它规定了在教学活动中师生先做什么、后做什么，各步骤应当完成的任务。

（四）实现条件

实现条件是指能使教学模式发挥效力的各种条件因素，如教师、学生、教学内容、教学手段、教学环境、教学时间等。

（五）教学评价

教学评价是指某种教学模式所特有的完成教学任务、达到教学目标的评价方法和标准等。由于不同的教学模式所要完成的教学任务和达到的教学目标不同，使用的程序和条件不同，当然其评价的方法和标准亦有所不同。目前，除了一些比较成熟的教学模式已经形成了一套相应的评价方法和标准外，有不少教学模式还没有形成自己独特的评价方法和标准。

三、教学模式的分类

教学模式是开展教学活动的一套方法论体系，它具有要素关系的结构化、理论和实践的结合性、功能目标的针对性、可操作性和灵活性等基本特点。依据不同的分类标准可以有不同的教学模式，如表 1-2-1 所示。

表 1-2-1　依据不同分类标准的教学模式

分类标准	按教学系统的结构分	按教学组织形式分	按课堂教学模式分	按教学目标分	按学习形态分	按学习理论分	按教学环境分
教学模式	"以教师为中心"的教学模式	班级教学模式	赫尔巴特（或五段）教学模式	基于"做"的教学模式	自主学习模式	行为修正模式	课堂教学模式
	"以学生为中心"的教学模式	小组教学模式	凯洛夫的课堂教学模式	基于"思维"的教学模式	协作学习模式	社会互动模式	网络教学模式
	"双主性"教学模式	个别化教学模式	加涅的课堂教学模式，"五段"课堂教学模式，"六步三段两分支"课堂教学模式	基于"事实"的教学模式	—	人格发展的个人模式，信息加工模式，建构主义模式	混合教学模式

不同的教学模式都有各自不同的侧重点。它们都包含着自己所看重的教学思想，以及在此教学思想指导下的课程设计、教学原则，以及师生活动结构、方式、手段等。通过专家学者们的凝练，这些教学模式可以为表达教学活动的基本程序或框架，易学易用。需要指出的是，在一种教育模式中可以集成多种教学方法。因此，教师应该从教学的整体出发，根据教学的规律选择与实际需求相符合的教学模式，不可生搬硬套。换言之，任何教学模式都不是僵死的教条，而是既稳定又有发展变化的教学活动程序框架，都是以满足学生的学习需求为目标的。

四、高校英语教学模式的发展

1986 年的《大学英语教学大纲（文理科本科用）》和 1999 年的《大学英语教

学大纲（修订本）》中并没有对教学模式的专门性表述，直到 2004 年推行的《大学英语课程教学要求（试行）》中才开始对大学英语教学模式做出具有针对性和系统性的表述。

1986 年的《大学英语教学大纲（文理科本科用）》中虽然认识到现代科技的发展对于英语教学的贡献，指出现代教学手段是保证教学质量、弥补师资力量不足的有效手段，但是在教学实践中仍然采取以教师讲授为主的教学模式。由于长期受到以"读"为中心、以语言知识讲授为主的传统教学模式的影响，综合英语课程在某种程度上制约了学生将语言知识转化为语言交际能力，限制了学生综合语言能力的提升。在教学中采取以教师为中心的教学模式，强调理论知识的讲授，忽视了实践体验的重要性，教学方式比较单一，较少考虑学生个体差异和需求，尤其缺乏对学生学习过程的及时评估与反馈。1999 年的大纲在教学模式方面是对之前大纲的继承和延续，要求各高校充分、合理地应用现代教学手段，如表1-2-2 所示。

表 1-2-2 1986 年版、1999 年版《大学英语教学大纲》中关于教学模式的内容

年份	大纲名称	关于教学模式的表述
1986 年	《大学英语教学大纲（文理科本科用）》	录音、录像、电视、电影、计算机等现代化教学手段不仅能显著提高英语教学质量，而且还能部分弥补当前师资的不足，应大力推广，充分利用，进一步开展电教设备、计算机辅助英语教学的研究和试验，加强各种教学软件的开发和建设
1999 年	《大学英语教学大纲（修订本）》	现代化的教学手段，如录音、录像、电影、电视、网络以及多媒体课件的使用有助于提高大学英语教学质量，各校应采取积极措施，大力推广、合理使用这些教学手段

随着科技的不断创新和发展，在绝大多数的高校英语教学中，都相继引进了多媒体网络技术，这使得传统的以黑板、粉笔为主要教学工具的课堂教学模式受到了很大的冲击。为此，我国的教育部门于 2003 年正式启动了以传统的大学英语教学模式改革为核心的改革工程，与时俱进，力图建立一种结合现代网络多媒体技术的新型教学模式。

随之在 2004 年和 2007 年，《大学英语课程教学要求（试行）》与《大学英语课程教学要求》两个政策性文件被制定出来。这两个文件都注重调动教师和学生

双方的积极性，特别是注重学生的主体地位，强调新的教学模式应当对师生间的关系有一个良好的定位，在教学过程中，学生是主体，一切教学活动都应以学生为中心，教师要做好课程的设计者、任务的设计者、任务实施的组织者等。互联网已经凸显出重要作用，改变了人们获取知识的手段，以其不受时空限制的显著特征对学校教育产生着巨大的影响。此番改革强调引入多媒体与网络，倡导学校重新整合计算机硬件设备，形成一个以校园网为基本教学环境的教学网络体系，实现多地点、个性化、自主式教学，保证教学内容的实用性、文化性和趣味性，可将原来教师讲授的内容进行任务化的设计与划分，而学生则可以在网络多媒体学习环境中主动、积极地去完成这些任务，展开人机交互式学习，习得语言技能。换句话来说，就是教学要从原来的以研究教师如何"教"为重点转移到如何利用网络学习系统自主"学"上来。

由此不难看出，计算机技术日新月异的进步使其功能有了跨越式的发展，在外语教学方面，已远远超出了其辅助功能，逐步走向主导地位。

在经济全球化进程不断加快的今天，社会各行各业对既有专业知识又熟悉相关领域英语的复合型人才的需求越来越大，这就对专门用途英语的教学提出了更多、更高的要求。

复合型英语人才大致可分为"专业＋英语人才"和"英语＋专业人才"两类。其中，前者是以英语为工具，从事专业工作。学习期间，学生可以根据自身需要选择两个或多个学科的课程，如经贸＋英语、物理＋英语、机械＋英语等。而后者则主要从事某些领域的口译、笔译工作。在英语教学中，这两类人才的培养都是以英语基础和多学科知识的交融为出发点的，力求培养出能对本专业知识融会贯通的综合性人才。

在此标准下，各专业学生不仅要具备一般的英语听、说、读、写能力，更要能利用英语来获取专业知识和信息，甚至要能利用英语参与国际学术交流等。由此可见，传统的大学英语教学模式已无法满足社会发展的需要，从某种程度上，甚至制约了学生的发展。

第三节　高校英语教学现状与问题

一、大学英语教学现状

（一）关注文化的教学大纲

我国的大学英语教学大纲规定了大学英语教学的目标，以阅读为导向，给学生打好语言基础，使学生具备流利地阅读英语书刊的能力，反映了语言与文化的紧密联系。

1983 年，高中英语得到普及，并成为高考科目。1985 年，《大学英语教学大纲（理工科本科用）》发布，为适应新形势需要，1986 年《大学英语教学大纲（文理科本科用）》发布。这两份大纲的目标是培养学生的阅读能力、听译能力、阅读写作能力。

由此可见，语言教学的最终目标是培养学生以英语为工具获取专业所需要的信息的能力，使学生具有较强的语言和交际能力。

此后，教学大纲的修订又经历了以下发展。

1999 年，《大学英语教学大纲（修订本）》颁布，强调培养学生听、说、读、写、译综合能力和阅读能力，打下扎实语言基础，熟练运用英语交流，掌握方法，提高素养。

1999 年，基础教育课程改革正式实施。

2004 年，21 世纪《大学英语课程教学要求（试行）》发布，强调英语语言知识与应用技能、培养学生的英语综合应用能力，改善教学体系，有效进行交流，增强自主学习能力。

2007 年，《大学英语课程教学要求》指出，大学英语以培养学生的英语综合应用能力为目标，增强素养，培养人文情感。

每一种语言都是人创造的。一直以来语言被视为一种工具，包含着一种独特的世界观。语言作为载体，实际上并不仅仅是工具，亦是文化。多熟悉一种语言，就是多熟悉一种文化，这其中承载着人的感悟、灵性、风格和精神，深藏着人的无穷智慧。

由此可见，大学英语的教学目标在不断改进，为凸显与中学英语教学的区别，在学生提高英语水平的同时，进一步改进课程设置，从语言知识的传授和操练入手，推进大学英语教学模式的改革，强调文化在英语教学中的影响，全面提高学生的综合文化素质。

（二）英语教材中的文化分析

1. 多重作用

语言教材体现大纲的具体要求，是语言使用的范例，能够帮助教师组织教学，指导学生培养跨文化交际能力。

通常，教材的多重作用有如下几点：①反映学习目标，展示教学内容；②练习、教习和自主学习的来源；③语法、词汇、语音的参考来源；④课堂活动的来源；⑤向学生传授文化知识的有力指导工具。

2. 文化教学

在文化教学方面，教材标志着学生在教室里可能获得的文化知识的类型和范围。可以说，教材是最常用的教学资源，教师在教学中很大程度上依赖教材。教材中的文化内容是对学习者进行文化教学的最好资源，是文化学习和教学的决定性因素。

3. 选择要素

对大学英语教学来说，在选择和评价教材时，需要考虑四个因素：①教师，主要是中国籍教师，还要考虑他们的年龄、性别、社会背景等；②学生，是正规在校学生；③课文，要看课文体现的文化内容，同时将文化视为具体的学习内容；④教材使用的环境，通常，学校教育是在母语语言环境中进行的。

4. 内容分析

分析教材中的文化内容，可以从三个方面着手：①微观层面，包括社会背景、发生场所以及价值观和人物态度；②宏观层面，包括政治、历史、社会、文化等内容；③还有国际性和跨文化层面。

此外，应该注意以下内容：①不展示孤立的现实；②尽量避免意识形态倾向；③信息、教材必须与时俱进；④展现文化研究中的准确事实；⑤不暗示外国社会的无问题性；⑥尽量避免文化定式，展示真实画面。

5. 内容缺陷

目前，我国选用的教材有两套，一套是《新视野大学英语读写教程》，另一套是《全新版大学英语综合教程》。两套教材的144篇课文中反映的文化内容主要是目的语文化，而且多是美国文化的各个方面。两套教材中的文化内容涉及了文化的一些表象，缺少对目的语文化的深层结构的介绍，缺乏教材所应包含的文化内容，如国家历史和地理、法律和秩序等。由于未涉及文化的深层内核，学生知其然，却不知其所以然。

由此可见，两套教材虽题材广泛，但总体上缺少经典作品。因此，对于学生而言，接触的两套教材，几乎没有涉及目的语文化的哲学经典文献和经典的文学作品。

《新视野大学英语读写教程》第14册共80篇课文，其中涉及的国家，如表1-3-1所示。

表 1-3-1 《新视野大学英语读写教程》涉及的国家

国家	美国	英国	法国	日本	肯尼亚	合计	不能确定
篇数	42	3	2	1	2	50	30

《全新版大学英语综合教程》第1~4册共64篇课文，其中涉及的国家，如表1-3-2所示。

表 1-3-2 《全新版大学英语综合教程》涉及的国家

国家	美国	英国	澳大利亚	俄罗斯	合计	不能确定
篇数	48	5	1	1	55	9

两套教材的共同特点就是与美国文化相关的内容占据教材的绝大部分，而过于突出美国文化易造成学生对目的语文化在理解上的偏差。

两套教材中基本上是文化的表象，几乎没有涉及目的语文化的经典文献。由此可见，提高学习者的全面素质，应提升学生对语言文化的深层理解。

（三）大学英语教学重点

我国大学英语教学过去一直更关注词汇、语法、语言知识的传授，关注听、说、读、写、译等基本语言技能，并一直作为外语教学的主流，导致学生用大量时间记忆单词，做大量重复练习，从而缺乏交际能力。

1. 宏观层面

20世纪80年代，受国外研究的启发，教育界也采用了实践方法，认同了目的语文化在语言教学中的重要作用。我国外语界认同文化的重要性，开始重视文化知识的介绍，从而不断加强文化教学，帮助学生提高跨文化交际能力。

此外，关于文化教学的方法与原则，在发展过程中有过以下观点。

①文化导入说：包括直接阐释法、交互融合法、交际实践法和异同比较法。

②文化揭示说：主张反映民族价值观等文化因素。

③文化融合说：随着文化教学研究的深入，学者开始关注教学大纲与教材，提议输入社会文化，并与外语教学相融合。

④文化语言有机化合说：在文化认识上，区分了表层文化和深层文化，并将二者有机地结合在一起。

2. 微观层面

从内容、原则、方法等微观层面上，对介绍目的语文化，讲授文化词语、文化内容，提高交际能力等提出建议。例如，外语教学界提出的"1+1 > 2"和文化创造力。

英语文化教学中，语言和文化有重要作用，能够有助于创造力和个性的提升。对于学习者来说，语言教学和文化教学对于个人的整体提升、人格完善有重要作用，不能仅仅将外语当作一种工具。

3. 教学重点

大学英语文化教学集中在如何教授文化、如何培养跨文化交际能力、文化教学的必要性这几个方面。其中热点是如何将目的语文化添加到课程上，强调文化知识的传授。例如，教师在时间允许的情况下，可以充分利用教材，将文化导入语言教学中，在进行语言教学的同时，进行文化导入，注意干扰信息，循序渐进、由浅入深地教授文化。

（四）面临的挑战

1. 学习者分类

很多人认为，外语教学的目的是了解目的语国家的科技、政治、经济等方面，同时进行商业、教育、文化交流等。可是，随着经济全球化的深入，英语影响力不断增加，日益成为全球语言。英语教学的目标势必转为培养具有跨文化交际能力的人。

根据外语学习和使用环境，外语学习者可以分为母语环境学习者、目的语环境学习者，以及在母语环境中非母语学习者。

由此可见，由于汉语和英语差异较大，母语文化和目的语文化差异也较大。因此，学习目的语的难度大。

2. 文化学习目的

文化学习目的包括文化调适和文化移入。其中，文化调适的目的是为适应新环境，指在国外的旅居者和在国际场合工作或学习的人，保持自己的本族文化身份，同时积累跨文化交际的经验。文化移入指移民到新国家，接受该国的价值观和世界观，力图融入主流社会，通过学习、培训、社会活动等，熟悉习俗，放弃本族文化身份。

3. 语言能力

美国语言学家诺姆·乔姆斯基（Noam Chomsky）研究儿童所习得的语法特点，提出"语言能力"，包括能力和行为，并指出这是人类与生俱来的，是语言体系，是识别和理解句子的能力，是归纳语言材料、推导语言规则、生成合乎语法的能力。

语言行为是语言能力的实际表现，指领悟和生成言语的心理因素，强调人的语言语法知识，是遵守语法知识和规则的表现。语言能力理论认为，听说者不需要社会文化因素。

4. 交际能力

交际能力不仅包括语言能力，还包括运用语言的能力。其中社会文化要素起着本质的作用，而且应该在使用中适合语境，主要包括说什么（what）、什么时候说（when）、和谁说（who）、怎样说（how），以及为什么这样说（why）。

此外，语言运用要适合特定的社会文化环境，包括对社会文化因素的了解，如何强调语用能力，重视语言在语境中的使用，分辨语句是否合乎语法，判断语句是否适合交际环境，考虑语言在语境中的作用等。语言不仅是独立的体系，而且与文化不可分割。

通常，交际能力可以概括为以下几种：①语言能力；②话语能力；③语篇能力；④社会能力；⑤策略能力；⑥社会语言能力；⑦社会文化能力。

交际能力是交际教学理论的核心，基础是强调社会语言能力，语言教学都只是教授语言形式，对第二语言产生深远影响，在相当长的时期内只要按照语法，就能进行交际。交际法强调了语言与文化的不可分割，在外语教学发展中，交际能力的研究，使文化教学不可或缺，奠定了文化因素的地位。

因此，交际能力暗示外语学习中的模仿，忽视了跨文化交际中的文化能力，未能满足文化传播的需要。因此，在交际中，双方都应该受到自己文化的影响，设法理解彼此的文化。交际教学理论重视言语行为和话语能力，忽视社会文化能力倾向。

（五）跨文化交际能力

跨文化交际能力不与某种语言相联系，随着跨文化交际的普遍化，基于历史的和现实的各种原因，研究者建立在研究母语使用者交往的情况之上，提出了"跨文化交际能力"。跨文化交际不共享同一文化交际，很大程度上缺乏文化共享。尽管拥有双语能力，甚至双文化能力也很不错，但并不等于拥有了跨文化交际能力。因为只有在多元社会中，才能更成功地完成高效的社会交际。

通常，跨文化交际能力有以下五个要素：①知识，这主要是指针对本族文化和目的语文化的学习，也就是对于交往程序的相关知识；②态度，主要指对自己文化的确信，并在其中还有对其他文化的怀疑；③解释和关联的技能，解释其他文化现象，在解释的过程中，联系本文化并进行阐释的能力；④批评性的文化意识，主要是指评价本民族文化，建立评价标准，同时对目的语文化进行评价的能力；⑤发现和交往的技能，学习文化及习俗等新知识的能力，并在真实的交际中，实施运用这些技能的能力。

跨文化交际能力强调敏锐的文化意识、态度、技能，影响人们的行为和观念，是对文化现象、特征，以及不同文化之间关系的理解。不只是外在知识，更是一种内在的能力，不只受到文化的制约，还受到社会可变因素等影响，对任何文化都有深刻的理解和洞察，强调行为和知识转变，注重"文化"扩展。

在特定环境下，跨文化交际能力执行交际行为，引出回应能力，具有强烈的跨文化交际意识，能识别文化差异、排除文化干扰，解决不同文化之间的交际规则冲突。

（六）外语教育

外语教育主要包括语言的学习、认知和经验。在学习中能够看到不同文化间的关系，以及一个社会的内部和外部联系，而且能够居中调节，并进一步加以批判或分析、理解。因此，学生需要一种跨文化交际能力，在相对闭塞的母语环境中，对目的语文化有认同，这样可以提高其语言能力，更有利于融入目的语文化，成为一个跨文化人。

对于我国非英语专业的大学生来说，在封闭课堂环境内，应试教育和教学方法单一，仅接触教材、教师、语法、词汇等，很容易在文化学习方面形成文化定式。同时，学生很难接触到也很难理解目的语文化中的深层文化，因而忽略了目的语文化的历史渊源。

二、大学英语教学遇到的问题

（一）高校对英语教学投入较少，师资力量不足

大学英语师资不足的情况随着近十年在校大学生数量的急剧增加而日显突出，我国这几年高等教育招生规模仍在不断增长，很多高校的师生比低于国家规定的 1∶14 的标准。在这种情况下，大学英语教师的数量不能满足高校学生的需求。同时，一些地方性普通高校的外教资源匮乏，一定程度上导致大学英语教师的门槛越来越低。不少新教师是毕业后即走上讲台授课，这种状况使得大学英语教师的教学水平参差不齐。大学英语教师往往每周要承担几十个学时的授课任务，他们很难有提高自身的业务能力和理论水平的时间。然而，一名合格的大学英语教师不但要掌握语言基本功，而且要有渊博的知识，除了作为教师必须拥有相关的英语专业知识，也应具备较高的教书育人的素质。因此"快餐"式的教师培养并不能很好地满足当代学生的需求，大学英语教师在质量方面也有待提高。

（二）高校英语教学目的受限于四、六级

大学英语实行四、六级考试有利有弊。有利的一方面是它推动了大学英语教学，促使教师想办法教会学生，督促大学生努力学习英语，提高英语水平，可以说它在此前的二十年里对进一步完善我国英语教学发挥了重要的作用。但是，它

的弊端也是很明显的。随着四、六级考试的制度化,教师为学生的通过率而焦虑,而学生为通过四、六级考试而学习。学生死背四、六级词汇表,似乎只要掌握了四、六级词汇,就是掌握了英语。诸多大学的英语教学理念就是"只要四级通过率上去就说明英语教学成绩显著,是成功的",并且英语教师还会因此获奖,院校还可以提高知名度。

一些学校把考试成绩与学位证挂钩,还有的把考试成绩作为保送研究生的一个必要条件。这就导致大学英语教学以研究考题为主要内容,以考试为教学目的,造成了为考而教、为考而学的"应试教育",最终使得我们培养出来的学生的实际应用能力难以得到提高,试题一旦脱离书本,学生就不知所措。而同时,抄袭、替考的现象也常有出现。

(三)学生学习态度不够积极

一般大学里的公共课到课率普遍较低,专业课相对较高;本科阶段基础课的到课率比专业课程稍低。关于英语学习方面,很多学生反映由于自己英语基础差,大学每学期的大班根本不能给学生的英语水平带来真正意义上的提高,因此也就放弃了课堂面授课。一些学生还指出,由于平时自己没有多少时间来进行预习和复习,或者开展其他形式的学习,所以在每周一次的面授课后教师讲的东西中有很多地方不能完全理解,在难度较大的听说课程方面这个问题就更加突出。也就是说,面授课堂上听不懂、不敢开口给部分学生带来的挫折感甚至使他们即使来到课堂,也是为了应付教师的点名,而不是想认真学习,提高自己的英语水平。

(四)实践教学不被重视

英语口语方面的实践则有时会被忽视。少数优秀教师也曾设计在知识点的讲解完成后有意识地增加学生练习的环节,但往往是讲完知识点后时间所剩无几,最多是匆匆地走个形式。

另外,实践教学通常会分小组进行。由于在小组合作学习时存在分工不明确的现象,每次小组讨论的时候,学生过于依赖上课的讲解,自学部分相对欠缺,在讨论中难有自己的观点和内容,合作学习成了课堂教学的简单、低效、重复的一环,如此一来造成了小组合作学习只是流于形式的结果。每个学员自学的内容较少,在小组中表达的也就较少,无法加深大家的印象,学习效果也就难以提升。

　　小组成员在学习中所遇到的难点各有不同，所以，他们在进行小组学习时，甚至不会列出难点与问题，在合作学习、讨论发言时也就无法做到有的放矢，时间一长，大家也就无心进行讨论了；而当有的学员提出具体问题时，其他学员不一定能热情地去解答，如果出现共性的难点，则普遍依赖于教师统一讲授。因此，小组活动中学生往往达不到预期的学习效果，即不能充分运用讨论的模式来处理学习中的问题。

第二章 高校英语教学理论研究

第一节 我国高校英语教学定位

教学定位是对学校教育的基本要求，明确教学定位不仅仅能够有助于教学思想的认识，还能够有利于教师制定课堂教学内容和方法。英语作为一门实践性较强的语言类学科，受教育国际化的影响十分明显。而英语在各个阶段的教学中，也成了一门主修学科，在学校、教师和学生的心中占有重要的地位。如今，我国经济的快速发展给英语教学的定位带来了新的形势，其不仅需要学生具有扎实的理论知识基础，还需要学生能够在实际的国际交流和生活中具有英语应用能力。

一、高校英语教学的作用

在素质教育、职业教育理念不断发展的大环境下，高等教育人才越来越受到接受和认可。这就要求高等教育工作者积极响应国家号召，努力培养适用于现代高科技型社会的综合性人才。

高等教育的课程内容与教学模式要与时俱进，为社会输出尽可能多的复合型高质量人才。英语作为所有语言中被引用最为广泛的一种，是我们与外国友人进行交流时所必须掌握的语言。英语为我国跨境行业的发展起到了极大的促进作用，同时也为我国扩大外贸商业奠定了良好的基础，是高质量发展的强有力保证。英语教学不外乎和中文教学一样，涉及听、说、读、写四个方面，学好英语可以在很大程度上提高学生的社交能力。在现今越来越激烈的社会竞争中，要想脱颖而出，除了掌握专业知识和实践技能之外，能够运用英语进行交流也是一大优势。同时，许多权威的学术刊物都是全英文的，学好英语就意味着可以直接读取学术信息，从而节约学习时间，提高学习效率。高校做好英语教学工作，有利于提升学生的综合素质，让其以更加优秀和自信的状态进入社会。

普通高校承担着人才培养、科学研究、社会服务、文化传承创新、国际交流与合作等任务，而大学英语课程与教学是改革开放以来中国高校语言教育规划的特色领域，外语人才培养是经济全球化时代培养国际化人才的基本途径。英语是世界性热门语言之一，它和中文的最大不同在于，中文讲究"意"而英语在于"形"。我们国家在推进世界经济全球化的基础上做出了巨大贡献，国家加大力度投入英语语言教学，让每个学生在校期间最大化吸收到实用性的交际语言，要求学生具有良好的英语交际与阅读能力。英语教育工作者要积极响应国家号召，更加努力地提升英语教学的趣味性，正确引导学生自觉地学习英语，培养学生主动学习英语的好习惯。

二、《大学英语教学指南》对大学英语教学的定位

当前我国英语教学中存在着一系列问题，造成这种现象的最主要原因是没有解决好小学、初中、高中和大学英语一体化设计问题。有学者提出建设具有中国特色的"一条龙"英语教学体系的观点，然而该项目十分庞大，需要科学缜密的考察、研究与分析，需要各个方面协同作战，绝非个人能力所及，也绝非一朝一夕之事。

教育部 2017 年颁布的《大学英语教学指南》（以下简称《指南》），厘清了大学英语学科性质，明确了课程定位。《指南》指出我国大学英语课程定位为"公共基础课程"，具有"工具性、人文性"双重性质。任何课程，其定位受多方因素影响，诸如时代特点、社会发展需求、人的发展需求等，需要综合考量。大学英语课程定位，最终指向特定社会、特定时期"人"的培养，故而新时期不能将其简单地定位成一门公共基础课，需要从国家战略、社会需求、个体发展等维度全面、综合考量，重新定位。

大学英语课程具有工具性价值，作为获取信息的工具，主要体现为语言应用能力的提升，包括两个方面：一方面，通过课程学习培养学生的英语技能。学生通过英语课程学习，掌握语言工具，获取新技术、新知识及跨文化沟通能力。另一方面，实现外部世界对学生英语能力的现实任务期待。经济全球化助推了各国高等教育教学的国际化，外部世界期待学生通过外语学习成为全球治理中的国际

化人才，成为通晓国际规则、精通国际谈判、能够开展国际对话的人才。大学英语课程的人文价值在于提高学生的人文素养、跨文化素养，促进学生心智的全面发展。语言是人类交流的工具，也是不同民族文化与民族精神的载体，是文化的组成部分，故而大学英语课程的定位问题不可避免地涉及语言背后的文化问题。在全球治理时期，国家需要培养了解目的语所属国家的文化、历史、经济、宗教等方面的内容，且具备跨文化意识、文化比较与鉴赏能力的国际化人才。

当下，我国大学英语课程的人文性价值需要重新考量。一方面，需要了解目的语所在国家的社会与文化，加强对他国文化的理解，并通过对比中外文化的异同，提升跨文化交际能力和国际文化素养。另一方面，树立让中国文化"走出去"的意识，充分凸显语言作为文化中介和调解方式的作用，促进不同地区文明交流。当然，这需要不同类型的大学根据国家的总体需求，结合本校主流学科的特点、本校不同类型专业发展需求等实际情况，对大学英语课程予以适切的定位。

（一）高校英语培养目标定位

高校英语培养目标定位的变动几乎都受到国家宏观经济改革的直接影响。就我国历史转折关键点——改革开放来看，当时教育部所拟定的高校英语教学大纲中直接指出高校英语教学培养目标应该是培养学生的英语阅读、听、说、写、译能力，其中又以阅读为教学培养重心，学生则能够根据所掌握的知识依托于当时先进的技术与制度，不断获取自身所需要的资料，进而实现自身职业素养与英语能力的同步发展。在 1998 年年末，在我国与世界接轨水平不断提升、经济贸易往来规模不断扩大的背景之下，现有高校学生的英语水平已经不能满足于当下应用需求，由此教育部在此对大学英语教学大纲做出了适当的调整。此次高校英语教学大纲不光需要培养高校学生基本的英语素养，还需要培养其良好的英语习惯，促使其具备较高的英语基础及相对的人文素养。而就 21 世纪最新制定的英语教学大纲来看，伴随着经济全球化发展趋势越发明显，高校英语教学大纲所制定的培养目标更是上了一个全新的台阶，在原有基础之上更加强调了英语实践应用能力的培养。从我国这三次英语教学大纲的改革来看，高校大学英语培养目标的定位是离不开当下社会经济发展环境与政治动向的。高校英语培养目标的定位基本上是由我国发展需求与市场需求来决定的，与高校学生的职业发展规划有着极为密切的联系。由此本科高校在对自身英语教学改革培养目标加以定位时，必须结合当下社会经济背景与市场需求，在参照学校现有资源与学生职业发展规划的基础之上，以供需关系来对其定位进行正确界定。高校大学英语培养目标的定位必须符合学校以及市场的整体发展趋势，必须在结合应用型人才培养目标的基础上，加强对其英语实践应用能力的培养，促使应用型本科学生构建较为完善的英语学习与应用体系，以此为职业素养与职业能力的提高打下坚实的基础。

（二）高校大学英语教学目标定位

根据对国内现行高校英语课程标准的分析不难得出，当下的课程标准并非仅仅针对某一类别的本科高校，其涵盖范围较为广泛，由此将其直接应用于高校大学英语教学目标的定位中明显是不适宜的，但不可否认的是我们可以依托于现行高校英语课程标准的方向性指导，再结合市场需求、本校英语教学资源以及学生职业发展需求，对其不断加以完善，进而制定出具有较强实践性与可操作性的高校英语教学目标，以此通过对教学目标的精准定位为学生提供提升应用能力与专业技能的指导方向，确保其能够跟上市场环境与社会经济发展的步伐。就整体来看，现今大部分本科高校的英语教学目标大多偏向理论化学习，只是为了学而学，并没有充分发挥出英语的应用功能。而针对应用型本科高校，英语教学可以说主要是为专业应用与提升而服务的，以学生职业发展为直接导向，因此在教学过程中只是沿用传统教研型本科的英语教学目标显然是不适用的，所以必须突破传统应试教育理念的束缚，对其教学目标加以精准定位。

现今高校英语教改工作已经进入了全面深化阶段，为进一步明确其发展方向，必须结合本校专业职业发展方向，通过定位体现应用型本科及高校自身的办学特色，避免由于社会英语水平而导致的教学改革同质化问题，同时还应该依托于当下社会经济与市场环境的变动不断对自身的教学目标加以改革，以此为我国各类经济活动的高效进行打下基础。

三、高校英语教学定位存在的问题

目前已形成共识的是外语教学包括通用英语（EGP）和专门用途英语（ESP）。通用英语即基础英语，在 20 世纪后半期，在英语逐渐成为国际社会通用语言的背景下，为了在世界取得一席之位，我国从中学至大学为在校生开设英语课程，目标是提高学生用英语进行交际的水平，使他们能够用掌握的英语胜任自己所从事的工作。

20世纪60年代，西方开始兴起专门用途英语的教学。20世纪80年代，理工科高校开始出现本科层次的专业英语课程。1987年，语言学家哈钦森（Hutchinson）和沃特斯（Waters）将专门用途英语划分为学术英语（EAP）和行业英语（EOP）。前者涉及用英语听讲座、查找和阅读文献、撰写论文和参加国际会议；后者指以职业为导向，即职场英语，如商务英语、法律英语、旅游英语、化学英语等。1988年，斯特雷文斯（Strevens）最早提出了ESP的主要特征，其中包括课程设置须满足学习者的学习需求、内容要与所学学科专业相关及语言要体现学术领域常用句法、词汇和语篇特点等。专业英语的内涵是依据学生专业学习需求开展的英语教学，其教学目的是满足学生的职业发展需求，目标是为学生的职业发展奠定语言基础。专业英语教学首先关心的是学生在特定学科领域内的语言交流能力和专业学习技能。它突出大学阶段英语教学的专业性、职业性和规划性。

有关研究表明，当前我国高中毕业生和大学毕业生与英语课程要求其达到的水平相距甚远，刚刚步入大学殿堂的高中毕业生尤其如此。尽管高中英语教学水平存在着城乡差异、发达与边远地区差异、沿海与内陆差异等，尽管个别地区的学生英语水平普遍较高，但也要看到，就整体而言，学生的英语基础依然十分薄弱。客观地讲，与其说《大学英语课程教学要求》（以下简称《教学要求》）设置三个层次的要求偏低，倒不如说《高中英语课程标准》设置的要求偏高。如果《高中英语课程标准》略微将要求放低些，同时《教学要求》将要求设置得稍高些，特别是提高针对所有大学生设置的一般要求，就会更加趋于合理，也就不会出现设置要求重合的尴尬局面了。尽管存在着一些瑕疵，《教学要求》还是以适应我国高等教育发展的新形势，深化教学改革，满足国家和社会对人才培养的需要为宗旨；以培养学生的英语综合应用能力，使他们在今后的工作和社会交往中能用英语有效地进行口头和书面的信息交流，适应我国社会发展和国际交流的需要为目标。因此《教学要求》的制定是科学的，是符合现实需要的，应当作为各高等学校组织非英语专业本科生英语教学的主要依据。

《教学要求》考虑到我国幅员辽阔、各地区以及各高校情况差异比较大，为适应个性化教学的实际需要，要求大学英语教学贯彻分类指导、因材施教的原则。《教学要求》将大学阶段的英语教学要求分为三个层次，即一般要求、较高要求和更高要求。一般要求是高等学校非英语专业本科毕业生应达到的基本要求。各高等学校应根据本校实际情况，确定教学目标，并创造条件，鼓励学生根据自己的学习情况向较高或更高要求调整自己的学习目标。《教学要求》中尽管没有明确的 ESP 字样，但三个层次每个层次均涉及 ESP，可以说 ESP 的教学理念已经融入《教学要求》之中。

基本要求与 ESP 相关的有：①阅读理解能力，能基本读懂国内英文报刊，掌握中心意思，理解主要事实和有关细节；②能读懂工作、生活中常见的应用文体的材料。

较高要求中与 ESP 相关的有：①听力理解能力，能基本听懂外国专家用英语教授的专业课程；②阅读理解能力，能阅读所学专业的综述性文献，并能正确理解中心大意，抓住主要事实和有关细节；③书面表达能力，能写所学专业论文的英文摘要，能撰写所学专业的英语小论文；④翻译能力，能摘译所学专业的英语科普文章。

更高要求中与 ESP 相关的有：①听力理解能力，能听懂所学专业的讲座，掌握其中心大意，抓住要点；②口语表达能力，能就一般或专业性话题较为流利、准确地进行对话或讨论，能在国际会议和专业交流中宣读论文并参加讨论；③阅读理解能力，能借助字典阅读英语原版教材和英语国家报纸杂志上的文章，能比较顺利地阅读所学专业的综述性文献；④书面表达能力，能用英语撰写所学专业的简短的报告和论文；⑤翻译能力，能借助词典翻译英语国家报刊上有一定难度的科普、文化、评论等文章，能翻译反映中国国情或文化的介绍性文章。

一般要求作为所有学生必须达到的基本要求体现出 ESP 教学的成分不多，仅仅就阅读理解能力做出要求，而对于听力理解能力、口语表达能力、书面表达能力和翻译能力没有做相关要求。较高要求中对听、读、写和译都做出了要求，唯独没有对"说"提出要求。而更高要求中，ESP 则无所不在，对听、说、读、写、译均做了要求。

通过《教学要求》中的大学英语教学目标和三个层次的英语能力要求可以看出，《教学要求》十分重视学生未来工作对英语的需求。尽管较高要求和更高要求是设立给程度好的学生，不是面对所有学生的，但可以肯定每所大学都会有一定数量的学生有能力在大学英语教学结束后达到这样一个程度。因此，大学里应该有相应的课程设置，这些课程设置主要偏重于 ESP。且不说目前大学里有没有真正为这样一批学生专门开设的课程，单就所有大学生都应达到的一般要求而言，至少在阅读理解能力方面要向学生传授 ESP 的相关知识，也就是教学和考试内容在阅读理解这一方面要与 ESP 挂钩，这一点是毋庸置疑的。按照《教学要求》，大学英语教学应当涵盖 EGP 和 ESP 两个部分，前者是后者的基础，后者是前者的拓展和延续，两者相辅相成、缺一不可。

当前我国高等院校大规模、系统性的大学英语教学仅仅局限于大一和大二两年，且以通过全国大学英语四、六级考试为终极目标。大三和大四除了零散的专业英语（主要由专业教师而非英语教师任课）选修课外，学生很少再接触英语。等到毕业时，不少学生反映基本上英语知识已所剩无几。国家外语能力事关我国参与全球事务、处理外交关系与展现国家软实力，大学英语教学是提升国家外语能力、培养国际人才的基本途径。我国大学英语教学开设以来，在"穷国办教育"的教育发展史上，资源投入较少，却创造了颇为辉煌的成绩。然而不可否认，"费时低效""八千万学子习外语，翻译人才缺九成"等问题与之并存。大学英语教学实践中存在的问题，与我国大学英语课程定位不无关系。大学英语课程受专业结构、课程体系及考查方式等影响，当前课程定位较为尴尬，"大学英语该取消""大学英语到底该不该开"等论调时有提及。

长期以来，具备特定领域专业知识的外语人才在经济全球化进程中发挥着举足轻重的作用。作为我国培养外语人才的主阵地——大学英语教学在人才培养方面存在课程定位不恰当、教学规划不科学、与当下社会需求不匹配等问题。我国参与推动全球治理体系变革的步伐日益加快，需要整体规划大学英语课程目标、建构立体化的大学英语课程内容体系、依托信息技术创建多维融合的大学英语教学模式、打造符合时代要求的高素质师资队伍，以进一步提升我国全面参与全球治理的能力。

第二节　高校英语课程设置研究概述

一、课程设置理论

课程设置是指在一定的课程理论或观念支配下的课程要素的选择、组织与安排，因理论的不同课程设置的模式也不一样。

（一）课程设置模式

由于所依赖的理论基础不同，课程设计在其发展过程中逐渐形成了不同的模式，其中最有影响力的为目标模式、过程模式和情境模式。

1. 目标模式

目标模式是最经典的课程设计模式，它诞生于 20 世纪 40 年代的美国，"课程理论之父"泰勒（Tyler）为其代表人物。泰勒认为，课程设计必须回答四个基本问题：①学校应该追求哪些教育目标？②提供哪些教育经验才能实现这些目标？③怎样才能有效地组织这些教育经验？④怎样才能确定这些目标正在得到实现？因此，泰勒的目标模式涉及四个基本环节：确定目标、选择经验、组织内容、评价结果。

该模式将评价活动引入了课程编制过程，强调编制活动的效率，很快成为一个很有影响力的课程理论模式。然而，部分学者对该模式提出疑问，因为很多课程目标是很难转化为行为的，也无法进行预测或检测，例如理解力、鉴赏力或想象力等。鉴于此，过程模式应运而生。

2. 过程模式

过程模式以结构主义哲学和认知心理学为基础，主张课程设计应该从分析学科结构入手，按照一种能反映学科基本结构的方法去设计各门课程。其代表人物斯腾豪斯（Stenhouse）认为，学科的基本结构反映了人类文化和知识的内在价值。过程模式的成功之处在于通过加强学生对系统知识的学习，发展了学生的思考力和创造力，但该模式把课程设计局限于学科结构的分析，忽视了社会和学生的需要。

3. 情境模式

情境模式是由斯基尔贝克（Skilbeck）提出的，该模式吸收了社会学家文化分析的成果，将课程设计与发展置于特定的社会文化结构之中。例如，以学校为单位通过对情境的全面分析和估计来进行课程设计。斯基尔贝克认为，每一个教育单位都有其特征、特定的关系网络和目标、特别的价值观念和行为准则、特定的程序和岗位职责。因此，课程设计就应该从分析学校各方面条件入手，以学校的具体情况与条件为基础进行课程设计。他把课程设计活动分为五个组成部分。

（1）分析情境

对构成情境的各种内外因素进行分析，以求得对课程目标来源的全面认识。

（2）拟订目标

情境模式强调目标来自对情境的分析，包括对师生各项活动的目标进行描述，以及教育活动方面的喜好、价值和判断。

（3）设计教与学的课程方案

课程方案包括教学活动、教学工具与材料、教学环境以及功课表等。

（4）阐明和实施课程方案

课程方案在实施过程中可能会遇到一些问题，因此，要通过经验、反思和研究分析，对这些问题加以解决。

（5）检查与评价

这一环节包括对课堂活动进展情况做出的经常性评定，对所产生的各种评定和对所有参与者的表现做详细记录等。

该模式把课程与更广泛的文化因素和社会因素联系起来，但该模式未能明确地指出如何在知识、社会与学生个人兴趣中进行取舍，无法为课程设计提供详细的蓝图。

（二）语言课程设计

就外语教学而言，因为教学内容的不同，课程设计具有一定的独特性。语言学家内申（Nation）和马科利斯特（Macalister）认为，语言课程设计由三个外圈和一个内圈组成。

由教育原理、教育环境和教育需求组成的外圈需要考虑诸多方面的理论和实践，对具体的课程设计起着主导作用。当然，在具体设计时，还要考虑到很多其他因素。例如，学习者的现有知识、学习者的不足、包括实践在内的现有资源、教师的技能、课程设计者的优势和局限、教与学的原则原理。只有充分考虑这些因素，这个课程才能适合当时的情境以及使用该课程的学生，才能有效地鼓励学生学习。总体来讲，课程设计过程涉及的因素可以被分成三个方面：环境分析、需求分析和原则的运用。

环境分析的结果是将涉及的因素按顺序列出，并考虑这些因素对课程设计的影响。需求分析的结果是根据学习者的现有水平、未来的需求和要求列出实际需要学习的各项内容。原则的运用是指先确定要运用的最重要的原则，然后通过整个设计过程监控原则的运用，其结果是形成一门课程，促进学生的学习活动。

外层圈和内层圈一起构成课程，但内层圈代表着大纲。内层圈以目标为中心，这意味着课程的总体目标最为重要，内层圈中的内容和顺序代表着课程中要学习的项目，语言课程必须考虑到课程的语言内容，这样才能保证学习者学到有用的东西，促进他们对语言的把控，使他们得到最好的回报。

内圈的格式和表达部分代表着课程的格式或单元，包括帮助学习的各种技巧和活动。这是学习者最关心的一部分，必须由当前最好的教与学的原理作指导。内圈中的监控和评价表明有必要注意观察学习活动，检验学习结果，对他们的学习进步做出反馈。

可以想象在整个模式的外围可以再画一个大圈，这个大圈代表着评估，可以包括审视课程的每一个方面，然而，这通常是课程设计中被忽略的一个方面。

二、高校英语课程设置情况概览

1986 年颁布的《大学英语教学大纲（文理科本科用）》标志着大学英语成为一门高校公共基础课程，国家教委组织专家依据教学大纲就如何培养学生的英语语言基本功进行课程设置。虽然，中国幅员辽阔、地区差异较大，各所学校也有各自的特点，但全国高校都采用统一的课程设置模式，将目标模式与过程模式进行整合，属于传统性课程设计。

1999 年颁布的《大学英语教学大纲（修订本）》提出了大学英语课程改革的设想框架。在这同时，《高中英语课程标准》全面实施，我国中小学基础英语教育改革取得了显著成果，这对大学英语课程设置提出了严峻挑战。此外，社会的发展对大学生的要求越来越高，这些因素在客观上促进大学英语课程设置的改革。

2007年国家教育部颁布了《大学英语课程教学要求》（以下简称《教学要求》），全面实施大学英语教学改革，具体表现在以下两个方面：①提出根据学生的专业差异和个体差异设置各自的大学英语必修课程和选修课程；②课程设置要调动教师的积极性，发挥教师的专长和特长，开设教师和学生双方都喜欢的课程，实现个性化大学英语教学，发挥教师的潜力。

在《大学英语教学大纲》指导下，大学英语课程设置采纳了目标模式，强调调程设置时应该分四步：①目标分析——调查社会生活、学科知识和学习者，确定学习目标；②开发研究——根据学校种类和学科的差异，确定教学内容；③推广研究——具体课程的实施；④评价研究——检测课程的有效性并确定推广政策。

在《教学要求》的指导下，大学英语课程设置基于社会的种种需求，强调课程设置的适应性、变化性和不确定性。每所学校新建立的大学英语课程体系都是具有开放性的，在教师、学生和社会需求之间不断协调。目前，以《教学要求》为依据的大学英语课程体系包括"立体化"模式、"生态化"模式、"通识教育"模式、"专用英语（ESP）"模式等。

"立体化"模式中的课程体系比较灵活，以多层次菜单式呈现，学生可以合理选课，在培养学生的外语能力的同时注重学生整体素养的提高。该模式中必修课程与选修课程平行，且呈连续性和渐进式，有利于课程资源的整合，课堂教学与课外活动融合，有利于培养学生课堂学习的积极性。"生态化"模式强调大学英语课程体系是一个动态的、开放的整体，其中各课程要素相互依存、相互作用，随着环境的变化而变化，形成一个灵活协调、动态平衡的课程体系，包括通用英语和专用英语，高校间的差异性很大，适合语言能力较强的学生。"通识教育"模式突出语言技能培养与通识教育相结合，使学科课程与活动课程兼有、必修课程与选修课程兼有、教师面授与网络教学兼有、终结性评价与过程性评价兼有。与其他模式相比，该模式更为传统。"专用英语"模式遵循需求分析、真实性和以学生为中心三个原则，根据学校的实际情况来确定具体的课程。

作为高等学校教学质量与教学改革工程的重要组成部分，大学英语教学改革受到特别的重视，采取了"试点—全面实施—示范点"的方针，最终形成了三种主要形态：①基本沿袭传统课程体系，性质为必修课程，内容为综合英语，在第一至第四学期开设，合计 16 个学分。②综合课程＋拓展课程，其中综合课程一般为必修课程，拓展课程既有必修课程也有选修课程，高校之间差异较大。在综合课程方面，各学校根据自己的情况开设的时间为一至四个学期不等。在拓展课方面，有些学校定为人文性课程，有些学校定为专用课程，有些学校兼有，在开设的顺序方面也随着各学校的特殊情况而定。③专用英语课程体系，设置面向非英语专业本科生的必修与选修相结合的完全专门性的英语课程体系，如英语读写译、英语听力、英语口语、英语写作等，随社会与学生的需要而开设。

根据《教学要求》的基本原则和指导思想，围绕本校学科专业特色建设和发展定位，开展大学英语课程设置，这是大学英语教学改革的主要内容。大学英语课程设置改革要通过充分有效的需求分析，整合各种教学资源，按照本校英语教育改革规划，确立校本英语课程体系，确保不同专业类型、不同层次、不同需求的学生在英语应用能力方面得到充分的训练和提高。

高校英语课程不仅是一门语言基础课程，也是拓宽知识、了解世界文化的素质教育课程，兼有工具性和人文性。因此，设置高校英语课程时，也应当充分考虑对学生的国际文化知识的传授和跨文化素质的培养。高校英语课程的教学目标是培养学生的英语综合应用能力和跨文化交际能力，使他们在今后的学习、工作和社会交往中能用英语有效地进行交际，同时增强其自主学习能力，提高综合文化素养，以适应我国社会发展和国际交流的需要。在确保大学英语作为通识教育必修课的基础上，各校可根据实际情况，按照《教学要求》和本校的大学英语教学目标，设计出适合本校专业人才培养的大学英语课程体系，将综合英语类、语言技能类、语言应用类、语言文化类和专业英语类等必修课程和选修课程有机结合，确保不同层次的学生在英语应用能力方面得到充分的训练和提高。

（一）高校英语课程设置的影响因素

影响大学英语课程设置的因素主要有以下三个。

1.教学资源

在众多的教学资源中，教师是核心，因为他们是教学的具体实施者，带领学生开展各种教学活动，促进学生的发展。因此，教师队伍的素质将会直接影响人才的培养效果。要培养一批高素质人才，就必须建立高素质的师资队伍。当然，虽然教师是教学活动的主导者，但是具体的教学活动还离不开各种配套的软、硬件设备，它们相互配合，才能促进课程设置向更加合理化的方向发展。

除此之外，21世纪是一个信息化时代，多媒体和网络信息技术也纷纷进入高等院校。《教学要求》强调，教学应该顺应时代发展的步伐，充分发挥信息技术的作用，突破传统的以教师讲授为主的单一课堂教学模式。在网络技术的支撑下，英语教学可以大大突破时间和地点的限制，逐渐走向个性化的发展道路；学生也能在学习过程中，逐渐降低对教师的依赖程度，实现自主学习。

2. 教学性质和目标课程理论

课程设置必须以《教学要求》中的教学性质和目标为指导和依据。

首先，大学英语教学是高等教育的一个有机组成部分，大学英语课程是大学生必修的一门重要基础课程。大学英语是以英语语言知识与应用技能、学习策略和跨文化交际为主要内容，以英语教学理论为指导，并集多种教学模式和教学手段为一体的教学体系。

其次，大学英语的教学目标是培养学生的英语综合应用能力，特别是听说能力，使其在今后的工作和社会交往中充分发挥英语的工具性功能，有效地进行口头和书面的信息交流；同时增强其自主学习能力，提高综合文化素养，以适应我国社会发展和国际交流的需要。

3. 课程评价

课程评价是大学英语课程教学的一个重要环节，全面、客观、科学、准确的评价体系对于实现教学目标至关重要。课程评价既是教师获取教学反馈信息、改进教学管理、保证教学质量的重要依据，又是学生调整学习策略、改进学习方法、提高学习效率和取得良好学习效果的有效手段。通过实施有效的课程评价体系，不以考试"定终身"，对发挥教师的创造力、实施个性化教学、培养学生个性化的自主学习能力具有强大的促进作用，并且有利于在大学英语教学实践中形成积极、良性的信息反馈，为英语课程的设置提供现实的理论依据，从而最大限度地满足学生的学习需求，培养符合社会需求的英语人才。

（二）高校英语课程设置的原则

1. "以学生为中心"原则

高校英语课程设置要围绕学生的英语学习动机和兴趣开展，为学生创造良好的学习氛围，为学生努力学好英语铺路搭桥。因此，不管课程设置的决策和规划阶段，还是实施、检查和改进阶段，都要以学生的实际需求为出发点，不但要关注他们的知识类资源，还要关注他们的情绪类资源、问题类资源、错误类资源、差异类资源和兴趣类资源，尽可能让他们成为学习的绝对中心，成为知识意义的主动建构者，确保教材所提供的知识不再是教师传授的内容，而是学生主动建构意义的对象。媒体也不再是帮助教师传授知识的手段与方法，而是用来创设情境、进行协作学习和会话交流的工具。

2. 前瞻性原则

高校英语课程资源的开发与利用是与学生的需求紧密相连的，受现有的课程和现实社会的实际需求推动。但从发展的角度来看，课程资源建设还要与未来社会的发展联系起来。只有这样，才能够帮助学生更好地把握未来社会的一些发展趋势。因此，建设者要具有前瞻性思维，密切关注社会的发展动态，注意吸收当前重要的、有影响力的、处于科技前沿的一些素材，在此基础上开发出对学生来说真正有用的课程资源，对学生加以引导，让他们逐步接受这些新东西，为学生以后的终身学习与可持续发展打下坚实的基础。

3. 开放性原则

开放性原则包括类型的开放性和空间的开放性。类型的开放性指不管课程资源以什么类型存在，只要有利于教育教学，都可以加以开发利用。空间的开放性指课程资源的地域性差异，不管它们是校内或校外、国内或国外，只要能有益于学生的知识积累、能力发展、技能提高，都可以加以开发和利用。

知识经济是世界一体化的经济，资源的开放性原则是从地区到全球、从微观到宏观、从局部到整体，在不同层次上都要确立的一种基本原则。高校英语课程建设是一项长期的、系统的积累工作，随着教学改革的不断深入、社会的不断进步和教师的专业化发展，已有的课程资源得到更新，新的课程资源得到添加，确保了课程的正常运转。在资源建设过程中，建设者要以开放的心态对待人类创造的所有文明成果，以开放的目光审视周围的事物。

4. 适应性原则

适应性原则在高校英语课程设置中体现为：要依据学生的语言水平确定语言内容，依据学生的年龄特征确定资源形式；依据学生的认知基础选择资源范围；

依据教学与学习需要确定开发主题。除此之外，高校英语课程资源建设不但要考虑学生的共性情况，更要考虑特定学生的具体特殊情况。

在网络飞速发展的今天，内容丰富、形式多样的网络资源为开发大学英语课程建设提供了很大的便利，但是同时也为其开发和利用带来了一定的难度——迫使人们思考开发什么、以什么形式开发、开发到什么程度等问题。建设大学英语课程资源的目的是更好地服务于大学英语教学，无论在内容还是功能上都要充分考虑教育的需求，要遵守适应性原则，使教师、学生和其他教育工作者能方便、及时地获取所需信息，实现资源的利用价值。因此，在筛选资源时，建设者必须了解用户需求，进行需求分析，即结合实际情况，从更加专业的角度对用户的需求进行科学的分析和表述，确定用户的需求热点和需求方向，做到量身定做或按需供货。

三、高校英语必修课程设置情况

《教学要求》对大学英语必修课程的学时和学分没有做出明确的要求，但原则性地要求给予足够的学时和学分，并要求学校充分利用现代信息技术，开发和建设各种基于计算机和网络的课程，保障学生自主学习，满足不同英语起点的学生的个性化学习需要和专业发展的需要。

通过对国内数十所高校的问卷调查，我们把 2000 年和 2015 年作为两个时间节点，对 2000 年以来国内高校大学英语课程设置情况做了简要的对比研究，重点了解高校英语作为必修课程在开设学期、学分学时、课程类型等方面的变化，具体情况如表 2-2-1 和表 2-2-2 所示。

表 2-2-1　2000 年大学英语必修课设置情况

项目	开设学期	学分学时	课程类型
基本情况	4 个学期	16～24 学分，4～6 学时/周	以精读课为主（泛读、快速阅读、学生自学），部分高校单独开设听力课，多数高校在精读课中安排一定的听力教学内容
特点	突出英语作为一门通识必修课的重要地位	各高校对英语课程普遍比较重视，特别是在教学质量评估导向作用下，学分、学时比较充足	在听说领先外语教学理念的影响下，突出交际法，但以精读课为主的大学英语课程建设情况依然明显

表 2-2-2　2015 年大学英语必修课设置情况

项目	开设学期	学分学时	课程类型
基本情况	3～4 个学期	8～24 学分， 2～6 学时 / 周	综合英语课程、视听说课程相结合，部分高校单独开设口语课、写作课
特点	大多数高校坚持开设 4 个学期，部分高校把大学英语必修课压缩到 3 个学期，相应地在选修课板块为学生开设各类 ESP 课程，满足学生个性化英语学习需求	大多数高校在英语必修课程设置上采取减少学分、学时或者保持相对稳定的做法；部分学校根据校本专业特色和发展定位而维持其较高学分、学时，个别高校在个别专业甚至适当提高了学分、学时	在重视听、说、读、写、译综合能力培养的基础上，普遍将视听说作为大学英语必修课的有机组成部分；同时，部分高校还根据专业人才培养的需要（如中外合作办学项目）单独开设了口语课、写作课

调查结果表明，在我国高校普遍压缩学时学分的形势下大学英语必修课的学时、学分普遍减少，而且，部分学校减少大学英语必修课学时、学分的幅度还比较大。但大学英语作为一门必修课的地位没有动摇，大学英语教师在教学过程中越来越重视培养学生的英语综合应用能力和跨文化素养。

在大学英语课程类型上，主要以综合英语课为主、英语视听说为辅，重视听、说、读、写、译综合能力的培养。在开展以综合英语为主的课堂教学的同时，多数高校还根据《教学要求》中关于"基于计算机和课堂的英语教学模式"的意见，加强大学英语网络自主学习中心的建设，保障学生课外基于网络的自主学习。不少高校还通过购置或自主开发大学英语学习系统，充分发挥大学英语网络自主学习中心的作用。比如，要求学生利用大学英语网络自主学习中心的设备条件和软件系统，自主学习大学英语口语、大学英语写作，并将其学习进度情况和效果纳入期末学生考评体系。

由于学生在招生类型及专业发展等方面的差异性，高校在大学英语必修课设置中也有很大的差异性。比如，由于我国高校国际化发展的深入，中外合作办学项目在高校招生类型中占有一定的比例，根据这类学生的发展需要，为了突出国际化的特色，通常对大学英语必修课的学分、学时都有较高的要求，在开设课程的门类上往往也跟国际接轨，特别是重视学生的口语、写作等语言输出技能训练。所以，大多数学校的中外合作办学项目都单独开设了口语课或者写作课。

四、高校英语选修课程设置情况

高校英语课程设置情况反映了高校英语教学主管部门和教育工作者的教学理念。近年来，在我国高校大学英语课程设置方面，大学英语教学界出现了两种完全不同的教学理念，一种是把大学英语当成英语专业来教的理念，另一种是坚持大学英语应当为学生专业学习服务的理念。

持上述第一种教学理念的学校，在大学英语教育教学中，参照英语专业的课程设置和教学模式来开展大学英语教学，除了在基础阶段开设综合英语、视听说等必修课程外，在大学英语提高阶段为学生开设各类以提升学生英语应用能力为目标的课程，如英语报刊选读、英语影视欣赏等。根据 2010 年对全国 65 所高校的大学英语在完成基础阶段综合英语教学任务后所开出的选修课程进行统计（见表 2-2-3），这类大学英语提高阶段的课程设置和教师安排等方面都已经不分大学英语和英语专业了。除了学分和课时的区别外，两个不同专业的学生都可坐在同一课堂选修同一门课。这个趋势由于新生英语水平不断提高，大学英语综合英语中必修课程的减少以及通识英语选修课程的增加而得到越来越多高校的认可。

表 2-2-3 65 所高校大学英语选修课程设置情况调查结果

语言技能类		语言文化类	
课程名称	学校数/所	课程名称	学校数/所
英语翻译	48	英美社会与文化	42
英语写作	40	外国影视欣赏	41
英语视听说	37	英语报刊选读	37
英语口语	33	英美文学	31
英语口译	33	公众演说	26
英语阅读	22	跨文化交际	22
英语听力	20	中外文化对比	20
词汇学	8	英美小说	17
语音学	5	英美概况	13
高级英语	4	英美名作赏析	12

第二种教学理念认为大学英语应当为专业院系服务，培养学生用英语开展专

业学习和研究的能力以及毕业后用英语从事某种涉外职业的能力。持这种观点的学校在大学英语提高阶段选修课程的设置方面各有千秋，但其教学观都落脚在专门用途英语课程设置上。各校根据校本专业特色及发展定位开设各种各样的专门用途英语课程。如服务于应用型本科人才培养的知识产权行业英语、涉外律师行业英语、会计行业英语、建筑行业英语、汽车行业英语、信息技术行业英语、纺织行业英语、空调制冷行业英语等各类行业英语课程；服务于研究型本科人才培养的学术英语写作、科技英语阅读、管理科学英语、网络科技英语、法律英语等各类学术英语课程。

两种截然不同的教学理念在大学英语教育教学改革中，重点反映在课程设置上。不同的教育观念取向必将影响大学英语教育教学改革的走向及其发展，大学英语是采用英语专业的教学模式，还是坚持为专业学习服务，或者以某一种取向为主、兼顾另一种取向？

对于上述问题的回答，每个学校都可能有不同的答案。但是，随着经济全球化、文化多元化、教育信息化、英语国际化的不断深入，随着我国基础教育水平的不断提升，以及大学生入学英语水平的不断提高，全国高校也在不断深化大学英语教育教学改革，专门用途英语越来越受到重视。以学生发展为驱动，面向高等教育国际化的社会需求，面向学校本科专业人才培养的需求，这是新形势下我国高校大学英语教学改革的主旋律。根据分类、分层次教学原则，学校围绕各自的学科专业特色和发展定位，在对大学英语必修课程设置进行改革、切实提高学生英语综合应用能力的同时，纷纷加强大学英语选修课程建设，重视通用英语和专门用途英语之间的交叉融合，加大大学英语课程体系的建设力度，不断凝练和固化校本特色的课程体系，使其更好地服务于本校专业人才培养。

第三节　高校英语教学中教育理论的应用

鉴于外语教学的教育语言学学科属性，我们在研究中重点从教育学学科领域寻找大学英语教学研究的理论基础，特别是教育学、心理学、课程与教学论以及其他与教育学整合而形成的交叉学科理论，如教育心理学、教育生态学和外语教育技术学。

一、"后方法"教育理论在高校英语教学中的应用

（一）"后方法"教育理论

"后方法"教育理论体现了"后现代主义"从中心到边缘的思想，具有"倡导开放、平等，鼓励多元思维风格的建设性后现代主义"的主要特征。"后方法"教育理论将外语教学界定为一个宽泛的概念，不但包括课堂教学策略、教学材料、大纲目标、评价措施，还涉及影响外语教学的广泛的历史、政治和社会经历。该理论没有给外语教师提供任何现成的教学模式，或指导外语教师如何运用现成的教学方法；而是主张教学实践第一线的教师根据自身对教学的理解，以及所具备的教学理念、风格和经验，立足课堂教学，构建一个"由下至上"适应具体教学场景以及教学实践者自身的教学理论体系，该体系以特殊性、实用性和可能性为参数。

特殊性强调"特定的教师是在特定的社会文化大环境和特定的组织小环境下，为了某些特定的目标而教授一批特定的学生"，认为有效的教学方法都必须适合具体环境、具体组织机构、具体教师和具体学生。对特定环境的认识能够激发教师对特定目标的探索和追求，它开始于对教学对象即学生的观察，对教学过程中的诸因素，如教学文本、教学设备等的评价。特殊性中最关键的因素是学习者，特定的学生决定了特定的环境、特定的教学过程以及特定的教学目标。教学目标是随着学习者的变化而变化，特定的教学目标只有通过特定的教学材料和手段才能得以实现。

所谓实用性是指只有基于实践之上的理论才是有用的和可以实施的，它需要人们不断地反思。就外语教学而言，实用的教学理论应该是教师通过对具体学生的施教，通过对具体文本的分析，通过对具体教学手段的实施，在具体教学实践中产生又在教学实践中检验的理论模式。教学模式不应该是僵死的，应该随着教学对象以及教学手段的变化而变化。实用性中关键的因素仍然是学生，实用的教学理论产生于对具体学生的施教，在施教的过程中经受检验。教学方法是否实用取决于特定的学生。

可能性参数关注语言意识形态和学习者身份，是对特殊性和实用性的有益补充。就如同特殊性以及实用性强调教学对象一样，可能性参数也将教学对象列为关

键因素。可能性参数强调教学对象是动态的，随着语言能力的发展，他们的语言意识以及思想意识都会相应地改变，开发学生的语言功能只是教学目标的一部分，外语教学还要关注学习者的身份和意识形态的形成，实现学习者的语言需求与社会需求的统一。形成外语学习者身份和引发他们意识形态改变的因素来自很多方面，如社会、政治、教育和学校，但外语课堂中所使用的文本是最关键的因素。

总之，"后方法"教育理论主张教师依据具体的教学环境，确立正确的教学目标，采用合适的教学材料，运用有效的教学手段，以实现"为学生学习而教"的目的，其中最关键的因素为"教学对象"和"教学材料"。教学对象决定了教学环境、教学目标、教学材料和教学手段；教学材料决定了教学手段的实施和教学目标的实现。

教师是否能将教育理论贯彻到具体教学实践中取决于很多因素，其中之一就是所采用的教材。我国首套完全按照《大学英语课程教学要求》编写的新一代大学英语系列教材——"新世纪大学英语系列教材"（以下简称"系列教材"）从编写理念到课堂活动的设计都与"后方法"理论一致，十分有利于推动当前教学改革的实施和进行。

以《全新版大学英语综合教程》（以下简称《综合教程》）为例，"系列教材"的设计理念主要落实在两个"聚焦"上：一是聚焦学习者，二是聚焦文本。两个聚焦要求教师摒除对由专家定义的传统教学思想方法的盲从，自主开发教学理论，从观察分析学习者开始，有效地采用特定的教学手段，特别是特定文本的选择，从而实现特定的教学目标。

"系列教材"是完全按照体现人本主义教学观的《教学要求》编写的，强调教师教学中要考虑到"特殊性"。

首先，使用"系列教材"的学习者具有特殊性。他们是非英语专业的本科生，然而鉴于地区、学校以及专业的不同，学习者之间存在着巨大的差异。为了使不同层次的学生能充分利用系列教材，编者使每册书之间、每一册中的各单元之间、每一单元中的各类活动之间都体现出不同的难度，以便教师因材施教。

其次，使用"系列教材"的教学环境具有特殊性。就大学英语教学而言，总体的社会大环境是一致的，即大学英语课程教学得到社会、学校、教师以及学生的重视，但执行具体教学活动的小环境是特殊的。教学活动可能在设备齐全的多媒体教室进行，也可能在没有任何现代化教育设备的普通教室进行。因此，为了便于教师依据特定的小环境选择特定的视角阐释文本、组织特定的活动，与教材配套的"学习光盘""教师手册"和"电子教案"要做到层次分明，难度区分明显。

最后，"系列教材"的教学目标具有特殊性。"分层次教学"是《教学要求》的核心，在设计教学目标时提出了一般要求、较高要求和更高要求。这一特殊的教学目标要求具体的教学应是分类的，首先让所有学生都能达到英语学习与实践的基本要求，同时让英语起点水平较高、学有余力的学生达到较高或更高要求。

就教师而言，不论施行什么样的教学理念和教学方法，教师的最终使命是引导学生学会英语。在这一点上，教师要懂得一点语言学理论（尤其是二语习得理论），但是通晓语言学或二语习得理论并不能替代通晓英语和英语教学实践，探讨教学理念不能等于开展教学实践与改革。可行的教学理念和教学方法只能来自长期的教学实践。从"系列教材"中的各类活动以及与教材配套的各类手册可以看出，编者的宗旨之一是帮助教师进行实用性的教学理论的探索。换句话说，"系列教材"提倡教师自主开发教学模式，从具体的教学活动中提出教学理论，并将该教学理论带到实践中进行检验，而不是一味地遵循传统的教学方法。这与"后方法"教育理论中的"实用性"参数是一致的。

至于"后方法"理论中的"可能性"参数，"系列教材"则有过之而无不及。两个聚焦充分地肯定语言学习的过程也是学习者个人成长和发展的过程，强调语言教学应该把语言知识的传授、语言技能的训练、情感态度的培养、学习策略的掌握和文化意识的提升等诸方面视为统一的整体。"系列教材"从课程的设计到教学活动的安排都是在给学习者提供一种成长条件和氛围，最终目的是让学习者成为自我实现者。

作为一套教材而不是理论著作，"系列教材"并没有探讨教育理论或具体教学方法，但教材的编写理念以及贯穿在教材中的种种活动引领我国的外语教学进入"后方法"时代，反对盲从，反对"跟风"，提倡教师立足特定的教学对象、教学目标、教学设备和教学环境，探索可行的教学模式。

（二）库氏"宏观策略框架"

鉴于外语教学的复杂性和动态性，美国著名语言学家库玛（Kumaravadivelu）认为没有一成不变的固化教学方法供教师套用，但这并不意味着外语教学就杂乱

无章。相反，库玛教授认为外语教学自有一定的规律，于是提出了外语教学中的
"宏观策略框架"供教师构建和成功实施有效的"后方法"教学法。这十条宏观
策略分别是学习机会最大化、促进协商式互动、认识错配最小化、激活直觉启发
式教学、提高语言意识、语言输入语境化、综合教授各项语言技能、促进学习者
自主性、确保社会关联性和增强文化意识。每个宏观策略之下，库玛教授又列举
了一些微观策略用以指导具体的课堂操作。"系列教材"并没有从理论上提出宏
观或微观策略的框架，但教材从课程的设计到教学活动的安排与库玛教授的宏观
策略框架遥相呼应。

1. 学习机会最大化

以"聚焦学习者"为理念，"系列教材"处处都在为学习者创造学习机会。
例如，《综合教程》1~4册是按照人的成长历程和人与社会的关系设计教学单元
的，每一单元设一个主题，所有主题都与大学生的人格形成与发展、参与社会活
动和实现自我价值的人生历程密切相关。沿着这条主线，教材引导学习者将英语
学习活动纳入人格成长与发展的进程，实现英语综合运用能力的习得与人格发展
和素质培养的同步提升。为了让学生全身心地投入文本世界之中，并切身体验和
感悟各种语言实践活动，每个单元设计了六个板块，如集体讨论与主题相关的论
题，听写一段与主题相关的录音材料并讨论，针对本单元出现的积极词汇进行多
种形式的词语操练等。不难看出，每一教学活动的安排都是在为学习者创造学习
机会。又如，在学习 Text A 时，教材设计了两组问题，即"Content Questions"（内
容问题）和"Extended Questions"（拓展问题），其目的在于激励学生积极思考问
题，围绕主题发表个人看法，开展学伴之间的互动学习。澄清问题、提出疑惑、
提供建议是创造学习机会的有效方法。

2. 促进协商式互动

协商式互动不但指教师与学生之间的交流，同时还包括学生与学生之间的
互动，目的在于让学生自由灵活地发起并引领课堂话语。可以说，各单元的每个
板块都在促进学习者积极参与篇章活动、人际活动和意念活动。即使最传统的
"Enhance Your Language Awareness"（提高你的语言意识）板块也可以达到这种效
果。该板块的设计宗旨是促进学生综合操练本单元出现的语言点，包括词汇和语
法。操练的形式较常规，有完形填空、短句翻译以及主题写作等。然而，这些传

统的练习形式并不妨碍师生之间或生生之间的互动。课上或课下学生可以以问答的形式处理完形填空，可以以评价的形式完成翻译，主题写作本身就是进行互动交流最好的方式。

3. 认识错配最小化

教师的职责之一是解惑，然而，课堂中常常出现教师意图与学生理解发生错位的现象，外语课堂尤其如此，在一定的程度上影响了课堂教学的效果。"系列教材"中配备了教师手册，其目的就在于使师生理念错位最小化。教师手册有三大特色：一是帮助教师从表层到深层全面把握所教文本，避免因文本中的歧义产生理解的偏差；二是为教师授课提供教学方法指导或建议，以免因方法不当影响学生的理解；三是提供了必要的辅助性知识，如理解文本所必备的目的语文化准则等，以便教师引导学生跳出课文，促使学生"学有所思，思有所得，得有所用"。教师手册基本上覆盖了库玛教授所提出的造成师生理念错位的十大来源：认知因素、交际因素、语言因素、教学因素、策略因素、文化因素、评价因素、程序因素、授课因素、态度因素。

4. 激活直觉启发式教学

激活学习者直觉探索的一种方法就是根据提供的语篇信息让学生推知隐含其中的关于形式与意义的规则。教材中设计了大量的课内外活动启发学生领会所要掌握的语言知识和文化知识，其中以 "Discovering the Main Ideas"（发现主旨）和 "Reading Between the Lines"（找出段落中的隐意）最为典型。这两项活动能引导学生积极思维，并锻炼学生通过文字展示出来的信息构建意义。针对课文内容设计的 "Content Questions"（内容问题）、"Extended Questions"（拓展问题）和 "Voicing Your Views"（表达你的观点）等教学活动，都是通过提供的语篇信息引导学生积极思维。

5. 提高语言意识

为了引导学生注意外语的形式结构特征，提高学生对语言结构的理解和把握程度，教材中设计了 "Focusing on the Form"（注重形式）练习，"学习光盘"中设计了 "Learn to Be an Autonomous Learner"（学会成为一个自主的学习者）等项目。前者集中于书面语形式结构，后者增强了学生对口语的敏感度和识别能力，旨在全面提高学生的口笔语表达能力。

6. 语言输入语境化

语言输入语境化的主要承担者是课堂教师，而不是大纲设计者和教材编写者，因为无论教材上写什么，都是通过教师创设的课堂情境促使意义的形成。鉴于此，"教师手册"从相关背景的介绍到具体内容都给予教师全面的指导，以便教师选择恰当的语境输入语言。事实上，大纲设计者和教材编写者可以帮助语言输入语境化。《综合教程》各单元的主题都与大学生的人格形成与发展、参与活动和实现自我价值的人生历程密切相关，这本身就是将语言置于语境中最有效的方法。又如，"学习光盘"中配有与主题相关的英语歌曲和视频资料，旨在通过语境帮助学生掌握语言。

7. 综合教授各项语言技能

从各单元的六大板块可以看出，听、说、读、写、译诸方面的技能训练被视为一体，互相交融。不仅如此，教材把语言知识的传授、语言技能的训练、情感态度的培养、学习策略的掌握和文化意识的提升等诸方面的教育目标视为统一的整体并予以实施，做不到顾此失彼。可以说，整体教学观念贯穿教材的始末。

8. 促进学习者的自主性

"系列教材"不但处处在激发学习者自主学习，而且在手段上独具匠心。首先，通过选择贴近学生生活经历的课文激发学生的兴趣和动机，这是培养学生自主学习能力的一个重要内容，也是发展"对自己学习负责的能力"的第一步。其次，坚持在教师权威范围之内实践着学生的自主性。借助于"Discovering the Main Ideas"（发现主旨）和"Reading Between the Lines"（找出段落中的隐意），教师引导学生利用上下文领会文章的深层含义。通过"Content Questions"（内容问题）、"Extended Questions"（拓展问题）和"Voicing Your Views"（表达你的观点）鼓励学生积极思考问题，围绕主题发表个人看法，教会学生在学习中思考，在思考中习得语言。"Focusing on the Content"（注重内容）、"Focusing on Language"（注重语言）和"Underlying Good Usage"（潜在的良好使用）引导学生领会思想和语言之间的关系，帮助学生自觉意识语言运用的准确性、得体性和技巧性。最后，教材设计了大量的小组活动，旨在通过合作学习促进学生的主体能动性，增强他们对语言、文化以及学习活动本身的意识，从而提高他们的学习自主性。

9. 确保社会关联性

"聚焦学习者""聚焦文本"足以保证外语教学关注社会、政治、经济以及教育环境,使课堂学习与实际生活密切联系。每篇课文都是一个由语言构建的"英语世界",为了让学生能融入文本中的世界,把握其中的人、事、物以及社会文化背景,就应该从选题入手。《综合教程》1~4册都是按照人的成长历程和人与社会的关系设计教学单元的主题。为了引导学生全身心地投入"英语世界"中,并切身体验和感悟其中的实践活动,教材设计了六大板块,每个板块都在帮助学生将课堂学习与实际生活联系起来。除此之外,与教材配套的"教师手册"和"学习光盘"都设计了大量的活动让学生将课堂所学到的内容与社会实践联系起来。

10. 增强文化意识

为了突出"大学英语"不仅是一门语言基础知识和语言技能训练课程,而且是一门拓宽知识、了解世界文化并提高跨文化意识和能力的素质教育课程,"系列教材"特别增加了"经贸类"和"文化类"的选修课教程,以注重教材的文化含量,有意识地拓宽学生的国际文化视野,引导学生体验文化差异。文化教学包括对目的语文化的认识知识、情感认同以及行为方式的理解和学习。

(三)"后方法"教育理论推动高校英语教学改革

1. 教学体系的构建

"后方法"是与方法相对而言的,它质疑方法的中立性、工具性以及方法本身的其他属性,"后方法"寻求的不是另一个方法,而是方法的替代物。从方法到"后方法"的转向过程中,一些研究者提醒人们注意方法概念对语言学习和教授所产生的约束和影响。这些研究者的理论都揭示了方法的局限性,都指出教师要具备必要的知识、技能、态度和自主性以便为自己设计出一套系统的、连贯的,和实践紧密相关的理论。但相比较而言,库玛教授的理论框架更能推动当前的大学英语教学改革。他以"倡导开放、平等,鼓励多元思维风格"的后现代主义为基础,主张教学实践第一线的教师根据自身对教学的理解,构建一个以特殊性、实用性和可能性为参数的"由下至上"的教学理论体系。特殊性强调特定的教师是在特定的社会文化大环境和特定的组织小环境下,为了某些特定的目标而教授一批特定的学生。

自 20 世纪后期世界进入了信息时代，日新月异的高科技推动了经济的全球化及社会生活的信息化，大量的信息潮水般地涌入各个领域。外语作为信息交流的工具，对个人来说，是在激烈竞争的社会中生存的重要手段；对国家来说，则已成为国际交往与国内发展的必不可少的工具。有了库玛教授的教育理论，教师很自然地就会调整教学活动，因为教学的社会文化大环境变了，教师会把教学的改革看作教学活动本身的一部分。

库氏教育理论不仅能改变教师的教育理念，其优越性还在于能够从实践层面上指导教师构建理论体系，调整教学活动以适应教学环境的变化。很多大学英语教师已经意识到教学改革的重要性和必要性，但对如何进行改革缺乏思路、措施和方法，库玛教授的十条宏观策略为他们指出了方向。首先，提高学习者自主性和增强语言意识两大策略可以帮助教师制定相应的教学目标。其次，增强文化意识和确保社会关联性两类策略可以帮助教师选择适当的教学内容以便达到既定目标。在具体的教学过程中，教师必须思考如何使学习机会最大化，如何促进协商式互动并使师生之间的错配最小化，如何以一定的语境输入语言激活学生的直觉，并启发学生，使他们的听、说、读、写、译各项语言技能得到综合训练。

在教学改革过程中，有些试点院校提出教师没有摆脱"以教为中心"的模式，学生的网上自主学习能力滞后，形成性评估在反思和干预教学过程中的作用未显等问题的产生都是因为教师没有把握好库玛教授的十条宏观策略，特别是促进学习者自主性和学习机会最大化这两条策略。培养学生自主学习是教学的目标，保证教学机会最大化是实现目标的途径。有了这样的理念，教师很自然地就会放弃"满堂灌"的教学模式，借助网络培养学生的自主学习能力，让学生在可能的情况下充分发挥自己的潜力，保证最大限度地投入学习活动中去。

2. 教材的创新

以《综合教程》为例，贯穿"系列教材"的种种教学活动引导教师以"后方法"教育理论积极投入教学改革，克服当前所存在的种种问题。教学改革的目标之一是培养学习者的自主学习能力，摆脱传统的教师"满堂灌"的现象。"系列教材"设计了一系列的导入活动和练习板块，如 "Get Started"（开始）、"Discovering the Main Ideas"（发现主旨）、"Reading Between the Lines"（找出段落中的隐意）等，教师很自然地将鼓励学生运用语言参与活动，研究范本、提出疑问、分析信息、寻找答案直至解决问题，最终让学生在这一学习过程中凸显其学习的主体地位，学会学习，体验成功，既获得语言知识与技能，锻炼了语言运用能力和自主学习能力，又培养了创新意识和思维能力。又如教材中设计的"Voicing Your Views"（表达你的观点）活动，激励学生积极思考问题，围绕主题发表个人看法，开展学伴间的互动学习，促进学生通过小组讨论提高批判思维能力，培养逻辑思辨和合作交流等综合能力。在组织这些活动时，教师必然会思考与学生自主学习能力相关的问题，如学习机会最大化、师生之间的错配最小化等。

教学改革的另一目标是培养学生的英语综合应用能力，特别是听说能力，使他们在今后的工作和社会交往中能用英语有效地进行口头和书面的信息交流。在改革试点中，教师发现在有限的教学时间内很难让学生的听说能力凸显。《综合教程》设计了"Listen and Respond"（边听边答）、"Read and Explore"（阅读与探索）、"Learn to Be an Autonomous Learner"（学会成为一个自主的学习者）、"Theme-Related Writing"（主题相关写作）等活动克服了这一难题。每个单元都以"Listen and Respond"（边听边答）活动开始，学生首先听一段与课文主题有关的录音材料，通过听力活动导入主题。接着通过"Read and Explore"（阅读与探索）活动，培养学生的阅读理解能力和思辨能力，该活动不但要学生理解语篇的表层意义，而且要他们深入挖掘和领悟深层含义，准确把握作者的观点和立场，并能围绕课文内容提出问题和讨论问题。更为突出的是，通过"Content Questions"（内容问题）和"Extended Questions"（拓展问题）活动引发学生发掘作者在表达思想时所运用的词汇、语法和修辞手段，了解作者组句成篇的技巧和策略。为了增强对口语的训练，特别是对口语习语的敏感性和识别能力，提高他们的口语表达能力，"学习光盘"中设计了"Learn to Be an Autonomous Learner"（学会成为一个自主的学习者）活动，与"Theme-Related Writing"（主题相关写作）书面表达活动相呼应。所有这些活动都是在同一单元内进行的，它们之间相互关联，时间安排上很紧凑，真正达到了综合训练的效果。事实上，这些活动与"后方法"中的激活直觉启发式教学、语言输入语境化、综合教授各项语言技能三大策略不谋而合。

教学改革过程中的又一个问题是形成性评估在反思和干预教学过程中的作用尚未得到有效发挥。形成性评估是在教学活动进行当中，也就是学生知识、技能与态度"形成"的过程中，对学生的学习进展情况进行监控与评价，其常见的形式包括教师观察学生的课堂表现、课堂讨论、教师与小组学生对话、学生以日记的方式写下自己对所学的内容的理解与思考、作业与小测验等。其实，"系列教材"中所设计的每一项活动都在实施形成性评估，而《综合教程》Text B 中设计的诸活动更有助于形成性评估在反思和干预教学过程中发挥作用。Text B 旨在引导学生开展自主学习，课文与 Text A 的长度相当，但文字难度比 Text A 浅显，要求学生在课前借助于书后的 "Glossary"（词汇表）认真自学 Text B，并完成两大任务，即 "Checking Your Vocabulary"（检查你的词汇量）和 "Checking Your Comprehension"（检查你的理解能力）。Text B 的语言点放在 "Enhance Your Language Awareness"（提高你的语言意识）部分，与 Text A 的语言点统一操练。Text B 的课堂活动以教师检查学生的自主学习情况为主，"学习光盘"则以学生对自己的学习进行监控、评估和调整，检测自己做的练习并更正错误，在完成某项语言任务的过程中检查并更新自己对前面知识的理解等。不难看出，这样的编排不仅是锻炼学生的自主学习能力的形成，而且是在教师的权威范围之内实践着他们的自主性，教师的监控和学生自己的监控同时在进行，这有利于教师反思教学效果。

　　"系列教材"之所以能推动当前的改革，还在于该套教材可以提高教师质量。"系列教材"从编写理念到课内外活动对教师来说都是一种挑战，面对特殊的教学对象、教学材料和教学目标他们有无数的问题要解决。为了解决这些问题，他们必然从教学活动中采集各种信息并加以分析。这个过程是当前深受研究者们青睐的教学行动研究。通过使用"系列教材"可以使教师们很自然地掌握该研究方法，尽管他们也许是无意识的。

　　"系列教材"可以使教师掌握二语习得研究领域最前沿的动态，通过完成 "Enjoy English"（享受英语）和 "Group Discussion"（小组讨论）等活动，教师可以观察到学习者本人的诸因素如动机、态度等是如何影响二语习得的过程；通过做 "Content Questions"（内容问题）和 "Extended Questions"（拓展问题）这样的练习，教师可以发现语言输入的特点，如文本结构、语境是如何作用于二语习得的过程；"Focusing on the Content"（注重内容）、"Focusing on Language"（注重语言）和 "Underlying Good Usage"（潜在的良好使用）等活动主要训练学习者的语用和跨文化交际能力，指导学生准确、得体、有技巧性地使用语言表达思想，从中可以看出学习者的语用和跨文化交际能力的发展过程与语言能力发展过程是否相同。

在选材方面，"系列教材"贴近生活，面向未来，富有时代气息；在内容上，注重思想性、真实性、知识性和趣味性；在培养能力方面，"系列教材"注重听、说、读、写、译等语言技能和语用技能的协调全面发展。这样的教材对教师来说具有一定的挑战性，没有扎实的语言功底是很难驾驭课堂教学的。反过来，这对教师来说也是一种鞭策，促使他们全面提高自己的语言能力。教学改革进展得顺利与否，在一定程度上取决于教师的专业水平和教学能力。通过种种教学活动，"系列教材"推动着教师专业的发展，以此深化教学改革。

二、多元智能教学理论在高校英语教学中的应用

（一）多元智能理论概述

多元智能理论是美国著名的"零点项目"的研究成果之一。1979 年，美国哈佛大学研究生院的一个研究小组受荷兰海牙伯纳德·凡·李尔基金会的委托，承担了一个有关人类潜能的本质和开发的课题。当时，作为初级研究人员的霍华德·加德纳（Howard Gardner）的任务就是撰写一本专著以建立关于人类认知本质的理论。1983 年，加德纳正式出版了他的研究成果，即《智能的结构：多元智能理论》。在该著作中，加德纳第一次提出了"多元智能"的概念。"多元"用来强调从音乐智能一直到自然智能等多种互不相关的未知潜能，"智能"则用于和智商测试所测出的能力相比较。多元智能理论提出以来，对不同国家和地区教育界产生较大的影响，成为教育教学改革的指导思想。

霍华德·加德纳在《智能的结构：多元智能理论》中提出：①智能是在单元或多元文化环境中解决问题并创造一定价值的能力；②智能是一整套使人们能够在生活中解决各种问题的能力；③智能是人们在发现难题或寻求解决难题的方法时不断积累新知识的能力。

霍华德·加德纳将人类的智能分为语言智能、逻辑—数理智能、视觉—空间智能、音乐智能、肢体—运动智能、人际关系智能、自我认识智能和自然观察智能八大类。

根据加德纳的观点，人的智能具有以下五个重要特征：

其一，多元性特征。该理论认为八种智能因素是多个方面并且各自独立展现出来的，所以这八种智能因素不仅都有着重要的地位，还都同等重要，缺一不可，不可以仅仅把逻辑—数理智能和语言智能放在首位，其他智能的运用对学生良好的表现也有着重要作用。

其二，整体性特征。传统智能理论认为智能作为一种能力，是以语言能力与逻辑—数理能力为核心，以整合方式存在的。多元智能理论和传统智能理论相比较有着较大的差别，前者认为我们人类作为独立存在的个体，均同时具有以多元方式组合的相对独立的八种智能。在人们的现实生活当中这八种智能因素有着十分紧密的联系，通过各种不同的方式和程度灵活搭配，从而最终共同构成一组非常完整的智力。需要注意的是，这八种智能在人们的生活当中有着同等重要的地位，应该得到均衡发展。

其三，实践性特征。一方面，智能不仅是我们人类实际的生产与社会实践中对产品不断进行加工的过程，还是不断创造产品的过程。另一方面，智能即我们人类发现全新事物的过程，又是进一步提升个体生存能力的过程。

其四，差异性特征。加德纳的理论认为，虽然每一个人都有着各自独立的八种智能，但是由于人都是独立存在的个体，人和人之间有着一定的差别，所以这八种智能在不同人身上通过不同的方式和程度去相互组合、搭配，使得智能的特点各不相同、各具特色。在实际生活当中，个体智能除了受到环境影响和制约之外，还会在教育方面受到相应的制约和影响，这也就有了强弱之分。由此可见影响学习速度、学习方法与学习效果的重要因素是智能差异。

其五，开发性特征。众所周知，智能是一种生物潜能，每一种智能均有着自身的发展历史与高峰期，教育者的开发与深度训练对多元智能发展水平有着决定性的重要作用，同时多元智能发展水平的高低也取决于开发程度的大小。智能在某种特定的环境下是能被快速提升的，基本所有的智能在得到较为恰当的刺激之后，任何年龄段都能得到相应的发展和提升。

多元智能理论赋予智能新的内涵，20 世纪 90 年代以来成为许多国家教育改革的重要指导理论，也成为我国心理学界和教育界的研究热点。

（二）不同的智能在高校英语教学中的应用

1. 语言智能

当语言智能应用到英语语言教学中的时候，主要指的是运用英语听、说、读、写、译五个方面的能力，其中包含了将语法、语义学等相互融合并且灵活运用的能力，完成表达的能力，和人相互沟通、交流的能力等。语言智能可以快速帮助和促进学生深入学习语言结构、语言修辞等，同时对学到的相关知识进行全面的掌握，从而更好地在实际生活当中做到对知识的灵活运用。教师在课堂教学中要为学生构建丰富的英语语言环境，不断培养学生在听、说、读、写方面的能力，从而让每一位学生在语言智能方面得到进一步的发挥与发展。

学生获得任何一门学科的学习成绩的成功，语言技能的发展在其中有着极为显著的影响。在语言智能方面比较强的人在日常生活谈话中会大量引用从其他地方获得的信息，并且在学习的过程中也会大部分运用语言和文字进行深入思考。对语言智能强的人来说，理想的学习环境需要有音频、对话、讨论等教学材料和活动。

英语教师在开展教学的过程当中应该有意识地为学生设计一些比较有趣的教学活动，引起学生的学习兴趣，并且尽最大努力为学生创造理想的学习环境，以便于更好地培养学生在语言智能方面的能力。

鼓励学生涉猎教材之外的学习资源，训练和培养学生在认知方面的能力，从而更好地促进学生语言智能的发展。

其一，英语教师在听力方面要对学生的有效倾听开展训练，既要求学生在听的过程中对相关内容进行正确的判断，并且抓住中心主题，又要求学生在听完之后概括重点内容。

其二，英语教师在口语方面要激励学生用英文复述与讲述故事。在课堂上对真实情境进行模拟，要求学生在具体的情境当中通过对英语的灵活运用，解决问路、购物等阅读方面的问题，同时英语教师还可以为学生推荐趣味性强，并且难度适中的课外阅读材料。

其三，在泛读当中英语单词的复现，除了能促进学生在语言方面的学习外，还能促进学生快速掌握已学到的语言知识。学生在阅读时遇到不懂的英语单词，学习猜测英语词义可以快速提高阅读能力，同时还可以使词汇量得到扩充，以及获得大量信息。

其四，在写作方面，英语教师在课堂上为学生布置写作任务的同时，还可以鼓励学生利用课外时间用英文写日记。这样不仅可以使得学生对已经学习和掌握的英文知识的运用能力得到有效提升，还可以使学生的自省能力在潜移默化当中得到相应的锻炼。

2. 逻辑—数理智能

使用数字与推理、抽象思维、分析问题、归纳问题的能力，通常情况下我们称之为逻辑—数理智能。在逻辑—数理智能方面比较强的学生往往比较喜欢抽象思维，遇到问题通过逻辑思维的方式去解决，在日常生活中这些学生喜欢提出问题并且通过实验寻找正确答案，喜欢寻找事物的相关规律和逻辑顺序。对逻辑—数理智能比较强的学生来说，理想的学习必须具备科学的资料、可供思考与探索的事物，以及参观各种博物馆、天文馆等教学活动。

众所周知，在英语教师开展的课堂教学中听、说、读、写语言技能是交互使用的，逻辑—数理智能可以帮助学生构建更加严谨、系统的个体英语语言体系。正确的阅读策略训练可以使学生在逻辑思维方面的能力得到进一步的增强，逻辑—数理智能不仅对学生的思考有重要作用，还在一定程度上对学生的学习起到相应的作用。例如，学生在阅读的语篇中通过对已经掌握的信息对情节的下一步发展开展一系列的推理；要求学生讲述或者复述逻辑性比较强的情节、内容；找到和列出解决相关问题的正确方法；让学生假设与推理某一话题或者内容等。也正是因为如此，英语教师在设计阅读课的时候，要正确引导学生依据语篇的部分线索去猜测陌生英语单词的词义，厘清英语句子的基本结构，整合语篇文本的重要意义，同时对故事情节的发展进行正确的推理。学生要充分按照英语单词字面的意思、语篇的逻辑关系和部分细节的重要暗示，对作者的态度与语气进行深入的分析和研究，更加深层次地理解语篇当中的重要寓意。

3. 视觉—空间智能

无论是外在图像还是内在图像，空间智能都可以使人感知到，并且还可以重视、转变与修饰心理图像，使人们可以按照自身的理解去创作或者解释图形信息。采用形象化的辅助教学工具，如电影、电视等对激活视觉—空间智能是非常有利的。英语教师在备课过程中处理课文的时候应该尽可能地将教学内容视觉化和简单化。

随着时代的进步和科技的发展，语言学习已经不是简单和枯燥的记忆过程，由于电影、投影、图片等体现了视觉空间的关系，因此教师在教学时将这些先进的图像手段作为教学辅助工具，或者在课堂上通过实物教学、现场的直观性教学，让教学内容变得更加视觉化和简单化，从而增强学生在语言感悟方面的能力。

视觉—空间智能主要指的是人们在立体化方面的思维能力，其中包括用视觉手段与视觉空间概念表达情感与思想的能力。在视觉—空间智能方面比较强的学生比较喜欢图形思维，擅长运用想象力，具有较好的结构和色彩感觉，喜欢艺术。因此，英语教师在教学的过程中借助形象化的辅助教学工具，如图解、多媒体等各种先进的教学手段和方法，对激活学生的视觉—空间智能是非常有利的。

英语教师在课堂为学生展现文章主体结构的时候，可以设计与其相关的流程图或者层次结构图，帮助学生更好地厘清课文脉络、重点和关键点，同时在讲解复杂句子结构的时候可以通过图解法让句子的结构简单化。教师在教学时借助真实和物理空间的直观教学，是快速培养和提升学生空间智能的最直接手段和方法。

4. 音乐智能

音乐智能主要指的是人们对音调、节奏等的感悟、知觉能力，以及借助音乐表达情感和思想的能力。我们都知道学生是非常善于模仿的，他们听觉敏锐，又极为喜欢音乐，因此英语教师在教学的时候应该充分利用教材或者课外音乐资源，将教学内容巧妙地与音乐相结合，在英语课堂中英语教师将音乐引入其中，为学生营造轻松、愉悦的课堂氛围，并且给学生以美的享受、振奋学生精神等，激发和调动学生学习英语的主动性和积极性，引起学生主动学习的兴趣与动机，以便使学生在情感方面与认知方面的水平得到大幅度的提升。

5. 肢体—运动智能

肢体—运动智能主要指的是人们通过各种动作表情灵活地对物体进行操纵，以及表达思想感情与解决问题的重要能力。相关研究表明，只借助视觉与声音的感觉渠道，是无法充分、全面地理解信息和记忆信息的。在学习的过程中想要获得良好的效果，既需要用身体对所学的内容进行有效体验，又需要通过多种感官体验的学习方式。在学习的整个过程中，90%的知识是通过肢体动作学到的。由此可见，"在做中学"充分符合现代外语教学活动的实际需求。

英语教师在实际的教学过程中结合肢体—运动智能将"在做中学"充分展现出来，语言学习实际上是一种动态的过程，包括了听、说、读、写等多种不同的行为。人类知识中的 70% 是借助和肢体动作相关的各种活动得到的，身体运动智能主要指的是人类个体对自身肢体的有效控制，以及通过动作与表情表达思想感情、解决问题的重要能力。在肢体—运动智能方面比较强的学生有很好的反应能力，同时也非常喜欢参加各类体育活动，有着较强的动手能力，在手工操作方面极为擅长。英语教师在教学的过程中应该最大限度地为学生营造良好的动态学习环境，使学生真正地动起来。目前无论是小学的教学内容还是初高中的教学内容都将课堂游戏纳入其中，演示类游戏属于动觉游戏，因此该类游戏比较多，可以同时对学生的肢体语言、口语、书面语进行全方位训练，更好地促进学生在肢体动作和语言、表情方面的默契配合与协调。当前，在我国高校的英语学习中很少会有肢体活动相关的教学内容。

随着教师事业的深入改革，虽然很多教材将课堂活动纳入其中，但实际上借助动觉与学生肢体语言的课堂活动并不多，因此教师在课堂教学之前需要提前设计，通过教材中的内容为学生营造和设计良好的动态环境，尽可能多地为学生提供肢体动作的机会。教师在教学时要求学生通过肢体语言帮助自身表达正确的思想，同时借助原版录像带正确指引学生观察、理解和模仿体态语，比较和寻找英文体态语和汉字体态语之间存在的区别，逐渐积累用肢体语言表达自身思想的相关经验。

6. 人际关系智能

英语语言本身的特点在一定程度上使得交际性成为必需。人际关系智能应用最好的方式就是积极组织和开展合作学习。人际关系智能主要指的是交往能力，以及和其他人合作共事的相关能力。在人际关系智能方面比较强的学生非常擅长和别人相处，并且喜欢参与各种群体活动。英语教师在课堂上可以将学生划分为不同的小组，充分按照教学内容为学生设计讨论题，首先小组分别讨论，其次由各个小组的代表阐述观点。一方面，教师要为学生创设轻松、良好的学习氛围，使学生的焦虑感得到一定程度的降低，有相互交流的意愿，将自己最真实的思想感情表达出来。另一方面，教师还可以对小组进行正确的引导，或者为小组提供相应的帮助，师生之间面对面地相互交流，对形成两者之间的合作关系是非常有利的。

　　组织和开展小组合作学习是创设积极人际交往环境的最佳方法。英语教师在教学过程中积极引导学生在个人和小组合作的学习中灵活运用学到的语言，不仅让语言形式与语言意义充分结合在一起，还让学生的语言学习更具有交际意义，从实际意义上来说十分符合语言学习与运用的相关规律。英语教师在教学的过程中在全面培养学生听、说、读、写、译五个方面的英语技能的同时，也要传授学生正确的交际策略，主要原因在于学生语言学习的目的是可以和其他人顺利、流畅地交际。英语教师应该充分按照多元智能理论积极培养与加强学生的人际交往智能，以便于让学生的各项智能均得到全面的开发与发展，因此英语教师为学生设计的任务，需要学生运用语言去相互沟通才可以完成，所以英语教师在教学中需要采用情境与任务型教学法。

　　7. 自我认识智能

　　自我认识智能主要指的是人们通过认识自身、洞察自身与反省自身来建构正确的自我认知的重要能力。在自我认识智能方面比较高的学生有着自我认知和反省的能力，可以意识与评价自身存在的个性、情绪等，以及有意识地运用这些信息对自身的生活进行相应的调整。英语教师在教学过程中应该鼓励学生将自我认识智能充分发挥出来，并且及时、快速地发现学生在课堂上的努力以及良好的表现。

　　我们应充分发展和提升自我认识智能，以及积极组织和开展自主外语学习。自我认识智能实际上是了解、认识和约束自己，以及辨别自己和他人的相同和不同之处的能力。在自我认识智能方面较强的学生擅长自我激励，不跟风，不盲目地从众，有比较强的自觉能力。

　　我国高校英语教学的最终目标是全面培养学生在英语综合应用方面的能力，并且不断增强学生的自主学习能力，使学生的综合文化素质得到全面的提升和发展，以便更好地适应我国经济的快速发展，以及国际相互交流的各种需求。高校英语教学为了完成这一目标，其中的一项改革措施就是对现在实行的教学模式进行一定的改革，把以前传统教学模式中教师讲课、学生听课的教学模式，转变为以网络、计算机等综合运用为主的教学模式，具有一定的个性化与主动性。因此，英语教师在教学时通过对学生多元认知与认知策略的积极培养，将学生学习的自主性充分开发出来，从而使学生真正具有管理自己，并且对自己的学习担负起重要责任的相关能力。

综上所述，高校英语教师在教学时，一方面不仅要积极培养学生在自主学习方面的能力和水平，还要全面启发学生对自身的正确认识；另一方面要有效指引学生对任务类型进行了解和认识，同时深入学习策略知识，使学生主动认识自身智能活动的整个过程，从而最终养成良好的计划、监控与充分调整学习策略的习惯。

8. 自然观察智能

英语教学的一项主要任务就是培养学生的自然观察智能。根据多元智能的理论和观点，教师应该积极培养学生观察环境的能力，使他们对人物、事件等与环境的相互关系有全面的掌握和了解。观察环境的能力从某种程度而言虽然已经超出了学科的技能，但是只要此种能力形成，学生对课文结构和内在关系的掌握会更加容易，此外，还可以快速提升在英语方面的学习质量和效率。对素质教育最好的诠释就是多元智能理论，为英语教学中存在的问题提供了很好的解决方法，还为合理整合现有英语教学资料提供了重要途径。多元智能理论的教学目标是充分利用学生和学生之前存在的个别差异，将更加多元的智能教学作为英语教学上的"多元切入点"，为全部的学生提供发展的多元途径，完成语言教学的最终目的。

同时，不仅让学生成为课堂信息加工的重要主体，还作为知识意义的重要建构者，面对语言思想内涵的时候学会从批评的角度理解，不断提高学生自身在思辨方面的能力和水平，并且有效地从思辨和灵活运用中学会语言、掌握语言。在英语教师的课堂教学中以上各项技能的灵活运用和有机组合，最终实现从封闭的教学时空转向开放的教学时空，从间接的教学内容转向直接的教学内容，从共性的教学模式转向个性的教学模式，从平面教学体系转向立体教学体系。

教师应培养学生在自然观察方面的智能，开展各种有吸引力的课外活动。自然观察智能主要指的是对自然界中存在的各种形态进行全面、仔细的观察，分辨各种不同的物体，有效洞察自然或者人造系统的能力。在自然观察智能方面比较强的学生，通常情况下在分辨自然界中各种不同事物上面也具有比较强的能力，并且非常擅长在人为的世界中灵活运用此种能力。在高校的英语课堂中，教师能通过环保和生态题材的课文正确引导学生学习植物、地理等方面的众多知识，并且和现实生活中的实际情况结合就某一话题开展一系列的调查或者讨论。

多元智能理论开阔了针对不同学生因材施教可能性的同时，也进一步拓展了对不同学生因材施教的思路，为学生的个性化教育提供了一个比较开放的新平台。教师在实际教学过程中可以通过这一平台开展个性化教学，不仅具有一定的民主性、主体性，还具有创造性与和谐性，充分满足学生个性化的不同学习需求，让每一位学生都可以在"因材施教"中受益匪浅，得到更高、更好、更快的发展。同时，多元智能理论也对以前比较传统的教学方法提出了重大挑战。

多元智能理论的教学理论具有智能多元化、个性化以及情境化的特点，众多教师的教学实践证明，多元智能理论的教学模式和当前英语教学中的教学理念相辅相成。

第三章 高校英语课堂中的跨文化教学

第一节 跨文化交际与高校英语教学融合探索

一、跨文化交际概述

跨文化交际实际上是一种比较普遍的社会现象，其发展过程十分悠久，甚至可以追溯到原始部落时期。跨文化交际作为新兴的学科之一，研究的历史可以追溯到 20 世纪初，众多优秀的学者从人类学角度、社会学角度以及心理学角度对跨文化交际进行了深入的研究和探讨。

现在人们普遍认为真正的跨文化交际研究开始于 20 世纪 50 年代末，由于爱德华·霍尔（Edward Hall）在他的著作《无声的语言》中首次使用了 "Intercultural Communication"（跨文化交际）这一术语，因此，人们将此视为跨文化交际学的开端。

自 20 世纪 50 年代以来，学者们开始从不同的角度来研究跨文化交际行为，跨文化交际逐渐在世界范围内发展成为一门学术及应用科学。

美国是第一个对跨文化交际开展研究的国家。我们都知道，美国是移民国家，美国每一位移民都对自己的文化进行不断的强调和维护，逐渐形成了美国的多元文化格局，文化和文化之间经常发生激烈的碰撞，在此影响下跨文化交际开始逐渐受到美国众多优秀学者，以及各界人士的关注和重视。

在此之后，其他经济发达的国家也开始关注和重视跨文化交际的研究。1972 年，日本率先在东京召开了第一届跨文化交际学国际研讨会。1974 年，美国宣布正式成立跨文化教育训练和研究学会。20 世纪 70 年代，国外众多知名大学开设跨文化交际课程，并且和跨文化交际相关的文章接连被发表出来。

我国在跨文化交际方面的研究和国外相比起步比较晚。20 世纪 80 年代初期，北京外国语大学胡文仲教授开始对跨文化交际学开展深入的研究和探索，并且出版了很多著作，如《跨文化交际学概论》《跨文化与语言交际》等。

随着时代的发展和科技的进步，跨民族、跨行业的交际越来越频繁，在此影响下人们开始注重和关注跨文化交际的研究和探索。人们开始从人类学、社会学、心理学及语言学等角度对跨文化交际中的文化差异现象进行研究，并做出了各自的分析和阐述。也有学者称之为比较文化。一方面，它主要考察不同国家的政治、经济制度和人们的生活方式、生活习惯；另一方面，它还属于应用语言学范畴，对语言与文化之间的关系进行深入研究。跨文化交际除了可以运用在群体和个人之间的交际往来外，还可以应用在国家和民族之间的交际往来。目前随着世界经济、政治和文化交流的不断加深，对跨文化交际进行研究和探索，既可以增加相互之间的了解，又可以消除误会，最大限度地减少和避免不必要的冲突。当前，跨文化交际学已经成为被众多优秀国际学者重视的一门综合性学科，并将人类学、心理学等巧妙地结合在一起。

（一）跨文化交际的定义

随着人们对跨文化交际的关注度越来越高，对跨文化交际的研究和探索也就更加深入，因此跨文化交际的定义也各有侧重，主要是从两个不同的角度来定义的，一是社会学，二是文化学。

跨文化交际实际上是互动交流的过程，由来自各个不同文化背景的人们通过符号创设含义，并且对含义进行一系列的解读。当文化之间存在巨大、明显差异的时候，含义因所含文化的不同，人们对其也存在不同的解释与期待，交际的效度会受到此种期待与解释差异大小的直接影响。因此，在跨文化交际过程中，交际环境、符号运用的恰当性和有效性、认知程度以及交际动机等都影响交际的结果。

首先，交际环境影响交际者的跨文化交际能力，因为环境决定交际行为发生时交际者之间的关系以及交际状态。

其次，交际符号运用的恰当性和有效性影响或者限制交际者在一定交际场合下对符号所表示含义的解读，乃至交际的结果发生。

再次，认知程度决定交际者对交际对象的民族个性、生存环境、风俗习惯和行为规则等的了解程度。例如，在中国，时钟是不能被当作礼品送人的，因为"送钟"与"送终"同音，后者表示一个人生命的终结，因而以时钟作为礼品是中国人所忌讳的。

最后，交际动机影响到人们在交际过程中的情感表达方式的选择等。

（二）跨文化交际的分类

第一，从跨文化交际范畴角度来看，主要可以分为两种：一是宏观跨文化交际，二是微观跨文化交际。

宏观跨文化交际主要指的是具有国际性的跨文化交际，简单来说就是跨越国界，以及不同习俗的民族和种族的交际。

微观跨文化交际主要指的是在同一个国家当中身处不同文化圈的人与人之间的相互交际，包括同一个国家中不同习俗的种族、民族或者地域的人之间的交际。

第二，根据交际群体的不同可以分为文化圈内的交际和文化圈际的交际。

文化圈内的交际是指同一主流文化内不同个体之间的交际。例如，同属阿拉伯文化圈的不同国家的个体之间或者同一国家不同地域之间个体的交际。同属于中国大文化圈的南方地区和北方地区有很多不同的习惯性差异。比如，南方人喜欢用"我的乖乖"来表示惊讶，如"我的乖乖，速度这么快呀！"但是在淮河以北的很多地方，"我的乖乖"却不能乱用，否则会招来敌对情绪，甚至会引发冲突。

文化圈际的交际是指不同主流文化的个体之间的交际。例如，分属阿拉伯文化圈和欧洲文化圈的个体之间的交际。

来自不同文化圈的个体因文化差异而导致交际的表达方式、表达含义存在差别。例如，某君在和一外国朋友交谈，当谈及自己父母的职业时说"My parents are peasants."（我的父母是农民），没想到他的这个外国朋友露出一脸的惊愕之色，认为该君对其父母存在偏见。原来，在英语中表示"农民"的词有两个：一个是"peasant"，相当于汉语中具有轻蔑色彩的词语"乡下佬、乡巴佬"，不是很有教养的、粗鲁的人；另外一个是"farmer"，是一个中性词语，只是表示一种职业。在中华人民共和国成立后到 20 世纪 80 年代，我国的英语教科书中多用 peasant 来表示"农民"的含义，在改革开放之后，已经改用"farmer"一词了。

第三，根据交际群体的不同可以分为跨种族的交际和跨民族的交际。

跨种族的交际是指来自不同种族的个体之间的交际，如白种人与黑种人之间的交际。

跨民族的交际主要指的是来自相同或不同国家的不同种族的个体之间的相互交际。

二、大学英语跨文化教学模式的构建

（一）教学目标及内容

近年来，无论是在美国还是欧洲国家，跨文化外语教学发展十分迅速，在术语的运用上虽然不统一，但是外语教学思路仍旧展现出众多的共同点。例如，有的学者在对欧洲各个国家的语言文化教育现状开展了深入的调查之后，在欧洲跨文化交际需求的基础下，提出了把文化与语言两者结合在一起的综合教学。

培养学生的语言、交际以及跨文化交际的能力是我国跨文化外语教学的目标，因此教师在对学生开展教学时也应该有语言（包含基本语言知识与运用）、文化（包含文化知识与交流）与跨文化交际（包含跨文化的意识、交际能力与交际实践等）方面的内容。英语教师在跨文化外语教学的过程当中学生对目的语语言与文化开展深入的学习和研究，学生可以在熟悉、全面掌握和了解目的语语言知识的同时，灵活运用该语言和目的语语言群体进行及时、快速的有效沟通。学生在学习中可以对自己的母语进行思考，既了解和掌握语言存在的普遍规律，又了解文化构成、文化作用以及文化发展规律，以及语言和社会、文化之间存在的关系，在相互交流的过程中体验、感受目的语文化，不断对本民族文化进行思考，比较目的语和本族的文化差异，从而进一步增强对文化差异的敏感性，以及更好地培养对目的语文化的态度。与此同时，在教师的正确帮助和一系列指导下，学生逐渐学会解决跨文化交际中可能出现的各种问题，如文化冲撞、误解等。

跨文化外语教学内容中的语言知识、文化知识和跨文化交际知识不仅有着非常紧密的联系，并且三个方面之间也相互渗透。其中，语言和文化知识是非常重要的基础，语言运用、文化交流为知识提供了相应的实践机会。跨文化意识是在学生的知识学习与实践中得到培养的，并且还为学生的知识学习与实践交流提供了非常充足的思想准备，最终在跨文化交际的实践当中学生的跨文化交际能力得到不断的培养和提升。

需要注意的是，教师在文化教学的过程中要最大限度地避免和减少出现中西方文化失去平衡的现象，或者中国文化失语症，也就是对西方文化输入进行片面的强调，造成了"母语文化"的严重缺失。一些英语教师在教学时严重忽视了母语文化在教学中的重要位置，中国人在跨文化交际中作为交际的主体，很多时候无法用英语对我国众多优秀的文化进行正确表达，尤其是对我国的众多传统文化更是力不从心。

当前，丧失在全球语境下文化对话中相互平等的对话能力，是跨文化交际中的大忌之一。有学者提出生产性外语学习，主要指的是学生在学习目的语的时候，目的语和母语水平的提高相得益彰，目的语和母语的文化在鉴赏能力方面相互促进，以及充分将学生自身的潜能发挥出来。在"生产性外语学习"中，母语和母语文化起着积极的作用，它与文化归属的替代无关，强调两种语言和文化价值系统之间的互动作用。因此，"母语文化"在外语文化教学中占有极为重要的地位，不可缺少，文化教学不可以失去平衡，教师应该尽最大的努力帮助和促进学生形成真正的"生产性外语学习"，将两种语言文化的相互促进作用充分发挥出来，从而实现跨文化交际。

除此之外，英语教师在教育过程中应该尽可能地减少和避免割裂语言与文化之间的紧密关系，防止出现孤立和机械的语言、文化教学，应该将语言教学、文化教学巧妙地结合在一起。众所周知，语言本身蕴含着极为丰富的文化内容，语音、词汇和句法均有其相应的文化内涵，由此可见文化和语言有着不可分割的紧密关系。语言学习从某种意义上来说就是文化学习，文化为语言学习创造、提供了极为丰富、真实的环境和氛围，语言和文化互为目的语手段。因此，英语教师在教学的过程当中除了应该把文化教学始终贯穿于语言教学之外，还应该在文化教学内容当中将语言教学融入其中，使学生学到语言的同时体味和感受真正的文化，以及充分享受学习的美妙过程。

（二）教学原则

1. *以学习者为中心原则*
学生作为教师教学过程中的重要主体，在组织和开展教学的过程中应该以学生为中心，充分围绕着学生的各种需求来进行。教师在实际的跨文化外语教学当中，培养学生在跨文化交流方面的能力同样也是在学生主体上进行的，因此英语教师设计教学时应该全面考虑不同的因素，如学生学习语言、文化的能力和态度等。

每一位学生都是独立存在的个体，不同的学生在学习的风格、方法和能力上存在一定的差别。教师在教学中应该以学生为中心，做到因人而异和因材施教，既要针对学生的不同情况选择合适的教学方法，又要针对不同学生的实际情况做出正确的引导。由此，对学生自主学习能力进行培养和因材施教两者有着紧密的关系，是相辅相成的。对跨文化外语教学而言，学生的自主学习能力是极为重要的，原因在于培养学生终身学习的思想是教育培养的一个目标，同时因为跨文化学习的内容十分丰富和庞大，只依靠教师的传授是远远不够的，在教师的教学中占据首位的就是培养学生在学习方面的能力，这是一种可以持续、不间断发展的能力，从而让学生可以更好地完成教师或者自身设定的教学或学习目标。

2. 互动性原则

互动性原则包含了语言和文化、中西文化、教和学的互动。在教学中面对语言和文化应该用发展的眼光来看待，无论是文化还是语言都是动态的、相互交织发展的，跨文化外语教学同样也应该紧随时代的潮流与发展，在互动发展中持续进行。中西文化的关系应该是平等对话和互动共存的，特别是在当前经济全球化不断深入的趋势下，中西文化之间的互动共存表现得更加明显。教师的跨文化外语教学应该充分遵循这一发展规律，将中西文化学习的重要互促作用充分发挥出来。

全新的教学模式在教和学的过程当中，改变了以往传统的单向传递模式，开始对教学传播过程中的双向传递和互动的过程更加地强调和注重，教师教学对学生学习产生影响的同时，学生也对教师的教学传播行为产生影响。文化之间的双向交流是跨文化交流本身的要求，语言既是在相互交流中产生的，又是在相互交流中发展的。

综上所述，跨文化外语教学应该是一个互动的过程，需要将学生参与学习的主动性和积极性充分发挥出来，只有这样教师在教学中才可以取得良好的教学效果。

（三）教学方法

1. 语法翻译法

语法翻译法（翻译法）诞生于 18 世纪末，主要来源于欧洲中世纪对希腊语和拉丁语的教学，主要教学活动是翻译、阅读原著以及分析语法，目的是培养、训练学生在阅读方面的能力和心智。语法翻译法既有优点又有缺点，优点是让学生的语法概念更加清晰，在阅读方面有着比较强的能力，并且提升了学生的翻译和写作能力；缺点是对阅读进行过分的强调使得语言交际能力被严重忽视，导致学生在语言应用、交际方面的技能和能力都比较差，同时单一和枯燥的教学形式使得学生极易失去学习的兴趣。

2. 直接法

直接法产生的时间和社会背景是 19 世纪下半叶西欧资本主义蓬勃发展，以及日益频繁的国际交往，翻译法无法充分满足这一时代的各种需要，于是专门针对翻译法的外语教学改革运动开始逐渐兴盛起来。直接法主张重点参考、借鉴和学习儿童学习母语的方法，借助目的语进行最直接的学习与应用，在教学过程中不通过母语中介，采用最直接的手段和方法教学，如动作、图画等。直接法的优点是教学非常直观、注重学生的实践，同时对快速培养学生的口语有着极为显著的效果；缺点是将儿童学习母语与成人学习外语两者的相似性进行过分的夸大，严重忽略了两者之间存在的差异性；将母语在外语学习中的重要作用忽视了；对经验认识、感性认识与学生口语进行过分的强调、关注，忽略了学生在文学方面的修养，学生在学习的时候只知道表面现象，不知道事物的本质。

3. 听说法

听说法主要源于二战时期美国的美军外语培训。听说法十分强调听和说，通过反复的模仿以及强化操练最终形成了一定的习惯。听说法的优点是对句型结构的练习非常地重视，并且在安排教学的时候将目的语和母语进行对比，从易到难进行安排，为学生掌握外语创造有利条件；缺点是对机械性操练与死记硬背非常地重视，忽略了对学生能力的培养和提升。

4. 认知法

认知法（现代语法翻译法）是在 20 世纪六七十年代认知教学理论的基础上诞生的。认知法强调学生对语言的学习除了理解语言规则之外，还要牢固掌握语言规则，认为语言学习是学生主动的心理活动。认知法的优点是鼓励学生积极思维，发展学生的智力，注重培养和提升学生在语言综合运用方面的能力等；缺点是强调和注重要在认知语法规则的基础上开展外语教学。

5. 交际法

交际法是在 20 世纪 70 年代的欧洲由英国应用语言学家创立的。交际法认为培养和提升学生灵活运用目的语进行交际的能力是语言教学的目的，语言结构、表达各种意念与功能均属于语言教学的内容。同时，交际法非常重视对学生语言方面能力的培养，主张学习应该在交际活动中进行，将教学活动情境化。交际法的优点是对学生的各种实际需求以及学生交际能力的培养极为重视，将语言的社会功能充分展现出来，并且教师教学过程的交际化也在一定程度上提升了学生在交际方面的能力；缺点是很难确定与统一功能意念项目，在组织教学大纲的时候以功能意念项目为线索缺乏一定的科学性，教师在实际教学过程中非常容易出现放任学生语言错误的情况，从而对交际产生影响。

6. 后方法时代

随着时代的发展和人们对外语教学的深入研究，众多优秀的学者认为，外语教学从 20 世纪 90 年代起在各种教学法流派呈现的"方法时代"后，开始逐渐进入"后方法时代"。后方法时代的教学方法非常重视学生的学习过程，重点培养和提升学生学习的动机和策略，以及构建学生的语言知识体系，对教师主导性与学生自主性进行着重强调，目标是培养和提升学生在可持续发展方面的能力。

后方法时代的代表是任务型教学方法，主要指的是教师在课堂教学的过程中积极、正确引导学习语言的学生顺利完成任务的教学。任务在语言教学当中主要指的是为了实现某一具体的学习目标设定的活动。该教学法对"在做中学"进行了着重的强调，认为教学活动应该围绕某一特定的交际与语言项目开展，设计出的任务不仅要具体，还要具有一定的可操作性，学生通过各种语言活动形式，如表达、交涉等完成相关任务，从而完成深入学习与充分、灵活掌握的最终目的。任务型教学法的优点是以任务为中心，对真实性进行了重点的突出和强调，让学生在学习的过程中通过任务的有效驱动来学习和构建知识，除了对培养学生在综合语言运用方面的能力有利之外，还对学生的自主化学习非常有利。需要注意的是，该教学法是以前教学法的基础上面形成的，因此和其他教学法之间不会产生排斥。

方法时代和后方法时代均各自有着产生的时代背景与合适的适用环境。随着教学的不断发展，教学法在教学需求的影响下也得到了进一步的发展更新，因此教师在教学的过程中不可以局限于某一种教学方法，尤其是在跨文化外语教学当中更要有合适的教授方法，以及教无定法的重要理念，取其精华，去其糟粕，发扬长处，·避开短处，从而寻求最佳的教学效果。

（四）教学评价

教学评价不仅是跨文化外语教学的一项重要内容，还是其主要目标，文化的主观性与复杂性从某种程度而言为文化的测评与评价带来了一定的困难和挑战。无论是传统的纸笔形式，还是客观量化的测试，在专门强调和关注记忆的客观语言知识全面、充分掌握的标准化评价上面虽然有着极大的优势，但是却无法对学生的能力和态度等进行客观的评价。由此可见，在跨文化外语教学的评价过程中只依靠传统的客观定量测试，从某种意义上看已经无法充分满足其高要求，因此也诞生了"表现评价"与"真实评价"的定性分析评价法。

形成性评价和传统的终结性评价存在一定的差异，前者可以更加地激励和鼓励学生，帮助学生快速、及时地发现学习中存在的各种问题，并且对存在的问题进行及时调整；使学生对自己的学习过程进行更有效的调控，从而让学生取得良好的学习效果，提升学习质量。这样，学生在学习的过程中就更容易获得成就感与满足感，有利于培养和提升学生的自信心。由此，跨文化外语教学的评价机制应该将形成性评价非常巧妙地与终结性评价结合在一起，客观、积极地反馈学生学习的实际情况，对学生的学习起到很好的反拨作用。

高校英语跨文化教学模式的终极目标是全面培养和提升学生在跨文化交际方面的能力，基础目标是培养和提升学生在交际方面的能力，主要内容是英语语言知识和语言技能、文化知识与跨文化交际等，把语言和文化教学有机、巧妙地结合在一起。

教师在课堂教学中不仅要具备语言知识（语音、词汇等），还要具备文化知识，从而更好地运用翻译法对基本语法和语言基础知识进行全面讲解，并且介绍与解释相关文化知识，使学生形成最基础的认知。与此同时，教师应该有效借助"计算机网络"的环境与条件，积极鼓励与正确引导学生进行自主学习，将计算机与网络对促进学生思维的进一步发展，以及参与和帮助学生知识建构的重要作用充分发挥出来，使其真正成为课堂文化学习的重要补充。

文化知识主要是以课堂教学为主、以"计算机网络"为辅的。专门针对听、说、读、写、译五方面语言技能的不同特点，运用不同的教学环境，其中听主要是在"计算机网络"环境下训练，比较方便对多种不同听力素材的灵活运用，尤其是网络上面十分丰富的英语听力素材，可以为学生营造一种近乎真实的听力环境，同时再加上教师在课堂上对学生进行的听力技巧与方法的介绍；说与读除了在"计算机网络"环境中训练之外，还要有一定的课堂教学，教师通过计算机与网络，对学生进行阅读、口语等多个方面的训练，并且教师在课堂上要讲解分析文化的内容、体裁，并且要与学生进行口语互动。写与译的训练基本上是以课堂教学为主，以计算机网络环境下的教学为辅，原因在于无论是写作还是翻译均是输出技能，教师在训练这两种技能的时候采用面授指导不仅更加地直接、有针对性，还更加有效果。

需要强调和注意的是，文化交流是一项非常重要的教学内容，占据着极为重要的地位，原因在于任何文化成果最终都是在交流传播当中具体实现的，并且不管是掌握的相关知识，还是技能，均需要在交流传播当中灵活运用。同时，更为重要的是学生在各种有趣的实践交流活动当中，既可以对文化之间的差异进行体验与感受，又可以更加直观地面对跨文化交流中存在的各种障碍、问题与挑战，在教师正确的指引下，不断培养和提升学生的文化敏感性以及跨文化交流意识，充分体验、了解与认识可能出现或者产生的文化休克等诸多情况，并且可以对其灵活处理与快速、及时地对自我进行更好的调整。文化交流的组织和开展能通过"计算机网络"的相关环境，或者在各种有趣具体的实践交流活动中进行。无论是从学生跨文化交流的各种需求，还是从教师教学的培训效果看，组织与开展短期的对外交流互访、参与国际会议等从某种程度而言均是非常值得鼓励的良好形式。

在我国，众多高校英语跨文化教学模式在跨文化交际的深入影响下，将成为更加全面、立体的教学模式，包括丰富多样的教学内容、手段、环境与方法，从而真正实现培养跨文化传播人才的最终目标，以及使我国在实际的国际交往中跨文化传播的各种需求得到充分的满足。

第二节　跨文化交际理论在高校英语教学中的实践研究

　　语言是文化的一部分，反映文化的需求。在学习某种语言时，我们不仅要学习和掌握语言知识，还要学习相关的文化。语言虽然可以将某一文化充分表达出来，也可以帮助丰富与保存一种重要的文化，但是它必须存在于某一文化当中，即受到文化相应的制约，也会受到文化的影响。因此，应该充分认识和了解，当一名优秀的教师在教授学生语言的时候，他也是在教一种思维方式，在教一种随着文化的变迁而变化的语言。在教学过程中，教师是目标文化和学生之间的媒介。

　　教师的综合素质是英语教学活动中的一个重要的决定性因素。在英语教学中，由于母语和目的语所蕴含的两个不同民族之间的多方面差异，如价值观念、文化取向等，依旧有很多的语言现象是无法从语言本身解释清楚和明白的。学习语言时，如果对文化背景缺乏了解，就会直接影响对语言知识的领悟。因此教师在传授语言知识的同时，有必要将其中蕴含的文化知识传授给学生，帮助、引导他们挖掘和理解特定文化背景下语言的深层含义。

一、课堂教学文化特性

　　课堂活动是一种包括教材在内的三方参与的文化行为，教师应熟悉目的语文化，针对教学内容和预先准备的文化知识去创造文化氛围，吸引学生的学习兴趣。为了达到这样的氛围，教学中需要变换三种不同的特性。

（一）信息的输入

　　美国语言教育家克拉申（Krashen）的"输入假设"认为，外语习得需要大量的"可理解的输入"，所以最大限度地让学生接受能够充分理解的输入是教师在语言教学过程当中最为重要的手段。为了从多角度去获得对英语语言这一目的语文化的理解，需要将不同种类的信息展示给学生。教师备课中针对教材内容应尽量搜集有关目的语文化方面的资料，如画报、杂志、图片、新闻等，用来研究和了解不同国民的文化、风俗习惯及审美标准。借用视觉、听觉和触觉等将各种信息材料综合起来，就有可能成功地让学生把注意力都集中到这些不同的学习形式上。

（二）不同的活动类型

实践证明，教师经常变换课堂教学活动能使学生有新鲜感，并且能够活跃课堂气氛，提升学习兴趣。通常，在许多教授文化的书籍中，仅是提到了"讨论式"活动的教学方法。虽然讨论法在文化课中是一种很不错的学习方式，但是我们并不能指望所有的学生都能在一堂英语课上用很好的外语水平来讨论某些复杂的问题，甚至那些英语水平较高的学生在他们开展讨论之前也需要有明确的目标来进行准备活动。因此不妨探讨使用下述几种最受学生喜爱的课堂文化习得的活动。

1. 开展竞猜活动

从事猜谜是课堂文化学习最成功的活动之一。竞猜不但能用来检测教师以前所教授的内容，而且对学生掌握新的信息也非常有用。例如，在讲授西方社会与文化这门课程时，教师可给出下面简单的正误判断题来检验学生对爱尔兰的了解程度。

Please decide whether the following statements are true or false.（请判断以下陈述是正确的还是错误的。）

① Ireland is totally dark during the winter.（爱尔兰的冬天一片漆黑。）

② There is little snow except in the mountains.（除了山上几乎没有雪。）

③ Ireland is about the same size as the Island of Hainan.（爱尔兰和海南岛差不多大。）

④ The United Kingdom includes the Republic of Ireland.（联合王国包括爱尔兰共和国。）

教师要求学生以小组为单位对每一问题给出正误回答，学生将根据现有的知识和常识给出答案。重要的不是学生回答得正确与否，而是通过预测，他们会找出正确答案从而对学习英语更感兴趣。之后，教师可以给出正确答案，也可就这一话题添加些额外信息。

2. 学做活动记录

活动记录是用于课堂上对教学活动进行记录的笔记，它也是锻炼学生自主学习的一种学习策略。了解学生的活动记录可以给教师提供有用的反馈信息。教师可以要求学生在每堂课后详细写出活动记录，并对每堂课的活动意义、困难及兴趣给出评估，这必然会使学生重新思考他们所学的知识。

3. 进行话语重构

首先，当学生已经阅读过或听过一个故事后，教师可以运用重构的方法检验他们所学的知识，并通过让学生与同伴进行复述的方式来巩固所学的知识。简单地讲，学习内容重构就是用自己的语言解释所学的知识。这是一种非常简单的学习技巧，但是其可行性已从文化和语言双方面得到证实。教师也可以经常将阅读作为作业，要求学生对其内容进行重构。

其次，教师可要求学生与其同伴重构阅读内容，学生可以参考所做的笔记，但是不可以看原文。实践证明，通过这种方法可以检验学生所学的知识，帮助学生发现自己的知识漏洞，找出差距并逐步改进自身语言表达的能力。

4. 吸引注意力

在我国，高校英语课文的选材极为丰富，内容涉及面非常广泛，如地理、文学、社会等。假如教师在讲解课文的同时，以问答的方式吸引学生的注意力，进而介绍相关的背景知识，除了能够将学生的学习积极性充分激发和调动起来外，还能够帮助和促进学生理解课文以及加深他们对课文的印象。

此外，当学生在看视频或其他的一些材料时，教师可以让学生注意一些特写画面。例如，让他们观看一些带有目的语文化的婚礼视频、节日庆典视频等，并提示出与本土文化的不同之处。

5. 预测学习内容

预测在小测验中是一种有用的方法，而且在其他选材活动中也同样有用。就像"注意法"一样，引导学生应用预测法可以使学生更加投入、更加活跃。例如，当教师讲一个故事时，他可以在某一个地方停下来，让学生猜测剧情是如何发展的或用提问的方式来引出所要讨论的话题。再者，当布置一篇阅读作业时，教师可以先给出阅读的题目，然后让学生猜测他们将会学哪些方面的知识。这样，一方面教师是在迫使他们针对这一题目，对已学过的知识进行复习；另一方面，学的好奇心增强了，想知道他们所预测的答案是否正确。

6. 自主研究性学习

最佳的学习途径之一就是发动高校学生从事各种不同类型的研究工作，原因在于能够使学生的学习兴趣和教师的课堂教学很好地结合起来。例如，第一节课后教师布置作业，让学生上网或去图书馆查阅他们感兴趣的与目的语文化有关的任何资料，并写出调研结果。在接下来的一节课上，让学生向本组内同学解释自己所查找到的知识，然后解答疑问，学生在此影响下可以长时间保持课后学习的状态与势头，并且也会有部分学生对目的语文化产生浓厚兴趣。

与此同时，教师在文化教学的过程中也可以将我国众多优秀的传统文化教学融入其中，借助对这两种文化之间的有效对比进一步启发学生的思考，并且正确引导学生在各种不同的情境中做出极为恰当的行为反应。

教师还可以借助于一些其他有用的教学实践活动形式，如游戏、角色表演、实地考察、阅读活动、听力活动、写作活动、讨论活动、短剧表演等促进课堂教学的开展。

二、充分了解英语教学中的文化背景

（一）文化导入的原则

在语言交际中人们会将不同文化之间的差异充分展现出来，甚至部分深层次的文化差异还会成为交际的阻碍，对交际的有效、得体进行产生相应的干扰。在实际交际的过程当中，要对语言形式有全面的认识和掌握，同时还需要充分遵循文化的规约，使得交际中无论是语言行为还是非语言行为，均被不同文化的人接受与认可。

英语教学中文化导入需要遵循如下原则。

其一，实用性原则。该原则要求导入的文化内容和学生学习的语言内容两者之间有非常紧密的关系。语言交际实践和文化教学紧密地结合在一起，可以充分激发和调动学生学习语言与文化的兴趣，将他们的积极性和主动性充分发挥出来。

其二，适度性原则。该原则主要指的是任何的文化学习项目均应该与教材有着紧密的联系，简单来说就是无论在教学内容上还是在教学方法上都应该适度。其中，教学内容的适度是指应该对文化项目的代表性进行全面的综合考虑，并且在主流文化与广泛性内容的导入中应该将重点放在当代文化内容的导入上；教学方法的适度是指有效协调学生自学与教师讲解两者之间的关系。积极鼓励学生通过课外时间进行大量的阅读与实践，从而增加学生自身在文化知识方面的积累。

其三，持久性原则。在千变万化、日新月异的国际形势下，当前和身处不同文化圈的人们进行相互沟通和交往已经成为全新的生活方式。通过对比学习目的语与母语在结构、文化上的相同点和不同点，最终获得跨文化交际的文化敏感性。除此之外，通过向学生介绍目的语的文化习俗、词语典故等，激发学生对教学材料的兴趣，将学生的主动性和积极性充分调动起来，最终实现让学生在潜移默化中学习文化与语言知识的目的。

综上所述，社会文化知识的学习应该极为巧妙地和语言知识学习结合在一起，同时培养和提升学生在跨文化交际方面的能力；也应该和听、说、读、写等多个方面语言技能的培养和提升结合在一起，将知识与交际的文化内容始终贯穿于听、说、读、写等各种语言技能的培养当中。培养学生这些技能的最终目的是长时间、系统地培养学生在跨文化交际方面的能力和水平。

（二）文化导入的主要内容

众所周知，中西方之间存在一定的文化差异，并且这些差异是影响语言现象的重要文化因素。例如，Good Friday 主要指的是复活节前的星期五，也就是耶稣受难的日子，一定不可望文生义，根据字面意思来解释。词汇作为一个单独的层面，从某种意义来说受文化影响最大，大多数情况下隐含着非常深的文化底蕴和意蕴。

外语教学成功和失败的关键是词汇教学，教师在教学过程中抓好词汇教学就成功抓住了主要矛盾。在词汇教学的过程当中，大部分的教师非常注重和强调构词法、句法等，忽略了词汇文化之间的差异或者重要的语用原则。文化的重要载体就是语言，在各种不同的语言交际场合中，语用原则能够帮助学生正确理解语言以及灵活运用语言。

随着语用学以及文化语言学的进一步发展，人们逐渐清晰地认识到语言是非常重要的文化载体。语用的形式需要依存在一定的内容当中，并且语用的运载工具也需要有所负荷，如果不这样语用就是一个空壳，没有实质性的意义。

三、注重培养学生的跨文化交际能力

（一）跨文化交际能力的组成

1. 基本交际能力

基本交际能力主要是指交际个体为实现有效交际而应掌握的语言能力、与社会或文化规范相关的能力和相互交往能力。

（1）语言和非言语行为能力

语言行为能力指交际者掌握和运用语音、词汇和语法知识的能力。非言语行为能力指对身势语（包括姿势体态、面部表情、目光等）、体距、人体特征、物品（项链、手表等）、环境、时间和沉默等的使用能力。

（2）文化能力

文化能力包括以下方面：

①与任务相关的程序。

②获取信息的技能与方略。

③处理不同的人际关系、扮演不同的社会角色、承担不同的社会身份、处理不同的社会情境和社会场合的相关能力。

④交际者具备自我调节、对文化差异高度敏感等素质。

⑤交际者对文化取向、价值观等有一定的认识和了解。

（3）相互交往能力

①言语行为能力（言语的社会功能、言语对情境的适应性规则的掌握）。

②交往规则或语用规则。

（4）认知能力

认知过程至少由三个相互关联的阶段构成：描述、解释和评价。如果不能正确区分这三个重要阶段，就会造成交际失误。

在交际过程中，描述主要指的是交际者客观叙述观察到的对方行为，既不可以评价对方的客观行为，也不可以赋予其任何的社会意义；解释主要指的是加工观察到的对方行为，并且赋予其一定的意义；评价主要指的是对解释赋予消极或者积极的社会意义。这里值得注意的是，对任何行为的描述都可能产生不同的解释；而对同一行为的评价也不会是完全一致的：有的评价可能是积极的，有的评价可能是消极的。

2.建立情感和关系的能力

（1）建立情感的能力

建立情感的能力实际上指的是移情能力。移情能力是指跨文化交际者在实际的交流中以对方的相关文化准则为标准来进一步解释和评价对方行为的能力。因此，移情者（也称为交际者）并不是用自己积累的相关经验与文化准则作为解释与评价别人行为的准则。移情者除了要设身处地和将心比心之外，还要推己及人，从他人的角度出发。

移情主要分为语言与社会的语用移情。其中，前者主要指移情者灵活运用语用规则与文化习惯，同时刻意对听话人表达自身的意图与心态，并且听话人可以十分准确地领悟说话人的话语用意。社会用语移情则指交际者完全从对方的角度出发，用对方的文化准则为标准解释以及评价对方的行为。

（2）建立关系的能力

①交际的双方之间应该充分满足对方自主与亲密交往的各种不同需求。

②交际双方建立良好关系的重要基础是相互吸引，双方之间交际的前提是产生共识，并且共识涉及多个方面的共享，如文化取向、价值观等，从某种程度而言共识可以强化未来的交际。

③移情者主要通过快速适应对方来代替群体或者民族中心主义。交际者用言语或非言语行为向对方表示关注（如目光接触、提问题、必要的体态行为等都可以用来作为适应对方的手段）；齐心协力，反应敏捷及时，避免突然插话，积极提供信息反馈，话题转换顺其自然；交际者尽量做到自我展示，让对方了解自己，容忍文化、情境、环境的差异；交际者具有处理和解决焦急、挫折、文化冲突、社会隔离、经济危机等心理和社会障碍的能力；交际者应具有在不同场合下能不拘一格、富有创造性、灵活机动、随机应变、以变应变的能力。

3.情节协调能力

世界上几乎每一种文化的成员都有一套独特的交际信号，一套向交际者表明要结束正在进行的谈话、开始转入新的话题或改变正在进行的谈话内容的信号。其中大多数信号都是约定俗成的，然而，有些则是有理有据的。一旦这些信号能帮助交际者协调彼此间的行为，它们就具有实用意义。

关于规则和如何超越规则的讨论，可以为交际者如何协调和结束情节行为提供一系列可供选择的变量，但这些规则会因文化、群体、区域、地方、民族、性别、职业等方面的不同而有所差异。在人际交往时，交际者要根据不同对象，选择不同方略，以使自身立于不败之地。

（二）高校英语教学中跨文化交际能力的培养策略

1. 正确处理语言能力和交际能力的关系

人们只有充分掌握和了解各种不同的文化背景，才可以在各种不同类型的交际活动当中有效识别出目的语文化独有的非语言行为和言语行为，同时可以真正理解与解释目的语的社会功能，以便于更好地让人们在实际的交际中有意识地注意语言的使用场合与使用环境，并且非常自觉地遵守目的语的相关使用规则，最终实现有效交际的目的。通过上述内容可以了解到即便是对语言知识有了一定的掌握，也并不代表着可以讲合乎规范的得体语言。

培养交际能力的重要基础是快速提高语言能力，并且语言学习的最终目标与最终任务就是具备一定的交际能力。教师在外语教学的过程中需要给学生打下坚实的语言知识基础，让学生可以充分地掌握和了解正确的语言形式，同时对学生在交际能力方面的培养要给予足够的重视，做到兼顾培养学生语言知识和交际能力，从而让学生做语言知识的运用者和掌握者，使学生在实际交际的过程中极为恰当、灵活和得体地运用英语。

教师在培养学生语言交际能力的各种教学活动当中，需要对学生作为学习活动的主体有十分清楚的认识和了解，"教"只有通过"学"才可以真正地起到作用，前者是为后者提供服务的。由此，教师在培养学生语言交际能力的教学活动中，应该始终坚实和认真贯彻的原则是师生作为主导和中心，尽最大可能避免和减少出现以下两种倾向：一是只强调和注重以教师为中心，严重忽略了学生的重要作用；二是着重强调以学生为中心，导致忽略了教师在其中起到的重要作用。组织、激励、示范等是教师主动作用的主要表现，教师在开展教学的过程中要充分掌握和了解每一位学生的特点，不断为学生排除在学习过程中产生的心理障碍，激发和调动学生学习的积极性和主动性。由此可见，教师在课堂上为学生授课的过程中应该通过各种方式将学生的主观能动性充分发挥出来。

无论是教师还是学生都在教学过程中都应该将语言作为交际"工具"来完成教与学，最大限度地做到教学过程交际化，鼓励学生通过创造性地运用语言将自己的思想进一步表达出来。教师在教学的初级阶段为了使学生充分掌握语言形式，并且养成运用语言的习惯，需要适当运用听说法强调的句型操练等比较机械的训练方式，对语言知识的教学要给予足够的重视。需要注意的是，语言知识的教学从实际意义看是为培养学生交际能力服务的，教师在教学时通过对学生开展的各种语言训练，除了将语言知识转化为语言交际能力之外，还将其成功转化为语言技能。

语言交际对各方面提出的要求就是协调发展。学生在学习过程中不同的阶段有着不同的侧重点，其中初级阶段应该重点突出听和说，尤其是要着重强调学生在听力方面的有效理解，虽然和语言学习的规律相符合，但是也不可以放松学生的读和写；中级阶段的教学要做到兼顾听、说、读、写四项基本技能；在高级阶段虽然学生学习的重点在读和写，但是也不可以放松学生在听和说方面的训练。从语体的角度来看，初级阶段比较侧重于学生的口语；中级阶段的重点从口语逐渐转向书面语，并且从这一阶段的后期开始，在进一步增强两种语体区分的同时也加强了两种语言之间的转换；高级阶段教师需要不断加强学生在书面语方面的练习。

2. 注重中西文化异同比较，培养学生的跨文化交际意识和敏感性

学生对语言知识的掌握和了解对语言能力的掌握有着决定性的作用，学生语言能力获得的关键是要具有一定的跨文化交际意识与敏感性。文化差异的敏感性主要有四个不同的阶段：第一阶段是有效识别表面比较明显的文化特征；第二阶段是成功识别出细微、有意义和自己文化迥异的文化特征；第三阶段和第二阶段相比较有很多相似之处，主要区别是能够接受和认可这些差异；第四阶段是感受对方文化的时候可以从对方的角度出发。从第一阶段到第四阶段是一个不断提高的循序渐进的过程。教师在分析与比较中西方文化的相同点和不同点的时候，应该充分按照教师的教学内容以及学生的实际情况做出适当的选择，并且有一定的重点。

因此，有比较才有鉴别，一方面学生通过分析与对比可以从表面不相同的语言现象当中成功发现文化之间的共性，另一方面学生可以从表面比较类似的语言现象中找出文化之间的区别，将学生自身的文化视野进一步拓宽，使他们感受和体会到外语语用规则的相同点和不同点，不断加深对文化交际得体性原则的了解和认识，让学生自身获得跨文化交际意识的同时又获得一定的跨文化交际敏感性。

在交际文化、语言结构以及交际功能紧密的关系之中，这三者分别为重要的内容、基础和目的。学生在学习过程中想要充分掌握和灵活运用语言，首先要掌握语言结构（包括语法结构和语义结构），因为掌握语言结构是获得语言能力的基础。学习语言结构是为了语言交际，因而结构是为交际功能提供服务的。功能

和结构的教学应该紧密结合在一起，主要表现在结构教学过程中应该将重点放在快速解决表达的问题，不可以将重点放在结构分析上面。全面遵循人类语言活动从意念到言语形式的顺序，必须从交际功能出发进行语言结构教学，而不是按照传统的从形式到意念的一系列顺序，将教授结构作为真正的出发点。教师在课堂上想要将交际功能的教学充分突出，不仅要对语言结构的系统性进行全面考虑，还要重视和强调交际功能中的重要系统性。交际文化教学服务于语言交际，因此文化是语言教学中极为重要的组成部分，不可缺少。无论是语用教学还是语义教学，社会语言、话语与策略的能力培养均应该和交际文化教学有紧密的关系，都离不开交际文化教学。教师的交际文化教学需要和语言教学紧密结合在一起，从交际功能的角度出发将语言交际中重要的文化因素揭示出来，并且将目的语国家的相关文化背景知识以及基本国情为学生做详细的介绍。在培养学生语言交际能力的整个过程中，应该将交际文化、语言结构和交际功能这三个方面充分结合，并且始终贯穿其中。

3. 模拟真实情境，加强文化背景知识的教学

大部分的学生在学习时是无法真正达到目的语国家语言标准的，因为他们不能直接沉浸在目的语国家的文化之中，同时更无法通过直接观察运用语言的各种不同情境或者场景，真实感受和体会目的语在实际运用时的使用规则与文化背景。教师在教学过程中虽然无法为学生营造上述的环境和场合，但是能专门针对具体的教学内容，通过各种手段和方法将交际的真实情境或者场合模拟或者展示出来。将话语材料或者孤立和静止的语言材料转变为可以感知的活的语言，让学生从接受言语信息到了解和掌握言语的各种社会功能，以及掌握语言形式，在各种真实的场景或者情境中灵活运用语言。教师在教学过程中能借助电影、多媒体等现代教学手段，并且按照具体的教学要求，有针对性地将文化内容加入其中，将英语国家的实际交际场景与过程为学生展示出来，使学生感受和体验到语言在实际环境或者场景中的运用，不断增强学生在跨文化交际方面的重要感悟能力。

除此之外，教师在教学过程中应该将学生作为中心，将教学内容作为重要的基础，组织和开展各种有趣的课堂教学活动。角色扮演是一种非常有效的形式，主要是对真实的交际活动进行模拟。学生在具体的任务与角色扮演当中能借助与其相对应的交际活动，使学生在实际场景或者情境当中灵活运用语言的能力得到

全面的提升，以及将学生自身的创造性充分发挥出来。无论是学生的角色扮演还是学生的对话应用，教师都应该及时、快速地对其进行讲评和总结，指出角色扮演或者对话应用中存在的诸多问题，或者积极引导学生对具有代表性的问题开展讨论，并且让学生在讨论的过程中发表自身的看法，最终在相互争论中明辨正误，进一步加深理解和印象。学生通过具有针对性的各种形式的语言实践活动，可以在潜移默化中学习文化背景知识，获得极为深刻的社会语言学感受和体会。

4. 利用文化教学，直观感受文化差异，培养跨文化交际意识

教师在教学过程中要最大限度地利用所有能够利用的教学手段，积极为学生创造文化语言环境，让学生在潜移默化中感受到其他国家的文化氛围。一方面，广泛收集与利用英语国家的相关图片和物品，使学生可以更加直观地获得文化知识，充分了解国外的艺术、雕刻等。另一方面，在课堂上通过电视或者电影积极、正确地引导学生重点观察英语国家各个方面的情况，如社会文化等，并且组织和开展各种与其相关的有趣活动，如英语角、英语晚会等。以上措施可以为学生学习英语创造有利条件，为学习英语提供一系列帮助，使得学生在跨文化方面的有效交际意识得到增强。

将"习惯的养成"极为巧妙地和"规则的学习"结合在一起，反映在教师的教学中就是要正确处理语言技能与语言知识两者之间的关系。需要注意的是，千万不可缺少对语言规则与理论的适当介绍。语言知识虽然是语言技能的重要基础，但要清楚地认识到语言技能课作为语言课的首选，不仅要进行听、说、读、写等语言技能训练，而且为了培养语言交际能力，还需要进行有关的语用规则、话语规则和交际策略的语言交际技能训练。

教师在教学过程中对学生语言交际能力的培养，除了充分依靠课堂教学之外，还要对学生的语言社会实践进行重点的关注和强调，使学生社会文化在语用方面的能力得到全面的提升，从而更好地促进学生语言的自然习得。为此，必须让学生走出课堂，到社会文化的大课堂中去操练、去领会，并且不断加大在语言方面的输入，让学生快速提高在社会交际方面的重要能力。同时，教师在教学过程中既要加强社会语言实践，又要加强课外活动，并且将其巧妙地和课堂教学相融合，为学生提供更多运用外语的实践机会，使得最终形成的教学体系可以将课上、课下、校内外的所有语言习得活动充分结合在一起。

第三节　高校英语跨文化教学中的问题与成因

一、我国高校英语跨文化教学的现状

我国的外语教学界虽然在理论上已经认识到外语教学中文化教学的重要性，但是我国的外语教学现状从实际教学运行的情况看依旧不容乐观。有相当一部分人是"流利的傻瓜"，原因是他们对其他国家的相关语言文化缺少一定的理解与认识，对目的语言的使用规则认识不够清楚，经常在实际的交际中发生不必要的误会，造成极为严重的不良后果，同时与其交谈的外国人也会理所当然地认为，能讲出一口非常流利的英语的人必定懂得语用规则。在我国，学生虽然基本从小学就开始学习英文一直到大学，加起来学习英语的时间有十几年了，但是从目前的情况来看依旧难以用英语有效地进行跨文化交际，由此可见我国的高校英语跨文化教学现状并不乐观。

众所周知，我国高校的必修课之一就是大学英语，各个院校都在大学英语教学上投入了大量的人力、物力和时间，但是即便是四级英语和六级英语考试成绩非常优秀的学生，也很难在实际的交际当中流利和得体地运用英语交谈。原因有以下几点：英语教师在课堂教学的过程中依旧采用教师讲课、学生听课的传统教学方法，学生缺少一定的参与互动；学生对英语国家的相关文化知识了解得比较少；教师在教学时将文化和语言的学习分开；教师与学生之间缺少互动，大多数的素质教育停留在理论层面上。当今时代随着越来越激烈的国际竞争和不断加深的经济全球化趋势，英语已经成为世界中的通用语言，文化虽然成为相互交流中不可缺少的重要因素，但是在我国的大学英语教学中仍旧很少涉及文化教学。

综上所述，当下我国高校英语教学的问题为以下三点：一是教师在教学中仅仅重视和强调课本知识，严重忽略了正确引导学生学习西方文化；二是随着教育事业的不断发展，高校英语教学的模式和方法过于陈旧无法紧随其步伐，以及英语教师的教学内容没有随着时代潮流及时地更新，没有做到与时俱进；三是高校英语教师在专业知识、文化素养方面的水平不是很高，需要进一步的提升。

二、高校英语跨文化教学中的问题

（一）跨文化教学缺乏理论支持

我国的外语教学领域缺少宏观层面的一系列正确规划和指导，还没有真正形成有着独属于我国特色的外语教学理论体系。外语教学理论中的部分研究和探索还没有和我国的外语教学实际形成非常紧密的结合，因此也就无法对我国的外语教学实践进行正确的指导。

我们的很多英语教学文件、英语教学大纲没有明确认定语言教学和文化教学是同样重要的，也没有系统论述文化教学的标准、方法等。英语教师在教学过程中没有受到大纲的约束与正确指导，仅仅是在时间允许的范围内，凭借英语教师的个人兴趣零星地为学生介绍和解释相关的文化知识，因此与真正的跨文化教学有着很长的距离。

（二）教师自身的问题亟待解决

1. 教师的跨文化综合素养亟待提升

英语教师自身在文化素质的积累和储备方面比较薄弱。有关研究表明教师自己对于跨文化交际知识不太了解，自身文化知识掌握不够，对文化教学没有进行十分充足的准备，同时英语教师自身文化知识掌握情况的平均水平不高，统一偏低，缺少一定的文化素质，对文化教学的充分、有效实施无法做出相应的保证。英语教师在教学过程中除了缺少相应的跨文化实践环境之外，还缺少文化培训，在多年的高校英语教学工作当中有很大一部分教师很难得到出国培训、进修的重要机会，即便是争取到了培训或者进修的机会时间也极为短暂，无法真正实现英语教师文化培训和体验的最终目的，因此导致英语教师文化储备不足。

英语教师在实际生活中很少有机会运用英语去进行跨文化交际，因此英语教师的跨文化交际能力和文化敏感性都比较弱。通常情况下，对于我国很多英语教师来说，出国进修和培训是一个难以实现且非常遥远的梦想，虽然近几年出国进修或者培养的人数增多，但从总体层面来看，我国英语教师的语言文化知识可以说基本上源于在我国的学习。因此，大部分的英语教师对英语国家或者其他国家的相关文化知识、社会背景等缺少相应的理解和认识，即便是有所认识和了解也是非常肤浅的，多数为不成系统并存在一定可能是错误认知或者偏见的二手信息。除此之外，在日常的生活或者学习环境当中，英语教师对文化知识的积累没有给予足够的重视，一方面是由我国中文为主的语言环境导致的，另一方面是由我国应试教育的人才培养机制导致的。

2. 教师对跨文化教学的认识与教学实践不相符合

其一，部分英语教师对跨文化教学的认识与实践脱节。

大部分英语教师在教学时不仅认识到学习文化知识、文化教学在英语学习当中的重要性，还认识到文化知识对学生在跨文化交际方面能力的全面提升有着极为重要的推动和帮助作用。但是一些英语教师在实际的教学实践当中将这些理解与认识统统抛到脑后，在进行语言教学的时候仍旧运用以前教师讲、学生听的传统教学模式。

英语教师即便已经对跨文化教学与交际知识的重要性有了十分充足的认识和了解，并且普遍认为文化知识的学习应该和语言技能的训练同样重要，但在教学过程中教师中认识和实践出现脱节现象。

其二，部分英语教师对语言技能方面的训练和文化知识方面学习的处理还不够恰当。

在实际的教学过程当中，英语教师不知怎样把文化教学巧妙地和语言教学融合在一起，导致文化教学处于一种任意发挥的没有秩序的不良状态当中。由于需要两周的时间才可以将每一单元的授课内容完成，英语教师在规定的课时之内顺利完成语言教学任务，已经感到比较难了，假如在现有的语言教学任务上再加上文化内容，则完成的难度会更大，所以英语教师在教学过程中就忽视了对学生跨文化交际方面的能力训练。

一些英语教师没有全面深入理解文化教学的重要意义与目的，使得教师的文化教学方法在状态上面非常不均衡，方式方法的单一性现象严重，缺少一定的灵活性和多样性，不利于将学生学习的兴趣、积极性和主动性充分激发和调动起来。同时，有些英语教师安排的具体教学时间不合理，让文化教学成为语言教学的附属品。

其三，部分英语教师非常肤浅和片面地理解、认识文化概念。

英语教师由于缺少系统、全面的文化培训与深入的学习研究，无法对文化进行正确的定义。他们认为文化内涵就是文化包容了所有，或者列举部分容易观察、捕捉的文化现象，经常忽略思维模式、价值观念等比较深层次的文化信息。因此，英语教师对文化概念片面和肤浅的认识妨碍了文化教学的深入开展。

英语教师基本是按照个人兴趣和空闲时间各自查找和补充文化信息的。人是独立存在的个体，因此英语教师对相关跨文化知识教学材料的认识与理解都存在一定的差异，对教学内容缺少统一的认识、讨论与总结。英语教师在教学过程中大多数的文化教学是通过介绍相关背景知识的形式开展的，在此过程中文化作为知识与信息传授给学生，并且文化教学处于可有可无的尴尬局面。一些英语教师教学时随心所欲地对待文化内容，导致文化教学成为语言教学的附属品。部分教师在课堂开展文化教学时为了充分引起学生的关注度和注意力，因此也没有对文化教学的内容进行十分周密的安排和精心的策划，仅仅将文化教学作为语言教学的调味剂，这也就时不时地产生和语言教学脱节的情况。

外语教学实际上很难改变学生对目的语文化进行了解与认识的固有模式。高校学生在交际和社会文化方面的能力和他们的语言能力之间有着很长的距离。现有的教师、应用的教学材料以及教师在教学过程中运用的教学方法，均难以满足跨文化学习的各种不同需求。同时，在教学的过程当中缺少具有代表性的目的语国家相关文化的引入，也无法改变和矫正学生对这些国家先入为主形成的固有观念。在教学课堂上介绍相关文化背景知识和内容偏狭的文化引入，很难让学生的文化敏感度得到有效提升，也很难让学生从公正、客观的角度去了解与认识独属于目的语国家的各种文化现象。

（三）传统中国文化价值缺失

近年来，在我国众多高校的跨文化教学当中目的语文化教学占据着极为重要的主导地位。交际技巧和目的语的文化、传统习俗虽然在我国众多高校中得到不同程度的传播与学习，但是却忽略了我国母语文化以及其正迁移的重要作用与意义。跨文化交流的双方在此种跨文化教学模式的深入影响下失去了平衡。

在跨文化背景下，学生对我国优秀文化知识的认识不够充足严重制约着其交流的顺利进行。当前，在我国众多高校外语教学中普遍存在一些问题，如高校学生在跨文化交流的过程中虽然对英美文化有一定的认识和了解，但是在介绍与表达我国优秀文化的时候会显得有心无力、力不从心，交流时口语和书面的表达也无法从更深刻和广泛的层面出发，也就出现了十分严重的"中国文化失语症"现象。该现象主要指的是现如今我国众多的优秀英语学习者，不仅对我国优秀的传统文化没有充足的认识和了解，还无法用英语将我国众多优秀的文化表达出来，并且此类人在英语学习者中占有非常大的比例。外语教学和母语在我国的外语教学当中一直都是各行其是的，两者之间互不干涉。外语教学界对母语文化在外语教学中的重要地位，以及起到的关键作用没有充分的认识和了解，造成了母语文化教育严重缺失的不良局面。

"文化失语症"带来最直接的负面影响就是严重阻碍了跨文化交际的顺利进行，原因在于无法通过英语向对方更好地介绍与解释和我国优秀文化相关的内容，并且也失去了向外传播和宣传我国众多优秀传统文化的机会。假如在跨文化交际的过程当中对自身文化发生失语现象，同时对其他国家的文化进行一味的迎合，失去自我，最终结果必然是我国陷入文化认同的危机之中，并且逐渐被强势的文化同化和吞噬。

综上所述，英语教师在教授学生知识的过程中要用客观辩证的眼光对异国文化进行评判，做到正确地理解文化与欣赏文化。无论是单一地吸收异国文化，还是对异国文化持绝对肯定或者否定的态度都是不可取的。学生在正确世界观、价值观的一系列指引下，同时以深厚和扎实的本土文化作为重要的基础来学习、体验、对比、鉴别目的语文化和母语文化两者之间的异同，只有这样才可以正确理解和评判异国的文化，实现跨文化的双向交流。

（四）学生层面问题

1.学生对文化的定义和文化的内涵缺乏了解

目前，我国大部分的高校学生没有对文化进行更深一步的认识，仍然停留在表面的层次，无论是对文化内涵还是文化定义的认识都极为肤浅和片面，缺少全面、真正的理解，对文化应包含的内容也不够了解。例如，有的学生认为生活、工作、娱乐、宗教在文化中并不重要，其实这是一种错误的认识。宗教在西方国家相当于信仰之一，在文化中占有极为重要的地位，也是极为重要的组成部分。除此之外，文化也源于生活，无论是人们的日常生活还是工作、娱乐的场所，都可以将文化内涵充分地展现出来。

2. 学生英语学习的目的受功利因素影响很大

实际上，学生是被动学习英语文化的，并且很多学生学习英语的目的是进一步应付考试或者创造有利的出国条件，不是出于日常生活的需要或者兴趣，更别说为社会的进步与发展贡献自己的力量，以及担负起应尽的义务。

在我国，很多企事业单位招聘人员的一个重要条件就是通过了英语的四级和六级考试，并且考核学生英语水平与录用的标准是学生有四级和六级的英语证书。

3. 学生学习缺乏主动性，自主学习能力低

众多学生在长时间传统教学模式的深入影响下，对英语教师非常地依赖，在学习方面既缺少自主性又缺少目的性，学生对英语教师在课堂上的灌输式教学习以为常，缺少互动意识。与此同时，在课外时间不仅无法主动学习扩展知识，还无法进行相应的探索和创新。

在学生学习过程中更加偏向于直观的信息源，如光盘、网络资源等。当前，随着时代的发展和科技的进步，手机、网络等占据了学生大部分的课外时间，这就导致了学生没兴趣和没时间读书。因此，不管是学生不看书和不动脑，还是学生不动手和不爱思考已经成为一种非常普遍的不良现象，在一定程度上面说明了学生主动、自主和自觉学习的积极性非常低。

三、高校英语跨文化教学问题的成因

（一）从外语教学层面分析

1. 教学理念偏颇、文化教学缺失、内容选择失衡

（1）教学理念偏颇

随着时代的进步和跨文化交际的不断发展，越来越多的人开始关注跨文化外语教学的重要意义和作用，在此影响下与跨文化相关的理论研究与实践探索也越来越丰富。由于世界各个国家跨文化教育发展的基础与环境存在很大的差异，我国的跨文化外语教学研究、实践和欧美国家相比较是比较晚的，所以不仅在研究深度和广度上有一定的缺陷，在系统性上面也存在明显的不足。我国对跨文化外语教学的正确政策导向没有足够的重视和关注，和跨文化教育相关的教育内容在各个教学环节有缺失，如教学大纲、测试等。

英语教师在对学生开展授课的过程中往往凭借自身的理解，为学生介绍和解释与其相对应的文化背景知识，文化教学除了缺少一系列正确指导之外，还没有形成比较完整的系统，这种比较片面和肤浅的文化教学虽然存在一定的可能起到快速提升学生文化交际能力的作用，但是通常情况下会让学生对异国文化产生狭隘、僵化的理解和认识，严重的还会让学生对异国文化产生偏见。

教师因素是英语文化教学能否真正落实的关键。一是部分教师自身文化的培养和体验不足，在文化意识方面比较淡薄，在文化知识方面没有形成完整的系统。二是英语教师在实际的课堂教学当中很少教授学生具体的语用规则，以及跨文化交际的技能和技巧，即便是为学生介绍英语文化知识，也没有条理，不成体系。部分英语教师也没有充分认识和了解交际中语言的得体性，不重视和关注诸多重要因素，如社会环境等对交际和培养学生能力起到的重要作用。

（2）文化教学严重缺失

长时间以来我国将外语教学的重点放在对学生语言知识的传授上，如为学生讲解语音、词汇等，并且各种与其相对应的评估和测试也都以此为中心。我国的高校英语教学界由于受到传统语言学、结构语言学等多种语言学理论的影响，将语言本身作为研究和探索的重点对象，把高校英语教学的终极目标定位为全面培养和提升学生在语言方面的能力，因此确定了语言知识体系教学的培养模式。多年来在此种培养模式的影响下，人们只要提及高校英语就会想到语音、词汇等知识的传授，培养与训练学生的能力就是指听、说、读、写、译五项最基本的语言技能，基本不会有人提起传授和培养学生的文化知识与文化能力，即使有人提出来，也不会受到人们的重视，将其放在不重要的位置。学生单纯地学习语言知识和教师培养、训练学生的语言技能，除了无法深入挖掘语言形式的文化内涵之外，交际规则也无法得到灵活的运用，因此无法将学习语言知识和培训语言技能的作用充分发挥出来，最终产生的结果是无法全面提高学生在语言交际方面的能力，很难完成和实现高校英语教师设定的教学目标。

（3）内容选择失衡，中国传统文化教育欠缺

词汇表、语法项目表等作为我国外语教学大纲中的主要教学内容，是我国外语教学和测试最主要的内容依据。但在我国的外语教学大纲当中没有文化项目表，并且也没有对文化教学内容、文化测评做出相应的规定和提出重要的参考依据。

这在一定程度上对高校英语教师选择教学内容产生了严重影响，最终导致了语言教学在外语教学中长时间占据主导地位，忽略了文化教学。

近几年，我国的外语教学界已经普遍认同将文化学习融入语言学习中，让文化学习和语言学习两者紧密地结合在一起。在教师的教学中虽然文化教学内容随着人们对文化教学认识的增加也有所增加，但基本是对目的语文化知识的介绍与解释，侧重强调外语知识学习中的母语负迁移，只有极少的部分会涉及我国众多优秀的传统文化。深入学习和全面掌握本民族的优秀文化，能够提高学生对目的语文化学习的积极性和主动性。由此可见，学会用英语表达本民族优秀的文化，对进一步对外传播和宣传我国众多优秀文化是非常有利的。

随着时代的进步和我国综合国力的不断增强，我国在政治、文化等诸多方面的对外合作交流也越来越多。中国文化的地位在国际文化相互交流中也逐渐提高，所以我国文化也受到了全世界的关注。我国在输入文化的同时也要将独有的中国文化传播到全世界，因此，高校英语教学要充分满足与重视我国文化的输出需求。

2. 教学目标模糊不清

我国教育部在 2007 年颁布的《大学英语课程教学要求》(以下简称《教学要求》)，和以前的教学大纲相比较在很多方面发生了变化，如教学内容、教学方法、教学目标等。其中，主要指出高校英语教学的目标应该是全面培养和提升学生在英语综合应用方面的能力和水平，让学生无论是在以后的学习、工作中，还在以后的社会交往当中，都可以通过英语进行灵活、有效、得体的交际。需要注意的是，还没有对学生在英语综合应用方面的能力达到何种程度进行明确阐释，也没有明确阐释怎么样才是灵活、得体、有效的交际，只是对其进行了比较模糊的描述。

除此之外，英语教学目标被分为一般要求、较高要求、更高要求三个不同的层次，希望我国的众多高校在制定英语教学文件的时候，将这三个不同层次的要求作为参照标准并且结合教学的实际情况来进行。事实上，有些高校并没有按照实际情况制定教学要求。学生既无法准确预测毕业后从事何种工作、职业，也无法准确预测职业对英语能力的具体要求，这也使得他们不知道设立怎样的英语学习目标。有些高校的领导将英语教学作为一种额外的要求，完全独立于人才培养体系之外，没有真正将英语教学和人才培养的规格、要求相结合，所以也无法准确定位本校的英语教学目标。

（二）从跨文化交际的层面分析

不同交际者之间的交流沟通因文化背景、思维模式、价值观念等方面不同而很难形成统一、产生共鸣，甚至会失败。

1. 对中英文化差异缺乏一定的理解

英国历史学家彼得·伯克（Peter Burke）曾指出，一种文化会在和另一种文化接触时为其产生一种固定程式，这种程式会在夸大某些事实的具体表征时忽视事实的其他特征。

我国大学生在进入大学校园前，普遍接受的是中国传统文化的教育，其思维方式、言行举止、道德规范、人生观念都已经或多或少地成形，在开启大学生活后，他们处于更加开放的学习环境中，会接触到西方文化、西方思想等西方社会的方方面面，这些都会对大学生本身已有的文化结构产生不可忽视的影响。中西文化本质上的不同所带来的差异会产生各种矛盾问题，而这些矛盾问题会对大学生进行文化交际产生阻碍作用。

大学生的价值观尚未成熟，文化差异带来的矛盾和冲突会影响他们的世界观、人生观、价值观，所以外语教学要做到客观公正地正视文化差异，同时加强大学生的语言能力和社会文化能力，从而让学生正视文化差异带来的矛盾和冲突，并进一步帮助学生构建良好的世界观、人生观、价值观。

2. 受中西方思维方式差异的影响

不同的民族因其所处地理位置、地理环境的不同而形成不同的历史和文化，其思维方式也颇具明显的民族特征、社会特征和区域特征，所对应的风俗习惯和文化传统自然也有所差别。

对语言和文化发挥纽带连接作用的是思维方式，它集民族文化、民族心理等多方面特点于一身，时刻制约着人们的文化心理和行为习惯。在物质文化、精神文化、制度文化、行为文化等多个领域，思维方式都有不同形式的展现，而这些方面的不同促成了不同民族之间的各种差异。语言是思维主要的表达工具，并时刻促进一个民族形成思维、发展思维；语言也是思维的具体表现，语言存在差异的原因就是不同民族的思维方式存在差异。由此可知，研究不同民族的语言和文化差异要以研究思维方式为大前提。

（1）我国的悟性思维和西方的理性思维

悟性思维和理性思维同属基本的思维方式，两者有很多不同的特点，如悟性思维具备比较明显的形象性、直觉性、整体性等特点，而理性思维具备比较明显的逻辑性、抽象性、客观性和分析性等特点。我国比较重视直觉、体验和冷静领悟，强调的是悟性主义；而西方哲学中的思维方式本质上更倾向于理性主义。

由于悟性思维，中国人更注重主体并常常通过分析综合形式、改造表象的方式来对事物的本质、规律加以直观认识；由于理性思维，西方人更注重部分和具体以及分析和实证，他们比较擅长缜密的逻辑推理和逻辑分析。悟性思维让中国人尽量使悟性主体和被领悟对象融合为一，也让中国人认为领悟主体很难仅仅通过语言符号彻底领悟被领悟者的本质，而只能领悟其部分本意，这与西方理性思维相冲突。

（2）思维差异的具体影响

不同的思维让英语民族和汉语民族产生了文化差异，并对跨文化交际产生诸多影响。中国学生在学习英语时往往不考虑真实存在的中西方文化差异，他们会直接将自己的中国式思维带入英语学习和英语表达中，并且还会不自觉地要求被交际者按照中国学生的思维方式来进行跨文化交际，而当中国学生接触其他文化时，他们也会按照中国式思维去加以学习和理解。这些现象让跨文化交际双方产生了很多误解，并无形中让中外文化在特定的交际环境里互相对立、互相曲解，这对跨文化交际是十分不利的。

3. 受中西方价值观差异的影响

价值观通过显性、隐形等角度时刻影响着人们对行动模式、行动方式和行动目的的选择，它是跨文化交际的中心，只有理解了价值观层面的具体差异才可以真正理解跨文化交际；反之若忽略价值观在具体交际中的各种影响，具体交际也会变得寸步难行。

在同文化的交际里，人们往往以规范的、文化内公认的价值标准来衡量对方的言行举止。但不同文化的价值标准不同，不同的价值标准也很难适用于不同于本族的文化交际群体，在跨文化交际中也就毫无参考性可言。每个文化群体都散发着专属其本族的文化特色、价值观念、风俗习惯等诸多文化气息，他们也有权决定去除或保留这些文化气息。所以，从本质来看，跨文化交际产生矛盾和冲突并不是因为交际双方不能互相容忍理解，而是双方的价值观念本身就不同，也不能互相认可，这种客观存在的事实可能不会引起交际双方的利益矛盾，但会让交际双方在特定的交际环境里对立起来。

综上可知，在具体的文化交际中，交际双方可以容忍对方在语言方面的错误表达，但违反交际准则、无视对方价值观、无视价值观存在差异的事实会让交际者感到无礼和被冒犯。在跨文化交际中，价值观的不同会体现在语言的方方面面，这也是阻碍跨文化交际正常运作和正向发展的一大原因。

第四章 新时代高校英语教学创新性研究

第一节 新时代高校英语教学与生态教育融合研究

一、生态教育理论概述

（一）生态教育的产生及其内涵

生态教育也可以叫作教育生态化、教育生态学化、绿色教育，它属于由新时代教育背景、新社会经济发展需求共同促成的教育思想。从研究过程来看，苏联学者首先提出了教育生态化的概念，其具体指的是将生态学的原则融入人类的所有活动中，通过人与自然协同发展的理念去看待问题，并以社会和自然的具体可能为基础来最妥善、最合理地处理人与自然之间的问题。另外，我国的部分学者也探究了生态教育，其中吴鼎福、诸文蔚的专著《教育生态学》将"教育生态学"定义为"依据生态学的原理，特别是生态系统、生态平衡、协同进化等原理与机制，研究各种教育现象及其成因，进而掌握教育发展的规律，揭示教育的发展趋势和方向"。① 其他与生态教育相关的文献都不同程度上纵向研究和探索了教育生态学，但对定义教育生态学来说都没有太大的意义。虽然人们对教育生态学的研究对象、原理方法等方面的认识并不统一，但在教育生态学是研究各个层面教育生态主体和所处生态关系之间的联系这一层面上，研究人员的认识基本达成了统一。

生态教育的内涵复杂而又丰富，涉及如学校教育、社会教育、职业教育等很多教育层面；放眼社会，生态教育的教育对象有决策者、管理者、企业家、科技工作者、工人、农民、军人、普通公民、高等院校和中小学校学生；生态教育的

---

① 吴鼎福，诸文蔚. 教育生态学［M］. 南京：江苏教育出版社，1990.

教育方式有课堂教学、实验证明、媒介宣传、野外体验、典型示范、公众参与等；生态教育的教育内容有生态理论、生态知识、生态技术、生态文化、生态健康、生态安全、生态价值、生态哲学、生态伦理、生态工艺、生态标识、生态美学、生态文明等；生态教育的行动主体有政府、企事业单位、学校、家庭、宣传出版部门、群众团体等。在生态教育的影响下，全社会产生了新的生态自然观、新的生态世界观、新的生态伦理观、新的生态价值观、新的可持续发展观以及新的生态文明观，并让人类、社会和自然之间实现了新一层面的协调与共同发展。

（二）教育生态理论的基本原理和具体效应

生态教育学是一门独立学科，其理论体系和学科结构都很完善，也具备基本原理和基本实施原则。对生态教育的基本实施原理加以深度分析，对于理解、借鉴教育生态学的教育理论是比较重要的。以吴鼎福、诸文蔚的《教育生态学》为基础，笔者总结出共计十条的教育生态学基本原理和教育生态学基本效应。需要注意，生态学和教育生态中的基本原理、基本效应并不是完全独立、完全自成体系的，它们之间有着交叉、补充的联系。

1. 教育生态理论的限制因子规律

德国化学家李比希（Liebig）在 1840 年研究了各种化学物质对植物造成的影响，并发现在生态学里作物生长和作物增产很大程度上源自某些微量元素。对于人体来说，过度缺少一些矿物质（比如钙）会引发骨质疏松、生长迟缓等现象。教育生态学的限制因子有可能是所有生态因子中的一种，其中以能量流和信息流为最主要的代表。对于个体生态和群体生态，研究应用限制因子的规律会发挥十分重要的指导作用。对限制因子加以分析并解决其引起的各种问题，可以快速发展个体的某些方面、增强生态群体的群性、提升个体或群体的内部协调水平和内部团结水平，也可以减少各个层面的干扰、降低各个层面的负面影响。

2. 教育生态理论的耐度定律和最适度原则

美国生态学家谢尔福德（Shelford）在 1911 年提出了耐度定律，这条定律指的是一个生物要想可以成功出现、成功生存，就要依赖复杂的条件。在后人的不断补充、不断发展下，人们认为生物体对一种生态因子的忍耐范围可能比较窄，当生物体对该生态因子的依赖超过标准的忍耐范围后，生物体的生活就会受到影响。耐度定律在在线作业系统中生态因子和学生承受力二者的协调发展中发挥了指导作用，这也要求必须以耐度定律和最适度的原则为基础来发展学生的个性、建设生态化环境。

3.教育生态理论的花盆效应

在生态学中，花盆效应也叫作局部生境效应，具体指的是没有人的精心照料，温度、湿度等外部环境会对花盆中的花卉产生不可忽视的影响。这个观点在教育领域表现为学生在学校教育、家庭教育等封闭或半封闭的环境中学习和工作，其思维方式、学习资源、学习方法、交流习惯等诸多方面已经在无形中定性，如果原本的环境发生改变，学生就会表现出各种不适。所以，生态化的教育系统要针对花盆效应而改变封闭式教育环境，并构建积极向上、开放自然的教育系统，以此来促进学生的全面发展。

4.教育生态理论的生态位原理

以空间角度看，生态位指的是生物个体所处的位置，同时生态位注重物种在整个群体之间所处的地位、发挥的功能、与其他主体的关系、与群体的关系等方面的内容。生态位原理在资源的合理分配和环境的开发保护等方面发挥着重要作用。教育系统对生态位分化原理加以合理利用可以让不同的生态位群体发挥很大的作用，并且可以做好传帮带，这些有利于不同生态位之间的互相协调和互相促进；教育系统对生态位分化原理加以合理利用也可以让处于同一生态位的不同个体相互竞争，以此来让生态位个体发现自身的缺陷短处并积极主动地全方位发展自我。

5.教育生态理论的教育生态链

生态链通常指的是生物之间所存在的营养关系，这种营养关系并非简单的直线连接关系，而是一种复杂的网状关系。生态学中有一种10%的定律，具体指的是能量会沿着营养级的转移而慢慢变小，下一级营养级所需能量大概是上一级营养级的10%。教育生态系统的教育生态链也相当复杂，既包括能量流传递的摄取，也包括知识流的富集。根据生态链的观点，教育生态链对于系统知识的传递、系统能量的流通来说有着十分重要的参考意义。

6.教育生态理论的教育节律

生物节律也叫作"生物钟"，它指的是生物体内无形当中存在一个"时钟"，可以对生物个体进行调节，实际上指的是生物体具备生命活动的内在节律属性。教育者和被教育者都是生物主体，都具备各种生理节律，而教育生态学也存在其特定的教育节律，这种节律能够作为课程安排、教学活动开展的实施原则。依据特定的教育节律实施教育体现了主体和客体之间的统一，也能够帮助学生发展身心健康和各方面素质。

7. 教育生态理论的社会性群聚和阿里氏原则

自然界中的生物种群出于生存原因往往主动或被动地聚集在同一区域内，而人是教育生态结构中的最高等动物，也有群聚的特性。自然界中生物种群、生存环境的不同会导致种群疏密程度的不同，对于同一种群，疏密程度过高和过低都会影响种群的正常发展，所以种群想要合理、长远地发展，其个体的疏密程度要适当、要合理，这就是阿里氏原则。在具体教学活动里，教师和学生之间、学生和学生之间会不可避免地产生各种联系，这也促进了资源共享、交流互动的学习共同体的形成。依据生态学的原理和原则来研究、分析学习共同体的构建过程和发展过程，以及其所产生的群聚现象和其所需要的最适宜的数量是十分重要和必要的。

8. 教育生态理论的群体动力和群体之间的相互关系

群体动力作用于群体各个成员之间，具体表现为同伴依慕、权威关系、竞争、合作以及社群领袖等几个方面。在教育生态系统中，构建协调、积极向上的群体关系有助于推动教育系统平衡稳定地发展。

9. 教育生态理论的教育生态系统的整体效应

具备复杂结构的生态系统由其中各个单元和因子通过互相之间的联系、作用、制约而共同组成。从功能层面看，系统是一个有机的、统一的整体，其中任何一个因子产生变化都会牵动其他因子，也就是说系统中所出现的各种情况是多种因子共同作用的具体体现。所以，要坚持以教育生态学整体效应的角度来对教育问题、教育现象进行研习和探讨，不能过于局限、过于狭隘、过于片面地思考教育相关的各个方面。

10. 教育生态理论的教育生态的边缘效应

在生态学中的边缘效应指的是两个或两个以上的生物群落的交界处的结构通常比较复杂，不同生物的种类繁多，每一种生物都很活跃。边缘效应不仅存在于自然生态系统，也存在于教育生态系统，具体表现为两个方面：第一，积极方面。保持并加强教育的边缘效应可以促进学科的交叉、知识的融合、人才的交流，从而促进更多创新成果的产生。第二，消极方面。在现实社会中，在如边远山区这样的地方，人口稀少、资源短缺、师资力量匮乏等因素都是造成教育"萧条"局面的原因。此外，在具体的课堂中，教师座位的安排、学生成绩的不同以及学生之间的性格、兴趣爱好等方面的差异都会导致部分学生被边缘化，进而影响学生的全面发展。由此可知，想要推动教育事业发展就要解决边缘效应所带来的一系列问题。

二、生态教育视域下高校英语教学探索

（一）高校英语生态教学现状分析

随着"互联网+"的飞速发展以及英语生态教学理念的深入，传统的课堂英语授课模式已经满足不了高校英语教学需求，新形势提出了新的要求。高校教育的授课主体已经是"00后"大学生，他们在信息化大环境下成长，普遍对混合式教学模式的适应能力较强，对灵活多样的教学方式以及各种在线教育展现出了更加浓厚的学习兴趣，对于微课、慕课以及各种网络教学方式的参与热情更加高涨。但与此同时，线下课堂仍然存在着一些教育生态失衡现象。

1. 课堂教学环境失衡

就英语课堂教学的生态环境而言，和谐的课堂教学环境不仅对于生态课堂的建构具有重要意义，而且有助于激发学生的学习动力、增强学生与教师的互动性。从授课规模而言，高校学生普遍倾向于小规模授课，一般小班授课人数为10～15人，超过此人数则为大班授课。当前大部分高校英语班级授课人数基本在35人以上，有的班级授课人数甚至超过60人。大班授课的英语教学环境在很大程度上抑制了高校学生的英语学习兴趣，相对于小班学习，一部分高校学生在大班上课的积极性明显降低。就师生互动而言，小班听课的学生对于英语学习的积极性要明显高于大班听课的学生，学习效率和主观能动性也明显优于大班授课学生。然而大班授课在当今中国高校中是普遍存在的传统教学方式，在短时间内如果没有根本性的革新是很难改变的。就教学资源而言，部分学校的线上平台课程资源

不够丰富，多媒体以及其他硬件设施依旧不够完善。虽然大多数高校配备了多媒体教室和先进的硬件资源以及录播教室，但是录课教学无法互动和答疑、硬件资源无法平均分配的缺陷同样无法保证一个高质量的教学环境。

2. 教师队伍素质需要提高

首先，高校英语生态教学中，教师群体的师资队伍质量存在一定问题。高校英语教师的专业水平和专业素质很大程度上影响甚至决定着高校英语教育质量。在高校英语教学队伍中，高校英语教师的素质还需进一步提高。部分高校的教师队伍素质较差，师资水平急需提高。

其次，教师专业能力比较薄弱，部分高校英语教师并非出身英语专业，英语基本功不够扎实，听、说水平较英语专业背景教师而言比较薄弱，除此之外，部分高校英语教师自身对于高校英语教学的重视不够，态度也比较随意。在师资培训上，部分高校针对青年教师英语教学能力提升的培训活动较少，导致部分年轻教师进步较慢，没有形成自身的英语教学特色，没有形成具有自身教学风格和个性的教学模式，课堂内容过于传统，缺乏趣味性，从而削弱了高校学生对于课堂英语学习的积极性，影响了课堂教学效果。

3. 授课内容与行业和社会脱节

一些高校在英语课堂教学过程中，过于注重书本上的基础知识和专业理论，忽视了课本外内容的延伸和与行业知识的贴合，导致学生所具备的专业知识与经验和就业要求脱节。部分校本教材内容陈旧，不能满足行业的最新要求，学生无法完全掌握行业所真正要求的相关知识以及相关技能。除了教学模式的缺陷，学生自身的逆向思维能力以及对于知识的批判思考能力存在较大的不足，这就要求高校教师在授课过程中注重对学生进行启发式、引导式的教学，注重培育学生自主思考、逆向思维、批判式思考的能力。对于一些英语语言基本功较强的学生，就英语的听、说、读、写而言，其听说能力要普遍弱于读写能力，主要原因有以下三个：

第一，高校英语课程考核方式多为传统线下考试，灵活性相对较差。期终考核内容大多是关于写作、语法和阅读能力的考核，考核方式的相对单一导致学生对于其英语听说水平不够重视。

第二，教师课堂授课内容的分配不均衡，很大一部分教师将授课内容分配给了基础词汇、阅读理解以及写作，课上小组口语练习以及双人口语练习所占的比重较小。

第三，学生对于英语口语提升不够重视，参加口语活动较少，在课下学生更不愿意将时间花费在口语提升上，这就导致在日常实际英语应用中存在较大问题。

因此，教师应该改革考核标准，增强听、说教学所占比重，补充扩展最新的行业知识以及课外语言知识。学生自身也应提高对口语听说能力的重视，把英语当作交流沟通所用的语言而不是应付考试的知识，只有这样学生才能在日渐激烈的就业市场上以及社会生活中取得主动和优势。

（二）高校英语生态课堂教学模式构建的路径选择

1. 科学运用大数据技术

大数据背景下，教师在大学英语教学中应积极构建生态课堂教学模式，通过有效搜集丰富的数据信息资料，对所需英语知识内容进行筛查搜索及整理分析，获取有意义的英语教学资料。所以，大数据技术可以协助大学英语教师有效开展生态课堂教学工作，依据网络信息教学资源完善英语课堂教学方案，在提高英语教学质量的基础上，也能减少英语教师的工作量。此外，运用大数据技术对于大学生英语学习数据信息实行获取、计算、处理、研究，可获得准确的分析结果，进而协助大学生对英语学习资源进行合理分配，促使大学生英语知识学习能力及效果得到明显提升。

为保证运用生态课堂教学模式积极开展大学英语教学工作，还应结合使用大数据技术来完善课堂教学环境。课堂学习环境是构建大学英语生态教学教育环境的基础条件，应充分体现大学英语生态课堂教学的系统性及全面性，增加生态课堂教学教育工作的协调性。

大学英语教师在开展教学过程中，需充分利用互联网以及大数据方式，结合使用多媒体资料，高效率组织开展生态课堂教学活动。而且，大学英语教师也应采取先进技术对生态课堂项目的教学形式和内容进行优化改进，做好大学英语知识内容的合理调节及分配，有效完成大学英语语言教学工作。

2. 改善大学英语课堂教学知识内容

依据大数据要求，采取网络平台开展云计算，可得到有效的大学英语学习知识内容。高校在开展英语课程教学的过程中，应依据实际要求和发展方向，选用针对性网络教育平台，完善生态课堂教学形式和内容，确保英语课堂学习的专业性及高效性。因此，教师在组织英语生态教学时，要运用网络教育平台组织英语教学任务，切实发挥网络英语信息资源协助教学的作用，促使大学生充分掌握英语课程知识内容。

首先，正确选取大学英语涉及的语言知识内容。由于大学英语相关语言知识系统相对比较广泛，因此，需依据一定要求选用适当的英语内容组织课堂教学。比如，大学英语教师应参考大学生课程学习的实际需要，选用难易度相对适合的英语语言知识资源，这些资源也要具备有效的教学价值，满足生态教学需求。

其次，选用英语文化知识内容时，应充分考虑不同方面，保证大学生可以在各项文化层次方面进行有效沟通和交谈。大学教师也应综合考虑国内文化及国外文化之间差别。

最后，大学教师组织英语生态课堂教学时，依据不同种类的网络信息资源，将英语语言知识内容及文化知识项目密切结合，积极构建轻松有趣的英语课堂教学氛围，促进大学生积极自主地学习英语文化知识及语言，充分体现出生态课堂教学观念。

3. 培养学生的自主学习能力

在组织大学英语课程教学过程中，应综合考虑到大学生学习时间相对自由且分散，在学习英语知识内容时相对独立。大学英语教育应遵循生态教育教学理念，充分体现大学英语课程教学特点，充分运用网络数据教学资料开展生态课堂积极教学，改善英语课程教学工作效率，促使大学生在有限的英语课堂时间内高效完成知识学习任务。大学教师组织生态课堂英语知识教学时，应使大学生掌握正确运用大数据技术及网络信息的方式，运用互联网学习平台自主学习英语知识。

4. 创新大学英语课堂教学考查形式

在大数据背景条件下，联合运用互联网信息技术，针对大学英语课堂教学评定形式予以更新改进，并做好英语课堂教学情况的有效考查，有助于缩短大学教师对大学生实施教学成果检测及审阅时长，提升英语课堂教学效果考查及评定效率。采取大数据方法及网络信息技术，大学教师可将需检测的英语试卷传输到网络平台，大学生在网络平台上自行测试。这样，大学教师可以较快得到考试结果数据，具有比较高的考查效率。

第二节 新时代高校英语混合式教学实践探究

一、混合式教学概述

在科技发达时代，技术创新确实从各个方面促进了面授教学与基于技术媒介式的学习环境之间的相互融合，混合式教学／学习正是在这样的背景下应运而生的。正如计算机辅助教学、技术辅助教学、网络辅助教学等概念一样，混合式教学实际上体现了学校环境下新与旧、传统与创新、技术与人文诸因素之间的结合，代表着学校教育领域那股努力想要与社会其他领域一样，紧跟时代技术发展脉搏的尝试。尽管这种尝试多数情况都无果而终，但勇于尝试者却总是不乏其人、前赴后继，一再验证了教育技术研究者的勇气。

有些人认为"混合式学习"是 2013 年左右随着在线学习出现的一个有关线上线下学习的全新的概念，但实际上并不是，专家们对它有更精确的定义。例如，国外学者认为混合式学习是一种将面授教学与基于技术媒介的教学相互结合而构成的学习环境，这种学习方式集上述两种学习模式的优点于一身，对学习活动进行重新组织和实施，从而提升教学的具体效益。我国教育界的学者指出混合式学习就是要把传统学习方式的优势和在线学习的优势结合起来，这个观念的主旨是针对不同的问题、不同的要求而采取不同的解决方式，具体在教学中指的是要学会采取多种媒体和信息传递方式来进行学习，以此保证学习效果达到最理想的水平。

不同的学者对混合式学习的定义不尽相同。结合这些描述和定义以及其他教育专家们的观点，我们可以总结出混合式学习就是指不同学习方式与不同教学要素之间的互补结合，这种学习方式结合了面授和上述两种学习方式的优势和精华，并对教学资源、教学活动进行了重新调整和重新组织，其最终目的是提升教学工作的效率和效果。值得注意的是，混合式学习不是通过简单应用信息技术、简单改变教学形式而得来的，是对教学理念、教学模式、教学组织形式等多个方面进行综合性改变而得来的。

（一）混合式教学的特点

1. 线上线下混合

线上线下混合实现了线上网络教学和传统课堂教学的统一结合，打破了线上教学和线下教学之间的分界线，体现出混合式教学的"混合"这一表面含义。"互联网＋"可以以一系列的电子信息应用技术为基础，让有形教学和无形教学混合而成的复式教学得以真正实施。线上教学与线下教学有着十分明显的区别，线上教学的传播媒介是互联网、各种新型技术、各种媒体，而线下教学更注重传统的教学模式，二者的教学方式不同，但二者的目标都是保证教学活动高效、顺利地进行以及有效教学的实施。在混合式教学中，教师、家长、学生、教育资源等教育要素联结于教学平台，但客观地讲，如果线上学习和线下学习不能有效结合，那么混合式教学将失去意义而停留于形式，不仅不能保证教学的顺利进行和教学效果的产生，而且会为教师、学生、家长等群体增加不必要的负担。

2. 教学理论混合

万能通用的、可以适用于所有教学工作和所有师生的教学理论目前还未研究出来，我们要通过运用各种教学理论和教育规范来指导具体的教学工作，来一步一步摸索。就目前来看，具有一定影响力的教学理论有行为主义教学理论、认知教学理论、情感教学理论、教育目标分类学理论等。每一种教学理论都有其优点和缺点，如行为主义与认知主义教学理论比较关注教师的"教"，比较侧重传播知识、转换知识，而不太侧重学生的"学"；建构主义侧重教学设计，主张要建立有助于学习的教学环境，在教师的"教"和学生的"学"上都有所涉及。教师要针对不同阶段的教学目标而选择与特定阶段目标相适应的教学理论，这对于教师发挥主导作用、学生发挥认知主体的作用都有着很大程度的积极影响。各种教学理论并不是一一对立甚至彻底分离的，它们之间有内容重合、理论互通的可能。想要将混合式教学的教学策略运用于具体的教学工作中，就要综合考虑学生的学习状况、教学目标和教学环境等多个方面的因素，以保证教学工作取得最好的效果，因为教学策略是教师从观念领域到实践领域、从理论到实施方法的纽带和跳板。

3. 教学资源混合

我们可以从资源内容、资源呈现方式、资源优化和整合三个角度来看待教学资源的混合：

首先，教学资源内容的混合。现代社会经济不断发展，社会对综合性人才的需求也在日益提升，各个高校也意识到文理相通、学科融合是未来教育的发展大方向，故更加注重培养多元化、综合型的高素质人才。学生所接触的知识不再局限于一种学科门类，他们接受的是发散的、有条理的知识结构，这有助于学生在具体学习过程中学习与本学科相关的其他学科的知识，进而融会贯通。

其次，教学资源呈现方式的混合。教育资源有各种各样的呈现方式，如传统书本这种知识呈现方式符合学生的认知规律，有助于学生掌握系统性的知识。在很长一段时间里，课本在课堂上不可或缺，但其知识过于静止、利用率过低，且不具备流通的能力。以文字形式呈现出来的知识略显单一，且对于调动学生的学习积极性和学习主动性是没有太大意义的。当然，当下社会的教育不可能完全脱离课本，只有将书本的知识呈现方式与新型资源呈现方式结合，才可以弥补课本在知识呈现上的不足，而虚拟资源呈现就是上述所说的新型资源呈现方式。在这种呈现方式里，知识不再固定于课本和黑板上，可以存在于、游动于各个地方。所以，想要满足学生对各种资源的需求和其本身个性化的发展需要，就要实现传统知识呈现方式与新型知识呈现方式的混合。

最后，教学资源整体的优化和整合。线下资源与线上资源汇聚，可以构建储存空间巨大的知识库。在满足知识量需求和知识共享需求之后，各种教育资源会出现低质化、同质化、分散化、无体系等一系列的问题，也会产生各种浪费。所以，整合并优化教学资源是非常必要的。

（二）混合式教学的本质解读

混合式教学以"关联、动态、合作、探究"为中心思想，在本质上和面授教学、在线教学都有区别。

1. 混合式教学是动态关联的联合系统

混合式教学通过具体教学过程中的各种存在要素来建立起各要素之间相互关联、相互影响的联合系统，让教师具备"教"的意识和能力，让学生具备"学"的知识与能力，并使得教师和学生在一定质量、一定数量的教学信息的激发下，以共同的目标为基础来解决具体教学过程和学习过程中所出现的各种问题和障碍，从而提升教学工作的效果、保证教学工作合理有序地进行。在混合式教学中，在线教学部分和面授教学部分存在优势互补的关系，而不是哪一方彻底代替另一方的关系，二者都以高效完成教学工作为目标。

2. 混合式教学是在线教育的扩展与延伸

和以往的在线教学和网络教学不同，我们可以将混合式教学视作在线教育和传统教育的延伸模式或扩展模式。

首先，混合式教学融合了传统教育和在线教学的优势，并且也弥补了二者在具体教学过程中的不足。在单一的在线教学中，教师和学生以及学生和学生之间无法有效交流沟通，而真正有效的教育需要教师和学生在整个教学过程和整个学习过程中保持互动，无论是课上时间还是课下时间，这种互动可以及时反馈各种信息，以便学习者之间能正常地询问、沟通、解疑、探究，而在线教育的单一特性是阻碍网络教学正常发展的最大因素。

其次，学习者所具备的自控能力、信息处理能力以及"网络教学就等于课件教学"的观念对在线教学的发展产生了很大的负面影响。从传统教学组织形式的角度看，传统教学的资源比较单一、资源传播途径比较落后，学生在传统教学模式下也很难获得其他信息。此外，标准化模式也阻碍了学生的个性化发展，统一进度、统一教学内容的做法对学生全方位发展十分不利。结合两种教学模式的优点和缺点，可以发现对学习者的学业、身心健康以及其他方面素质最有促进作用的是将以上两种教学模式进行有机结合，也就是混合式教学。混合式教学的教学空间、教学手段等方面在某种程度上是面授教学与在线教学的折中产物，它们可以弥补单一在线教学的不足，也为教学工作拓展了具体路径。

总而言之，相比较传统教学模式，混合式教学模式更加注重以学生为主体，且强调具体教学要带入问题的发生情境，鼓励学生进行探究式的自主学习和构建自身的知识体系，并能够对学生的各个方面进行全方位的评价。

3. 混合式教学以激发学习兴趣为关键

混合式教学的主旨是挖掘学生学习课程的兴趣，并激励学生求知探索、整合创新。教师在具体的教学过程中要时刻以学生的兴趣为基础，综合考量不同学生的个性优势和兴趣爱好，不断提高学生的创造水平。由此可知，混合式教学的本质任务是掌握学生的具体学习需要、明确学生的兴趣所在。

二、高校英语混合式教学实践探索

（一）我国混合式教学现状

从目前国内混合式教学的应用现状来看，由于教学对象在年龄和学习方式等方面存在差异，其在中小学与高校的应用模式存在一定的差异性。概括来说，在中小学混合式教学中，主要以离线式信息技术工具与课堂教学之间的"混合"为主；而在高校中，则主要以课堂教授与在线式信息技术工具之间的"混合"为主。例如，课程管理系统通常是高校混合式教学必不可少的组成部分。而对于中小学来说，虽然基于互联网的在线论坛、讨论板等也扮演着重要角色，但相对来说，计算机教室、平板电脑、课堂反馈器等离线式教学设备才是混合式教学中更常用的工具。目前，考虑到中小学生的认知发展水平和学习特点，让他们过多地使用在线学习的方式似乎并未得到广泛认可。

对于国内多数高校来说，2018 年之前的混合式教学模式的尝试性应用更多的是一个自发推进的过程，而不是一项有计划、有步骤的建设工作；而 2018 年之后，大多数省份和高校都有对混合教学的推进计划和激励措施。

（二）高校英语混合式教学模式的应用

1. 理论支撑

混合式教学在变革和发展等方面的理论基础都十分多元，且混合式教学也是以这些多元化的理论基础为依据来有针对地构建教学体系的，具体表现为以下三方面：

首先，建构主义学习理论强调以学生为整个学习过程的基础，在教学过程中教师应该始终指导学生，并以创设情境、协作、会话、意义等四个构建元素来推动学生的学习进程发展。

其次，关联主义学习理论强调学生可以通过网络学习的方式来连续性地学习新知识，并以此来进一步建设和完善每个学生内在的个人知识体系，最终构建科学合理的知识网。

最后，教学交互层次理论强调学生通过媒体的帮助可以与网络教学媒体产生一定的交互，以此来学习知识、共享信息，进而帮助学生更加透彻地理解和掌握各种知识。

2. 课前组织

混合式教学的基础性环节就是课前组织，其全部工作都由线上形式开展实施，以便教师根据需要对云在线学习平台选择性地利用、学生根据课程进度进行针对性的学习。其中学生可以通过线上翻译、线上搜索的方法来学习生词，而教师则可以通过在线形式针对学生的实际情况进行重点词汇、重点语句等教学内容的规划。除此之外，通过云在线平台，学生可以通过语音对话上交预习成果，并与教师就学习内容进行探讨、交流。

3. 课中实施

混合式教学的核心环节就是课中实施，其具体应用方法涵盖情景模拟、小组交流、小组研究、教师讲授等多种形式。在具体的模拟过程中，教师可以就教学内容规划好体现教学情境的幻灯片（PPT），并借助多媒体平台为学生展现出来。小组对话的具体操作是让学生扮演特定的角色，并从头到尾用英语对话来进行对内容的阐述和学习。在小组对话的过程中，教师要时刻注意对话过程，并及时对学生进行针对性的讲解，以此帮助学生更加透彻地领悟教学内容的精髓。当然教师还要与学生随时进行有关教学内容的交流沟通，实时掌握不同学生的学习情况，以此来对症下药，针对不同学生的特定问题进行答疑解惑。在讲解环节结束后，学生还要就教师的讲解和对话的成果进行深入讨论，一般在这个过程中学生难免会重复一些之前已经和其他学生用英语交流过的内容，学生的主观思维也就受到了一定的约束，这就需要教师妥善地加以引导调节。教师可以借助一些和教学内容相关的课外知识来激发学生的创新思维，进而让学生更进一步地实现教学预设目标。此外，教师要多角度利用在线教学平台，可以考虑为学生提供更加多元的教学内容，如在英语线上教学中融入其他科目的知识，以此来提升学生的综合素质。

4. 课后评价

混合式教学模式有一项很重要的功能，可以用过程性评价替代传统教育中的阶段性评价，以便教师能够实时掌握学生的学习进度并做出针对性的教导。教师可以在具体的教学工作后安排多元化的作业，并可以考虑让学生通过多种形式来解决作业问题后再上交。教师可以以平台现有的如选择题、补充类题目等现有课程内容以及让学生脱稿演讲、视频作答再上传到云平台等多种方式来和学生一起针对学生本身的学习情况进行针对性的评价。

5. 学生主体地位的体现

混合式教学模式的应用必须秉持以学生为主体的教育原则，时刻彰显学生的主体地位。然而，目前很多教师尚不熟悉混合式教学模式的具体要求，对于其具体的步骤安排并不能完全领悟，这就会导致教师在通过混合式教学模式进行教学时经常性地忽略学生的主体地位。例如，部分教师在课堂上安排的学生对话、小组讨论时长太短，其内容评价和学习活动的效果也不甚理想，这些对于学生深层次地学习、掌握知识是有负面影响的。此外，部分教师在进行线上教学时，其预习内容规划比较简单、无新意，导致学生预习课程内容的效果不好，这无疑会让学生对预习的兴趣和积极性大打折扣。

（三）高校英语混合式教学模式的应用保障体系

1. 完善信息化教学平台

要想深化高校英语混合式教学模式的改革，就需要以高校应用信息化教学平台为主的多方面教学条件的支持。虽然大多数高校都在不同程度上加快了信息化教学平台的建设，以此来实施更加有效的教学工作。然而，就实际情况而言，很多教师的应用能力不够强，很多学生的自主学习意识不够高，这使得信息化教学平台并没有发挥出其真正的应用优势。由此可知，在构建信息化教学平台时，高校要针对具体教学过程中教师、学生所出现的问题而有目的、有计划地去优化信息化教学平台。在设置教学模块时，高校要以英语教学的目的和人才培养的方向为基础，不断细化教学模块的教学内容，并让教师带领学生学会利用不同教学模块来对线上学习过程所出现的各种问题进行及时分析、及时评价，使得学生通过调整自身学习方法的方式来将线上学习和线下学习合理地结合起来。此外，教师要加大培养学生信息化素养的教学力度，让每个教学模块发挥应有的优势，提高学生的自主学习意识，以此来帮助学生更加有效地利用信息化平台来学习新知识，并提高学生的创新能力，使得他们可以创新性地学习，从而进一步促进高校英语教学改革的发展。

2. 构建多元教学环境

高校英语混合式教学环境时刻都在发生变化，但一些教师却没有适应这种变化，也不能很好地借助多媒体教学技术来为学生提供良好的学习环境。所以，教师想要提升教学效果，就要提高利用现有教学条件进行教学的能力。第一，教师在设计线上学习课件时可以考虑用小视频的形式代替枯燥的文字，以此来激发学生进行课前自主学习的兴趣；第二，教师可以考虑将传统线下教学中的小组讨论迁移至线上教学平台，增加每一位学生的发言机会，以此来鼓励学生积极发言、掌握知识重点；第三，教师要重视学生在宿舍里的集体学习，保证学生在宿舍时以学习任务、学习重点为中心进行有组织的集体学习，以此来提高学生主动学习英语课程的兴趣，这对于增强教学模式应用效果十分有效。

通过构建多元教学环境，教师在具体教学时能够进一步突破传统教学的各种约束，避免出现某些对于学习不利的情况，这样可以帮助学生更加积极地参与英语学习，让混合式教学模式发挥出更大的优势，从而进一步推动高校英语应用型人才的培养进程。

第三节　新时代高校英语教学理论与实践的创新

一、CBI 理论与教学实践

（一）理论支撑

1. CBI 是交际教学法的延伸

以内容为依托的教学（Content-Based Instruction，CBI）虽然是以内容为教学基础，但它不是革命性的全新的教学理念，而是在交际教学法发展的过程中衍生出来的一种教学范式。根据交际教学法的基本原理，增强学习者的交际能力，使学习者最有效地使用新的语言，是语言教学的主要目标。与此同时，使用语言进行交际被看作学习语言的最佳方法。在这一理念的指导下，有意义的交际既是语言教学要达到的目标，也是实现这一目标的手段。从广义上来讲，交际教学法的倡导者竭力推行并实施各种教学项目和教学方法，通过让学习者参与交际事件中来推动学习者功能语言能力的发展。这就意味着并不存在唯一的标准化的交际教学法使得教学技巧以及教学程序固定化。事实上，交际语言教学法衍生出大量的分支，它们拥有相同的基本原理，但各自又散发出独特的哲学思想，以多姿多彩的方式呈现教学实践。这些分支包括自然法、合作学习法、以内容为基础的教学法和任务型教学法。

自 20 世纪 90 年代以来，以内容为基础的教学方法迅速流行起来，并广为人们所接受。该方法强调在具体教学课堂里，目的语和有意义的内容有机结合时，就会出现学习外语的最佳环境。因此，在该方法中语言既是课堂学习的目标，也是特定主题内容学习的手段。在以内容为基础的课堂中，教师是通过内容主题而不是语法规则、词汇讲解或语言的功能或情境来组织教学。好比交际教学法，以内容为基础但不代表这种方法永不改变，而是具备灵活多变、操作性较强等特点，针对不同教学场景和不同教学需求可以变换为多种多样的典型模式和教学理念。

研究者们从多个角度解读这一范式，并强调这一教学范式是哲学基础，也是方法论体系，更是单个课程的大纲规划或整个教学项目的支持理论，它从教学角度可以称得上是真正意义上的整体外语教学法。这些研究者都一致认为 CBI 的提议应该满足四个基本特征：①以学科内容为核心——课程的核心是学科内容而不是语言的形式、功能或情境；②使用真实文本——所有核心材料应该基本上选自供讲母语者所用的素材；③获取新的信息——学生应该基于已有的文化知识使用第二语言或外语掌握新的信息并评价新的信息；④适应学习者的具体需求——话题、内容、材料、学习活动应该适应学习者的认知和情感需求，与班级的语言水平相适应。

至于什么样的内容适合 CBI，通常认为是初等、中级或高等教育中与学生自己的专业课程相关的某一方面内容。因此，第二语言或外语可以被用作为学习文学、历史、数学、科学、社会研究或任何教育情境任何教育层次上的其他学科。然而，这并不是唯一的选择。正如有些研究者所说的，内容未必都是学术性的。它可以是学习者感兴趣的或对学习者来说是重要的任何话题、主题或非语言的问题。事实上，对学习者来说，只要适合他们的语言水平，在认知层面上对学生来说有难度并能让他们介入的都可以成为学习内容。

在普通教育中，将语言与内容融合起来并不新奇，早在 20 世纪 60 年代加拿大推行的浸入式教学方法就是将语言与学科内容结合在一起。然而，在第二语言习得领域内，CBI 相对来说是一个新来者，在 20 世纪 80 年代后期才兴起，当时主要流行普通语言教育。在整个 20 世纪 90 年代以及新世纪的最初几年 CBI 迅速流行起来，扩展到很多领域，参与到各种各样的教育项目中，被加拿大以及美国的很多机构广泛采纳。CBI 不但得到一线教师的青睐，也得到了广大研究者的关注。CBI 理论深入各个方面，从第二语言习得到控制训练研究，再到教育学以及认知心理学。

2. CBI 是输入假设和输出假设的延续

就第二语言习得研究而言，有些研究者认为只有当第二语言习得的情境与母语习得的情境相似时，第二语言习得才最成功。也就是说，当教学的重点是在意义上而不是在形式上，当语言输入处于学生的现有水平或高出一点点，当学生在一种相对轻松的环境下有足够的机会有意义地运用那种语言的时候，学生才能成功地习得第二语言。

此外，克拉申和斯威姆（Swaim）的后续研究支持第二语言习得研究领域的 CBI。克拉申强调教师要为学习者传授可理解的输入，而不能通过简单的语法练习让学习者进行单词和语言句式的硬性记忆，这样才可以保证学习者得以习得第二语言。依据这一前提，凡是向学习者提供可理解性输入的教学模式都应该更有利于学生成功地习得第二语言，因为学生在用新的语言理解内容时很有可能就掌握了这门语言，而且不断取得进步。CBI 的原理与这些假设一脉相承，因为教学的重点是在学科的主题上而不是在形式上。用克拉申的话说，教学的重点是"说什么"而不是"怎么说"。因此，总体来说，正如其他一些研究者所提出的，在课堂教学中，只有当目的语成为交际的工具而不是分析的目标时，学生的语言习得水平才能达到最高点。

除了理解性输入以外，像斯威姆这样的研究者也提出要想让学习者提高他们的交际能力，他们必须有机会运用语言进行表达，既要口头表达，也要书面表达。CBI 的理念与此完全一致，在 CBI 的课堂中，学生不断地被迫有系统地说出或写出可理解的连贯的内容。这种输出假设补充了克拉申的输入假设。

3. CBI 是课堂教学研究的发展

除了第二语言习得研究之外，课堂训练研究也支持 CBI 中常用的教学模式，例如，合作学习、学习策略以及泛读教学研究都可以融合到 CBI 中，取得了显著的效果。

合作学习最易于融合到 CBI 中，因为它与这个范式的目标是一致的。合作学习要求学习小组（4～6 人）一起学习掌握信息，完成不同的任务，这样促使同伴支持同伴指导。只有当学生组成学习小组，有着共同的目标，提供潜在的奖励，责任到人，小组内每个人都有机会获得成功，这时学生的学习进步是最明显的。合作学习促使学生更好地合作，激发学生的学习动机，有利于学生具有积极的学习成功的动因，对学校以及学习本身具有积极的态度。合作学习领域的研究结果表明，通过把语言和科目学习结合起来，学生有机会更多地参与和使用目的语，而且没有压力。此外，合作学习可以给学生自信心，为学生完成认知难度更大的任务提供一个起点。在 CBI 的课堂中，合体学习鼓励学生相互交流、分享观点、检验假设、建构知识。

当学习策略教学被融合到 CBI 中时，其效果也是最佳的。以内容为基础的课堂中的内容要素提供了广泛而又连贯的材料，使策略教学可以融合到每天的教学活动中并不断地进行操练。这样，CBI 教学模式不但提高了策略学习的重要性，而且为培养有策略的语言或学科内容学习者提供了课程资源。

由于泛读教学是 CBI 中不可缺少的一部分，泛读研究中的一些发现也证明了 CBI 范式的益处。该领域的研究证明阅读连贯的有内容的材料可以促进语言的发展和内容的学习。有关研究表明，第二语言或外语学习者，如果广泛阅读各类话题，有助于提高他们的听、说、读、写语言能力，扩大他们的词汇量，获取更多的内容知识以及学习动机。在 CBI 课堂中，学生阅读与教材有关的大量材料，在很多情况下，提供的材料并不局限于传统的教材内容，而是充分利用从各个源头选来的各种材料，这样就促进了学生的自主学习能力。

4. CBI 是认知心理学研究的拓展

在认知以及教育心理学领域也有大量支持 CBI 的研究结果。在这些领域中，有五个潜在的相关的具体研究视角为推动 CBI 供支持，它们分别是认知学习理论、深度处理研究、语篇理解处理研究、动机和兴趣研究，以及专门知识领域研究。

认知心理学研究显示当学生接触到连贯的、有意义的信息时，当学生有机会阐述信息时，他们的大脑连接机制就更加复杂，回忆的效果也更好。此外，学习理论的研究也加强了将语言能力发展与内容知识获取相结合的教学方法。根据这些理论，CBI 进一步拓展了将有意义的内容知识与相关的语言学习活动结合起来的教学模式。

深度处理研究也表明连贯的、有意义的信息有助于深度信息处理，而深度的信息处理又能够促进学习。深度信息处理研究结果与 CBI 一致，因为，从其定义上来讲，CBI 就是将连贯内容的深度学习与相关的语言学习活动结合起来。这样，深度处理研究就为语言和内容相融合的教学方法提供了理论支撑。

语篇理解处理研究也为 CBI 提供了有力的支持，因为该范式的主要目标之一就是通过各种机会学习、理解、阐释各种各样但又相互连贯的内容资源获得信息，并以各种不同的程序和技巧运用这一信息。语篇理解处理研究表明以更加连贯的主题组织方式呈现的信息更利于记忆，更利于提高学习效果。直接描述或支持文本话题的信息，以及连接相关话题或领域的信息更容易为学生所掌握和回忆。信息内在关联的不同方式也有助于学生在新的情境下使用该信息。

动机和兴趣研究发现，产生动机和兴趣是因为人们认识到：①自己真的在学习；②自己在学一些有价值的有挑战性的值得付出努力的东西。从这个角度来讲，CBI 通过聚焦与学生的学业需求有关的科目内容，或通过聚焦与学生的认知和情感倾向相联系的内容领域企图回应学生的需求与兴趣。研究结果还表明动机越高、对学习越是感兴趣的学生，学习效果越好。此外，这些研究结果还表明，动机程度比较高的学生往往会深度阐释学习材料，增强内容信息之间的连接，能更容易地回忆起信息。

最后，专门知识领域的研究结果也支持 CBI 范式。专门知识是一个过程，在这个过程中学生把他们的知识投资于一连串变得越来越复杂的问题求解任务。当学生接触到越来越复杂的学习任务时，他们的学习就在进步，他们的内在动机就越强。这样，他们就更加积极地寻求各类信息之间的联系，获取相关的技能完成任务，熟悉问题求解。CBI 中就广泛地讨论动机和专门知识问题。

（二）CBI 存在的理据

CBI 有三大特征，即注重学科内容、使用真实文本、满足学生的特定需求。

首先是注重学科内容，这是 CBI 课程最特出的特征。在 CBI 的课堂上，课程的组织总是基于一定的学科内容，如心理学、电影制作等。学生在课堂上讨论的所有的次话题都与学科内容相关联，这确保了学生所学习的内容是系统的。

其次是使用真实文本。CBI课堂中使用的文本（或录像、录音等其他材料）主要是由操母语者产出的。

最后是满足学生的特定需求，这意味着所选择的内容应该是学生们感兴趣的，也是他们在学术科目的学习或未来的工作中真正需要的内容。而且，所选的内容应该与学生的认知水平以及现有语言水平相关。

有学者总结概括了七条采用CBI的理据：

①在CBI的课堂上，在学习内容的同时，学生可以接触到大量的语言信息，这附带的语言必须是可理解性的，与他们刚刚才学的先前知识有联系，与他们的学习需求相关。在CBI的课堂上，教师和学生探索有趣的内容而学生同时又介入相关的依赖于语言的活动。语言学习活动并非那些人为的或无意义的练习。

②CBI支持情境化学习。课堂中教师教学生一些有用的语言，这些语言处于相关的语篇情境中而不是孤立的语言片段。因此，CBI容许显性的语言教学与内容教学相融合，并把它们放置在一个相关并且有目的的语境中。

③使用连贯的内容知识，容许学生依赖自己原有的知识去学习新的语言和内容知识。

④在CBI课堂中，学生接触到复杂的信息，参与到有难度的活动中，这会增强学生的内在动机。

⑤CBI本身就有助于策略的学习与运用，因为依据主题连接起来的单元自然地并循环使用重要策略连接不同的内容和学习任务。

⑥CBI有较强的灵活性和适应性，可以植入于学科课程和活动程序。

⑦CBI本身有助于开展以学生为中心的课堂活动。

（三）以内容为依托的大学英语教学模式

传统的大学英语课程体系有三种呈现状态：第一种，与传统课程体系十分接近的呈现状态，也就是"大学英语（1）至大学英语（4）"；第二种，在传统课程体系基础上进行部分改革的呈现状态，也就是"综合课程＋拓展课程"；第三种，完全改变传统课程体系的呈现状态，也即"专门性英语课程体系"。这三种呈现状态都没有脱离英语课程的教学属性，都以英语为核心进行教学，明显的区别是从非英语专业公共英语转变为"英语专业英语"。

以学科内容为主的大学英语课程体系在根本上和上述英语课程体系有着很大的差别。

第一，学生在学习英语时不再机械地背诵单词短语，而是以学习某一学科知识为基础，根据新旧知识的关系通过大脑进行目的语知识框架的构建，以此来进行大学英语的学习。这种学习方法更加贴合当下建构主义的学习理论。

第二，从具体的教学模式角度看，以学科内容为主的大学英语课程体系和目前的"立体化"模式、"生态化"模式、"通识教育"模式和"专用英语"模式都有所差别。学科英语讲究将学习的语言、为了学习的语言、学习中的语言等三方面合理联结，让学习者针对各类层次的选修课、人文素养提高的课程以及专门的学术英语读写听说课程在学科知识的学习、复习的过程中一起学习。

学习者想要了解学科知识，就要分析语言、理解语言，并掌握语言的特定表达，要将外语当作学习的语言。学生需要通过小组活动、合作学习、提问、讨论、交谈、询问、思考以及记忆等多种学习方法来更加深入地了解学科知识。在以上认知活动里，学生要将外语当作为了学习的语言，以使用外语的方式来发挥外语本身具有的功能，因为有效的学习需要积极的语言投入和思维投入。当学生发现用外语表达在理解学科知识上的重要性后，学生要更加深入地学习外语，将拓展语言当作学习外语的必经之路，即外语为学习中的语言。

以国外推行的以内容为基础的外语教学现状和当前国内大学生基础英语水平现状为基础，大学校园要将学科内容为依托的大学英语课程从以往的十六学分压缩到十二学分，并将传统的四个学期压缩为两个学期，每周安排六个学时。其中，第一学期要设定为学科导论，第二学期要设定为更深层次的专业课程。根据最近几年的实际情况看，新生英语水平呈上升趋势；很多大学校园都将大学英语学分进行了压缩操作，其中本科二批以上的高校里将十六学分压缩到十二学分的大概占据一半，很多重点大学甚至将十六学分压缩到六至九学分。

"以内容为依托"指的是把语言教学合理地融入学科内容的教学过程中，并注意其与被融入的学科知识的结合。这种教学模式的优势是以将语言教学和专业知识有机结合为基础，可以帮助学生以获得专业知识为动力对英语进行深入学习，这对学生提高英语综合运用水平是有很大帮助的。

在教学课堂上，无论是教师的"教"还是学生的"学"，都是以学科内容为核心的。学生需要通过如预先阅读讨论、确定问题、阅读相关的文本、解释相关概念、角色朗读、书面表达、口头表达等多种学习手段来提高自身的语言能力。此外，教师还可以通过安排学生用英语去表达对特定主题的看法、学习信息含量比较大的材料、与其他同学分享所掌握的相关知识等方式来帮助学生提高英语水平。

根据研究，"以内容为依托"的课程设置能够提高学生学习英语的兴趣。我国学生从小学到初高中，都在学基础英语，进入大学后又要学习强度更大的听、说、读、写，导致很多学生对英语心生厌倦。当这些学生得知学习专业知识还可以提高英语水平，他们会主动去学、积极去学，心中对英语的厌恶感自然会降低，甚至可以在学习英语的过程中收获成就感，并提高自身的自主学习意识。

在学科英语教学中，教师的"教"和学生的"学"都以学科知识为中心，英语的习得可以称得上是一种"附赠品"。每一个学科的知识都具备系统性和连贯性，这让学生在学习这科知识时也掌握了很多英语词汇和英语表达方法，也无形中减轻了学生单独记忆英语词汇的压力。此外，学科英语教学可以帮助学生接触更多的英语文献，学生的学习能力也在无形中得到一定的提升。

需要指出的是，"以内容为依托"的英语教学还必须根据实际情况把握好教学的侧重点。课程目标、教学方法、课程设置、教材、师资力量和学生构成等方面的不同对语言和内容结合的程度有着很大的影响。

根据教学目标、教学环境、教学对象、教学层次等方面的不同，教师可以灵活选择 CBI 的具体模式，如主题模式、课程模式、辅助模式以及沉浸模式，具体内容包括以下几方面。

第一，主题模式。主题模式侧重语言教学，而其中的"主题"指的是课文组织的脉络。教师运用这种教学模式不需要具备很专业的知识，但要能够保证独自完成教学工作。但需要注意的是，这种教学模式虽然简单，但教师始终要以学生的实际情况为基础来规划主题。

第二，课程模式。课程模式的教学重点是专业知识，因而通常由专业教师授课，但对专业教师有一定的要求：教师既要有相当的专业知识，又要懂一定的英语知识，同时还要了解学生的英语水平和语言习得规律。显然，该模式对学生的英语水平要求也较高，即学生要能够听懂教师用英语教授的内容。

第三，辅助模式。辅助模式下，英语教学与专业知识的教学被结合在一起。这种教学模式相对复杂，英语教师和学科专业教师需要配合才能完成教学工作，专业教师负责传授专业知识，而英语教师则要以学科专业知识为依据来对学生进行语言知识、语言技巧的教学。

第四，沉浸模式。在这种教学模式下，教师需要直接用英语来进行专业知识的讲解，帮助学生一边掌握专业知识，一边提高运用英语的能力。显而易见，沉浸模式对教师和学生的要求都是相当高的。

"以内容为依托"的大学英语教学是对传统教学模式的重大突破，它使英语教学从单纯的语言教学转向与具体专业相结合的模式，以专业促语言，培养学生具有更强的社会和学术适应能力，成为复合型人才。然而，我国的CBI教学尚处于摸索阶段，而且这种教学模式在实施过程中还可能出现师资、学生水平、教材、配套制度和措施、语言环境等问题，所以还需要众多学者、教育工作者的努力，不断地研究、实践，力求尽快摸索出一条可行之路。

二、ESP理论与教学实践

（一）ESP理论概述

1. ESP的定义和内涵

ESP的全称是"English for Specific Purposes"，中文意思是"专门用途英语"或"特殊用途英语"，具体指的是如旅游英语、外贸英语、财经英语、商务英语、工程英语等用于某一领域的英语。

我国有部分学者研讨了专门用途英语的科学定义。例如，蔡基刚强调专门用途英语指的是和某一特定职业或某一特点学科有所关联的英语，如电子商务英语、外贸英语、国际金融英语、新闻英语、医学英语、法律英语、旅游英语、营销英语、学术英语、科技英语、文献阅读、论文写作等，它以学习者的特殊需要而开设，其目的是让学生具备在特定工作场景用英语进行交流工作的能力。章兼中在《国外外语教学法主要流派》一书里将专门用途英语定义为学习和掌握与某种特定职业、特定科目、特定目的相关的英语。

20世纪60年代，英美等国的应用语言学者们首先提出了专门用途英语教学理论。当时的时代背景下，各个国家历经第二次世界大战开始慢慢复苏，全世界的经济都在飞速发展，科学技术也在不断更新，如国际贸易、金融保险、邮电通信、国际旅游、科技交流等的国际交往活动愈加频繁，也正是在这种趋势下，英语的国际语言地位越来越稳固，而后成为世界通用语言。教师在对学生进行英语教学时，要关注学习者的不同学习需求，并采取针对性的教学方法和教学内容，同时要转变教学理念，在具体教学工作中要将英语视作交际工具，以此来提高学习者应对不同情境的能力。

伴随语言学领域的改革和教育心理学发展的不断推进，人们逐渐关注学习者的学习需求和兴趣倾向，并发现学习者的学习态度和学习动机会对学习效果产生深远影响。所以，教学工作应该将传统教学中的"以教师为中心"转变为"以学生为中心"，并力求达到"以学习为中心"的境界。

上述这些研究方面的成果都为专门用途英语的产生打下了坚实基础。根据实际情况看，各种学习者对英语的学习需求促成了专门用途英语，而"学英语热"的不断发展又推动着专门用途英语的不断进步。

2. ESP 的特点

通过对专门用途英语概念的阐述以及分类，我们可以总结出专门用途英语的几个特点：

第一，专门用途英语是一种教学途径，不是特殊的语言种类，也不是一种产品。本质上和教学方法、教学技术完全不同，专门用途英语指的是对语言本质、如何学习语言的研究。此外，专门用途英语以学习者群体的需求为依据来规划教学教材、教学内容、教学方法和教学技术等。

第二，专门用途英语教学与其他常规语言教学一样，都属于英语语言教学的分支。通常情况下，专门用途英语和特定学科领域、特定职业紧密关联，其本身以学习者的学习需求或职业需求为基础所规划而得，所以它具备很强的实用性和针对性。

第三，专门用途英语教学在原则和教学方式上与一般用途英语教学基本统一，并没有独特的教学方法。专门用途英语教学与普通英语教学的不同之处就是根据学习者学习需求的不同，进行教学方法和教学内容的转换。由此可见，对学习者的需求分析是专门用途英语教学活动开展的重要部分。

第四，专门用途英语指的是一种特定语言范围。有研究表明，专门用途英语和常规英语在词汇上有很多重叠之处，很多专门用途英语的词汇也是由常规词汇按照构词规则派生而来的，因为专门用途英语和常规英语的语法结构几乎相同。

因此，专门用途英语与常规英语是紧密相连的，专门用途英语不能作为独立于英语语言之外的专门语言，它只是一个特定的语言范围。

第五，专门用途英语是一种多元化的教学理念。由于学习者需求的不同，专门用途英语的教学内容、教学方法也呈现出多样性。由于专门用途英语与特定的学科领域、职业领域具有很大的相关性，因此要求专门用途英语的语言知识要涉及大量的专业知识，学习者的需求也表现出不同的特点。在不同国家和不同地区，专门用途英语教学的政策支持、教学重点存在很大差别，这也会导致专门用途英语教学内容、教学方法呈现出多元化的趋势。

（二）基于 ESP 理论的高校英语教学设想

1. 四年不间断的大学英语教学新模式

想要从本质上解决大学英语所面对的各种困难，就要将传统观念扭转过来，并时刻紧跟时代发展的步伐，有针对性地对教学模式进行改革。

在当前社会，作为外国语的英语（English as a Foreign Language，EFL）被划分为两大类：第一类，通用英语。通用英语指的是教师为学生教授一般语言技能，以此让学生提高基础英语水平并学习英语语言共核。通用英语适用于所有场合、所有与英语相关的行业的语言，教师在进行相关教学时无须关注学习者的学习需求和未来所从事的行业，只需要保证学习者掌握这种能为学习特定行业英语做准备的基础英语，让学习者在面对特定行业的英语交际时不会敷衍应付。第二类，专门用途英语。专门用途英语是以让学习者可以熟练运用某一专业、某一领域的英语语言为教学核心，并将特定专业知识和语言技能训练有机结合的英语学科。它是英语教学中异军突起的新式分支学科，对于外语教学和通用英语都有举足轻重的影响力。

以上两类并不存在互相对立的关系，两者在词汇、句法、语句结构等方面有很多相同之处。换句话说，专门用途英语具备英语语言教学的所有特点和所有规则。想要学习专门用途英语，首先要掌握通用英语；反之，专门用途英语是通用英语在特定职业、特定领域的延伸拓展。

在学生考完四、六级考试后，大学校园需要及时开始 ESP 这门语言课，让教师向学生讲解、教授和特定专业有关的英语知识，并带领学生一起钻研不同行业、不同领域的英语语言之间的差异，并将传统上比较单一，比较不适合社会需求以及学生需求的通用英语教学与专门用途英语教学科学合理地结合起来，以此来进一步优化大学公共英语教学体系。

通用英语与专门用途英语的教学还是局限于语言课程，重点在培养语言知识与技能，其性质是语言教学。真正将语言作为媒介，实现其交际功能的应该是目前各个高校很多专业开设的双语课程。

学习者需要学会分辨"语言教学"和"教学语言"，以此来更深入地了解双语教学。"语言教学"指的是让学习者围绕学校教育体系进行英语课程的学习，以此来让学生提升自身掌握目的语知识、英语技巧的能力；"教学语言"是一种传递信息的桥梁和媒介。需要注意的是，无论是通用英语教学还是专门用途教学，都属于语言教学，因为此二者都以语言的讲解和训练为核心。与语言教学不同，双语教学以讲授内容为核心，而英语是与会计、金融、法律等专业知识在性质上相同的工具，其本质是一种教学语言。对于促进外语能力的产生和提高来说，教学语言是十分重要的，但教学语言的习得不能脱离语言教学。换句话说，专门用途英语和用英语讲授专业课在属性上是完全不同的，因为专门用途英语是语言课，它以传授某专业相关的英语语言知识和英语技能为主，且不会非常深入地钻研该专业相关的知识，其本身以语言特点、语言规律为教学核心；而需要用英语为学习语言、教学语言的专业课，其本质目的是教授专业知识，让学生们掌握特定的、有理论、有体系的专业知识，在这个过程中，英语仅仅是交流、沟通的工具，从课程属性角度看，它属于专业课。

尽管双语课程在性质上属于专业课程，但英语作为传播专业知识的媒介起着十分重要的作用。从这个意义上说，双语课程的成败与英语教学或者说与专门用途英语教学有着千丝万缕的关系，也可以说专门用途英语教学的成败决定了双语教学的成败。因此，不论在英语教学中还是在以英语为媒介的专业教学中专门用途英语的重要性是毋庸置疑的，这两种教学都需要英语和专业知识，只是侧重点不同，两种教学中都需要专业知识与英语知识的配合，有时需要专业教师与语言教师的合作教学。从这个角度来说，专门用途英语教学与双语教学并非泾渭分明、井水不犯河水，而是有着很多互通共有的成分。作为为交际服务的英语教学，尤其是专门用途英语教学，最终的服务对象以及价值体现应该是双语教学，因此将双语教学放置在外语教学的大框架下统一考虑、设计是合理的。

在我国大学英语教学中，比较明显、影响力较大的问题是大学英语的教学和学生们所学的专业往往关联不大，而高校也不会在学生求学的四年时间里根据学生的具体情况反复地更改大学英语教学规划，缺少"通用英语—特殊用途英语—双语教学"大框架的构思和实践。

大学英语教学内容应多样化，建议在完成通用英语教学的基础上，全面引入专门用语英语教学，并在完成一定阶段的专门用途英语教学之后，选择优秀的原版教材进行双语教学。笔者认为，"通用英语教学—专门用途英语教学—双语教学"的教学模式应该被应用于大学英语教学中，因为专门用途英语教学是从通用英语教学到双语教学的过渡点和衔接点。

2. 大学英语教学新模式的课程分布与课时权重

第一阶段是大学英语教学的基础阶段。这一阶段的教学内容是通用英语，其课时最好设置为两个学期，针对英语基础差的学生还可以考虑将教学时间延长为三个学期，但要注意基础阶段最多只能设置三个时期。教师要通过这一阶段的教学，提高学生全面、基本、综合的实际语言应用水平，使得学生具备进入专门用途英语课程的英语基础。

第二阶段是大学英语教学的过渡阶段。这一阶段的教学内容是专门用途英语，具体的教学课程要突破专业语言的限制，将英语和专业内容结合来培养学生的英语语言能力，其课时最好设置为两到三个学期，至少不能低于两个学期。在这个阶段的教学初期，教师要做好教学上从通用英语到专门用途英语的过渡，所规划的前期教学内容不应该太难、太专业化，要保证学生英语水平一步一个脚印、循序渐进地提升，而后再酌情慢慢增加难度。为确保教学质量，在课程设计、课程讲授等各个环节，语言任课教师都应该与专业教师沟通、合作。通过该阶段的学习，培养学生对专业语言的理解能力和实际运用能力，为最终进入专业的双语教学打下语言基础。

第三阶段是大学英语教学的终极阶段。进入这一阶段时，学生历经了两到三年的通用英语和专门用途英语的学习和训练，本身已经具备一定的英语水平和专业基础，其所学的专业课程内容无论是专业性还是学习难度都比较高，大学校园在这个阶段开设双语课程是比较合适的。因此，第三阶段的教学内容为专业双语教学。建议教材参考国外原版教材，由专业教师担任主讲教师，但这并不意味着英语语言教师的全盘退出，教学过程中他们依然有义务在语言知识方面协助、指导专业教师，确保双语课程的教学质量。课时以两个学期为宜，如果还有时间，可以增加实践阶段，因为最后一个学期大多数学生要进行社会实习，可以鼓励学生把实习中遇到的问题带到课堂上进行探讨。

通过完善并优化大学公共英语教学，使教学内容更倾向于言语功能和言语活动，让学习者获得与其社会目的相关的终端行为能力，从而实现教学的阶段性、连贯性和完整性。表面上的语言教学并不是专门用途英语的核心教学目的，专门用途英语的核心教学目的是通过英语实现确切的目标。这里的确切目标是指在特定目的语境中获得有效交际的能力。在课程设置上加大专门用途英语教学的力度，逐步使通用英语教学与专门用途英语教学相互补充、相互渗透，变过去单一的传授语言技能为将传授语言技能和专业内容相结合，使学生经过大学四年的英语学习，不仅有扎实的英语基础知识和技能，而且能以英语为工具获取与专业相关的信息，最终实现大学英语教学的多层面与完整性。

（三）基于 ESP 理论的大学英语教学模式改革实践

1. 以"需求分析"为前提确定高校英语教学目标

从专门用途英语的以学习为中心的需求分析理论来看，高校要开设英语课程、实施英语教学工作，就先要分析教学的目标情境需求和学生的学习需求，根据这些来规划英语教学的目标和教学内容的侧重点，并提前做好应对学生在具体教学情境和未来发展情境中进行职业交流的措施。分析目标情境需求，具体而言就是针对目标情境可能产生的问题，对不同学习者在学习过程中对待目标情境的方式进行全方位的挖掘和归纳，具体分为以下三点。

一是目标情境中必备的知识技能。学生想要在目标情境中灵活运用语言，就必须掌握目标情境所客观要求的知识和技能。例如，学生要想游刃有余地在商务领域运用英语，就要掌握英语语言基础知识，进行商务洽谈、书写商务函电与合同的英语技能等，并且还要掌握与英语关联并不大的电子制单、网上交易、从事涉外商务管理与服务、对外贸易、市场营销等方面的知识和技能。

二是学习者在目标情境中所存在语言运用方面的差距。学习者要学习的主要内容具体是和目标情境所要求的语言知识、语言技能相比，自身所存在的不足之处。教师要以学生本身具备的实际水平以及教学课程对学生的具体要求为基础来规划教学课程，从而根据学习材料的难易程度来设计最适合学生实际情况的教学资料。

三是学习者自身的具体需要。每一位学习者对英语学习的需求和看法都不尽相同，教师要根据不同学习者的学习目的、学习经历、对英语的态度和文化信息等具体因素来规划教学课程。有时会存在这样一种情况：学生的学习需要与目标情境的需要相悖，或者目标情境的需要并不能满足学习者对英语的学习需要。所以，教师在规划教学课程时要以学生为中心，以学习者的需要为课程规划基础，合理有效地推动学习者自身英语素质的提高。

大学校园实施高校英语教学工作，必须以学生的需要为前提，要按照不同学生的语言基础、知识水平、兴趣爱好、学习憧憬来规划教学工作。此外，大学校园还要及时掌握社会市场的需要，要始终保证了解学习者在毕业后所面对的交际情境、工作环境、工作所需知识技能等方面的实时情况。在具体规划高校英语教学内容时，要坚持以实用为主、够用为度为原则，要关注学生英语基础的薄弱面，并要求教师将语言基础知识贯彻于整个教学过程中，以此来具体化英语教学的目标；要保证将英语教学的基本目标设定为学生在毕业后可以胜任相应的岗位，并提高学生在各种涉外工作中与英语有关的听、说、读、写、译等方面的综合素质。

2. 以学生专业为前提选择和编写高校英语教材

每一个学科的教材都与其教育思想、教学原则、教学方法、学习理论和实践等方面有着直接联系，因为一个学科的教材是其教学理论、教学方法、教学理念的具体表现。此外，教材也是将教师的"教"和学生的"学"联系起来的重要资源和纽带，它直接影响了教师的"教"、学生的"学"的基本方法，是教学工作的核心。现代社会，科技正飞速发展，学生对学习材料的需求也在不断更新，职业教育教材的表现形式也越来越多元化。专业英语教材应该从满足学生学习需求、激发学生学习兴趣等方面出发，针对岗位所要求的英语能力水平来强化学生英语听力和英语口语的锻炼，并有目的地增强英语的实用性。此外，高校要合理调节基础英语教材和专业英语教材之间的关系，并将英语"听、说、读、写、译"五大技能和专业英语能力的培养突显于英语教学工作中，可以考虑针对实际情况自主研发英语教材。

英语和专业相结合指的是将英语中的语言知识，如词汇、语法、听说训练和所教专业的知识相结合，专业教学为主，英语作为语言工具为辅。高校英语教材始终要秉持实用原则，要将真实适用于岗位工作的英语知识传授给学生，以此来为他们进入社会、就职于英语岗位打基础。

首先，要按学生的不同专业决定英语教材。教材是学习输入的主要来源，其本身质量的好坏直接决定专门用途英语教学的成功与否。以"需求分析"为依据进行教材选择，可以大大降低决定专门用途英语教材的随意性和盲目性。针对符合要求的教材，还应进一步分析其内容的"真实性"，要仔细研究其教学目标是否贴合学生的实际需要、其选材是否接近真实的交际内容、其练习是否贴合真实的交际情境。以需求分析理论和真实性的原则为基础，大学校园在规划英语教学工作时，要充分考虑各个专业不同的教学培养目标和教学要求，并注重学生毕业后在实际工作中将会面对的各种与英语有关的情况，还要考虑不同学生的不同专业特点和日后岗位的特征，结合这些要素来规划具体的教学内容。例如，学生在毕业后从事旅游专业，就需要具备用英语进行日常交际、景区介绍的能力；学生在毕业后从事模具、电器等行业，就要学会阅读和翻译产品说明书、技术指导、维修指南等相关的英语技能。杜威强调，把学习的对象和课题与推动一个有目的的活动联系起来，乃是教育上真正的兴趣理论的最重要定论。在选择高校英语教材时，要时刻坚持以"实用为主"为实施教学的大前提，以学生的专业为依据，这样既可以最大限度地减少教学资源的浪费，又可以提高教师的教学质量。此外，按照专业选择教材从侧面也可以反映出高校公共英语教学重视学生的个性，也使得学生能切实体会学习英语对未来就业的重要性，并以此来提高学生学习英语的积极性。

其次，以职业岗位对能力的要求为基础来规划教学课程模块、选择具体教材。大学校园里，专业导向要求的重点之一就是学生灵活运用英语的能力。教师在规划具体教材时，要把握大学校园培养人才的职业化属性，并参考社会对特定专业学生的英语能力的真实要求来合理地选择教材，这样才可以让学生的英语职业技能得到有效提升。例如，文秘专业的学生在毕业后的岗位中，需要运用英语进行与客户的电话沟通、网上沟通、商务洽谈等工作，因此他们更需要提升英语的听和说的能力水平；模具专业的学生在毕业后的岗位中，需要针对产品说明书、技术指导、维修指南等书面文字进行资料阅读和实时翻译，所以大学校园在培养他们时要着重训练他们的英语阅读能力和英语翻译能力。

对课程内容进行更新整合、创新开发，首先要保证经过这些操作后的课程内容可以满足社会经济技术的具体需求，也要保证可以实现不同教育对象的具体目标。课程结构指的是课程的组织和课程的具体流程，它能展示出教学的脉络和进度。例如，旅游英语教学以学生的学习目标和对应行业的基本标准为出发点，力求让学生掌握和旅游有关的英语知识和英语技能，且按照旅游专业实践性较强的特点将具体的英语教学课程划分为基础英语模块和旅游英语模块。其中，基础英语模块以学生够用和必备为基准，侧重以能力为主的知识体系，其教学内容的针对性和应用型比较明显。无论国内还是国外，有关旅游英语的教材都或多或少地存在缺陷，主要采取一本权威教材为主、多本特色教材为辅、以专业网站的具体资源加持的构成方法。此外，在具体教学过程中，国内旅游教学还会穿插中国传统文化的讲授。旅游本身具备很强的跨文化交流特性，教师在进行相关教学时需要采取多角度的教学方法，以此来提升学生用英语向外国友人介绍中国文化、中国经典的能力。除此之外，教师要加大学生的知识储备量，提高学生的应用素质、实践水平、创新意识，让自身的教学时刻彰显实用、即时等特征，以此来保证教学工作紧跟社会发展的脚步。

最后，师生与企业协同编写教材。高校英语教师要以突出高校人才培养的实用性特征为基础，根据不同专业课程的特征，并结合专业岗位对英语知识储备量和英语实践能力的需求，有计划地编写具备本校特色文化的英语教材和相应的辅助教材，以便通过编写的教材来提升学生的英语水平和运用能力。在规划教材前，英语教师还要去征求专业课教师、行业内资深人士、已毕业步入社会工作的学生等多方的建议和指教，按照真实的社会职场需求来设计教材的内容深度、内容涉及范围等，要适当删去比较晦涩难懂的理论教学，且要保证辅助教材包含专业对应岗位群体所常用的英语知识和比较贴合实际生活的内容，以此来将英语教学从校园内延伸到社会行业中去。

除了上述内容，教师编写英语教材还需要注意以下几点。

第一，教师要以专业课程的特点为基础进行教材的编写。在编写教材前，教师需要阅读具备一定普及度的专业资料，也可以参考学生的专业教材和课上笔记，以此来在一定程度上掌握学生的学习状况和专业知识结构；教师还要询问学生对专门用途英语学习的看法和建议，并和该专业的往届毕业生们交流沟通，掌握最接近专业对应岗位的英语运用现状；教师要时刻掌握职场最新动向，以相关人才招聘对外语的相应要求为依据来规划专门用途英语的教学工作。为了摸清专业对应岗位的最新动态，教师要去真实的岗位现场，记录工作场景、积累教学素材，并编写符合市场需求的实用性教学内容。当前社会中，很多高校都出台了"教师下企业"的政策，这从侧面加强了社会企业和高校之间的沟通交流，并进一步丰富了教材的内容、推动了教材的发展。

第二，邀请企业专业人士来一起完成教材的编写。在编写教材时，教师最好能邀请专业对应行业的人士来协作，可以考虑邀请专业对应行业的人士监督英语教材内容的选择、题材的规划，如目标岗位所用的说明书、技术合同、技术图纸、企业自编词汇表等内容，在专业对应行业人士的帮助下，规划出以企业的实际情况、产业结构和产品结构为补充的更加完善的英语教材。此外，教师还要询问专业对应行业人士的意见和看法，根据他们的指导来对教材内容进行增删操作，增加遗漏的重要内容，删减与实际差距过大的内容，让教材更加贴合社会需求，从而有效提升学生的知识储备量和技能水平，让学生更加适应岗位的特定需要。

第三，让学生参与到校本教材的编写、开发和应用中。这样可以提高学生的自主学习能力，并可以让学生进一步提升担当能力，使得学生全身心投入其中，有效提高专门用途英语的学习的针对性和实用性。在教师的带领下，学生可以更加深入地了解社会需求和职业岗位需求，并可以更加深入地分析岗位工作对专项能力的具体要求。由此可知，教师应带领学生积极参与到专门用途英语校本教材大纲的确定、教学内容的筛选、校本素材的搜集整理与加工、校本教材的应用与考核等工作中，以此来进一步加强学生、教师、大学校园和校外企业之间的交流协作。此外，教师还要鼓励学生在日常时间通过专业课程学习、业余兼职、媒体网络及其他等多种方法来搜索和专门用途英语教材相关的资料知识，尤其要让学生去向已经毕业、正在从事本专业对应行业的往届学长、学姐们虚心求教，共同探讨与专门用途英语教材相关的内容和技能。在综合以上多方的信息资源后，教师要带领学生一起探讨并规划教材的内容范围，根据学生的专业体系来涉及英语教材的具体章节。教师和学生还要考虑借助现代信息技术创建公共网页、公共平台，通过网络手段让其他专业教师和广大往届毕业生、相关行业资深人员来为编写教材出谋划策。

教师带领学生搜集、整理并编写专门用途英语教材，可以有效提高自身的"专业业务能力"。除此之外，教师在试用专门用途英语教材的过程中可以不断完善该教材的具体内容。在具体的教学过程中，教师在教材中要留出添加更新、更实用的内容的后备空间，以便随时用其替换教材中的落后部分，让教材始终处于动态更新中。

3. 结合校内校外实训，提高学生的英语实践运用水平

根据语言学的相关研究，人的语言能力会因仅仅停留于当下认知而产生遗忘、倒退等现象，这是因为语言能力需要以语言行为的方式时刻保持，进而强化。学生在学习英语时，不能仅仅停留于书本，要以语言使用者的身份将英语运用到特定语境中，这样可以提高自身的英语实践运用能力，也契合高校英语教学的主旨。高校教育强调"应用"，倡导专业教学要结合具体实践，所以教师应该多带领学生用英语表达心中所想，并到特定的工作场景中，让学生身临其境，从而提高学生的英语实践运用水平，为步入社会顺利就业打基础。作为讲究职业技能和素质培养的教育课程，高校英语要改变传统的"重理论，轻实践"的做法，要结合校内实训和校外实践来提高学生的整体英语素质。

4. 联合学校与企业，提高师资力量的建设水平

高校教育要始终以社会需求为基础，所以高校教师要针对社会的飞速发展不断更新自我、提升自我。高校可以构建专业化、终身化的培训机制，以便教师提升自身的英语教学能力，并要保证不同专业、不同个性的教师都可以参与其中，从而提升各自的教学质量，进一步改善各自的教学效果。高校教师想要提升课堂的教学水平，就要改变自己认知中的教学理念和教学方法，并且为了不被英语改革淘汰，高校英语教师除了日常的教学工作外，还要学习特定的专业知识，因为具备多方面技能的教师可以培养出综合素质高的学生。但是从实际情况看，在很

多大学校园中，"双师型"英语教师十分稀少，因为具备高学历、高职称、高专业知识储备量的教师往往不愿意放弃其本专业的教育职位。针对这种情况，笔者给出以下两种方法来解决，仅供参考。

（1）着重培养双师型教师

高校英语教师首先要从自己做起，主动朝"工学结合"方向努力，主动学习专业知识、积累专业对应行业的工作经验，以此来保证自己在对学生进行教学时让学生领悟工学结合的优势。由此看来，高校英语教师要去企业生产前线考察、实践，到国际贸易、旅游、数控、机械等专业的工作现场去学习，以此来提升自身的实践水平，适应教育改革对高校教师的具体要求。相比其他专业，外语系的教师在利用他方资源上具备一定的优势，英语教师更要以此为基础构建复合型的师资队伍。高校可以采取利用现有条件模拟真实场景对教师进行培训和考核、选派部分教师去企业进修、安排教师去各个专业旁听、鼓励教师考特定专业的职业证书等多种方式来提高英语教师的综合素质，进而培训出更多的"双师型"英语教师。多层次、多角度的培训有利于英语教师提升自身学历、提高知识储备量、提高专业能力和业务能力等。例如，经贸专业的英语教师，他们一方面要掌握外经贸英语函电、外经贸应用文写作、外经贸业务洽谈等技能，另一方面又要用网络搜集和专业知识有关的各种信息，并将其规划呈现在具体的教学内容。这从侧面反映出大学校园中"教学共相长、师生同进步"的整体趋势。

除了上述措施，高校还可以通过创建实践基地、挂靠企业落实实践措施等方法来提高英语教师的综合水平；可以考虑让英语教师去专业对应的公司企业现场考察、见习、顶岗锻炼。针对英语教师去企业实习、锻炼，高校要予以鼓励和肯定，与此同时也要鼓励教师参与到教学改革和教材编写等工作中，从而帮助英语教师提高业务能力和教学质量。而英语教师可以在去企业考察实习的过程中发现学校教学和企业真实情况之间的差别、不足，并根据这些不足来进一步有针对性地改善教学内容，进而保证学生更能向贴合实际情况的方向学习知识和技能。

（2）大力引进企业优秀人才

就招聘具备实践经验的专职英语教师而言，从校外企业、涉外行业中聘请资深人士兼职大学校园的英语教师也是一种十分有效的方式。大力引进企业优秀人才，聘请业内资深人士、企业家来兼职当英语教师或者来学校开办讲座，甚至任职于校园教授岗位，都可以弥补大学校园在师资方面的不足。另外，随着各行各业的竞争程度普遍提升，很多具备较高英语水平的行业人才正面临随时被本行业淘汰的处境，高校可以将这些人才引入校内师资队伍中，为教师团体注入新鲜血液，进而彻底改变"重理论，轻实践"的错误教学理念。

第五章 新时代高校英语教学思维创新研究

第一节 多元文化思维下的高校英语教学

一、多元文化概述

（一）多元文化的内涵

人类作用于自然界和人类社会的一切活动及其结果都属于文化的范畴。受地理环境、人口流动、统治阶级、民族分布等因素的影响，形成的文化各有差异。正是受这些自然、人为因素的影响，不同国家之间，甚至同一国家内部存在不同的文化，呈现出多元文化的局面。多元文化强调各民族文化的独特性，其关键在于世界不同文化的对话与沟通。首先，各民族文化的独特性是一国多元文化存在的基础。以中国为例，五十六个民族共同构成了日益强盛的中华民族，由于风土习俗、生活环境、思维方式等方面不同，各民族文化呈现出差异化特征。在中国共产党的领导下，秉承兼容并蓄的原则，各民族文化能够相互尊重、相互包容，共同繁荣发展，由此构成了我国多元文化的一部分。另外，影响多元文化格局发展的因素是多方面的，随着信息技术的迅猛发展，国家与国家之间的交流越来越频繁，不同国家的文化在无形之中相互交融、相互碰撞，在一定程度上对本土文化造成了影响。因此，在强调本土文化有序发展的同时，也要注重外来文化的渗透，要以辩证的态度看待各国文化相互交流、相互交融的现象，既要看到各国文化交流取得的成绩，也要看到各国文化交流过程中对本土文化造成的负面影响，甄别外来文化价值观的渗透，对于有意侵蚀本土文化的内容严格把关，对于有意瓦解本土社会道德基础的内容要坚决抵制，一经发现决不姑息。

综上所述，多元文化既指一个国家本土文化的多元性，又指国家与国家之间因文化交流而形成的不同文化相互交流、相互交融的现象，也可以指一个国家中本土文化与外来文化共同发展的局面。但需要注意的是，多元文化在发展时要以主流文化为主导，符合社会主义发展方向，并对多元文化的内容加以辨别，做到取其精华、弃其糟粕。

（二）多元文化的构成

人类文明多样性是世界发展的基本特征，也是国家发展的时代背景，国家间文化的交流以不同文明取长补短、共同进步为前提，各国文化相互交流必然会对本土文化造成影响，进而影响大学生理想信念教育的效果。分析本土文化多样性的构成有利于深入挖掘影响大学生理想信念教育的因素，从而对症下药，促进大学生理想信念教育的健康发展。我国的多元文化组成成分具体表现在以下几个方面。

1. 主流文化

主流文化是指一个社会、一个时代受到广泛宣传的、对大众生活起到主要影响的文化。在当代中国，我们要坚持以习近平文化思想为指导，坚持中国特色社会主义文化发展道路。全面理解中国特色社会主义文化要厘清其特点：先进性、人民性、时代性、民族性。

先进性要求必须坚持马克思主义的指导地位，用马克思主义的立场、观点和方法来研究文化，指导文化发展。坚持文化的社会主义性质，始终代表人民群众的利益，有同错误思想、思潮做斗争的勇气，坚决抵制影响人民一切活动的噪声和杂音，发展民族的、科学的、大众的社会主义文化。

人民性强调始终把为人民服务作为文化建设的出发点和落脚点。结合我国国情，对文化发展的方向、要求进行调整，始终以满足人民精神文化需求为根本出发点，坚持以人民为中心的文化建设导向，从人民生活着手，遵循问题导向原则，切实解决人民的现实问题，用人民喜闻乐见的方式建设文化，提升全体人民的文化素养。

时代性要求文化建设要与国家发展同向而行，坚定文化自信，推动中国特色社会主义文化繁荣兴盛，增强国家文化软实力，提升国际竞争力，勇于创新，坚持社会主义文化发展方向，发挥社会主义核心价值观凝心聚力的作用，大力开展宣传教育，高扬意识形态主旋律，为培养时代新人营造良好环境。

民族性主要指继承中华优秀传统文化，增强文化自信，提升本土文化优越性，防止外来文化侵蚀主流文化，为坚定大学生理想信念提供教育内容。

2. 传统文化

传统文化特指在中国地域内由中华民族及其祖先创造的、世代传承的、不断发展的文化，是中华民族在文学创作、风土民俗等各个领域发展历史的集合。传统文化具有鲜明的民族性，是中华民族特有的文化瑰宝，而不是世界上任何一个民族的；传统文化具有世代流传的特点，每个领域的发展都有其源头可寻，且后继有人，一直流传至今，比如，儒家的"仁义礼智信"、道家的"顺应自然"、墨家的"兼爱非攻"等思想至今仍是学术研究的对象；传统文化具有源远流长的特点，其源头可追溯到有巢氏、燧人氏、伏羲氏、神农氏，如伏羲创八卦、神农尝百草等这些故事早已被世人传唱。

传统文化的内涵博大精深，包含了中华民族琴棋书画、医学、文学、建筑、风俗等多个领域，丰富了中华文化的内容。中华传统文化内容丰富，这其中既有积极的、能够促进社会发展的内容，也有消极的、阻碍社会发展的内容，这就要求我们以辩证的态度看待中华传统文化，要取其精华，弃其糟粕，将中华优秀传统文化充分融入人民的生活中，与社会主义核心价值观相结合，提升人民整体素质。

3. 西方文化

西方文化是指具有代表性的、能够反映西方主流价值观念的文化。西方文化发源于古希腊时期，以文艺复兴时期形成的思想为基础。西方文化传递的价值观念是一把双刃剑，虽然可以促进社会发展，但是也会阻碍社会发展。一方面，西方文化中以民主、科学为主的思想为西方社会的发展提供了精神来源，为其他国家确立思想提供了参考价值；另一方面，随着时代的变化，西方文化宣扬的以自我为中心的个人主义思想的弊端已经显露出来，享乐主义、拜金主义、新自由主义等思想表现出人类的欲求不满，突显了其"恶"的本原。经济全球化、信息全球化的发展促使各国文化相互交流、相互碰撞，为西方文化传入中国提供了渠道，也让西方文化中的消极成分有机可乘。为了防止西方文化消极成分的渗透，就要在增强国民辨别能力、提升国民文化素养上下功夫，同时要弘扬中华优秀传统文化，增强文化自信，保持主流文化的主导地位。

4. 大众文化

大众文化是指以大多数群众为受众对象，以市场为导向，以大众传播媒介为手段的具有营利性、模式化、通俗化的文化。随着现代工业社会的发展，大众文化应运而生，集中体现了当下社会成员的生活现状和精神需求。大众文化模式化强的特点使得其能够在掌握市场规律后快速生产出满足社会成员精神需求的文化产品，利用现代技术快速生产，并推送给大众。正因为如此，大众文化传递的价值往往浅尝辄止，未能引起受众的深度思考，同时大众文化的过度娱乐化导致受众过于在乎当下感受，淡化了社会责任感，消解了人文精神，稀释了对科学理性的思考，阻碍了社会的发展，不利于社会主义文化强国的建设。当然，大众文化也有积极的一面，大众文化以喜闻乐见的方式出现在大众视野中，能够快速捕捉大众需求，从而生产出满足大众精神需求的、为大众广泛传播的文化产品，促进文化间的交流，开阔大众视野，丰富大众精神生活。因此，可以利用大众文化利于传播的特点创作出具有主流文化价值的作品，并通过现代技术传递给大众，引导大众树立科学的价值取向，提高大众的辨别能力，增强大众的文化涵养。

5. 精英文化

精英文化是指在各个领域中具有一定的学术造诣的知识分子，尤其是人文科技方面的知识分子创造的文化。精英文化的受众以受教育程度或者文化素质较高的知识分子为主，体现了这一群体在审美、价值和社会责任方面的思想。精英文化强调人文精神在生活中的作用，注重文化尤其是学术的纯正与规范，彰显了创作者为提高社会整体素质的责任感，体现了创作者高度的人文自觉，实现了创作者个人追求与社会理想的最大契合。精英文化的创作者取得的成就是有目共睹的，突显了这一群体特有的文化价值。但市场经济冲击了精英文化，功利主义、实用主义导致部分文化向利益趋同，一部人在经济快速发展中迷失了方向，淡化了坚持人文精神的初心，弱化了提升社会整体素质的责任感，削弱了精英文化的创新创造活力。

6. 网络文化

网络文化的生成主要是指文化生产空间的转向，即由现实空间转向网络空间生产出的文化内容，主要表现在两个方面：一方面，"技术与文化的同构"，信息技术的迅猛发展给文化提供了更广阔的发展空间，文化通过信息技术的重新编码在网络空间中得以发展；另一方面，技术的发展影响了人们的交往方式，使人们在网络空间中以新型的交往关系进行文化实践。在这一过程中，网络空间不再是以单一的技术形式而存在，而是通过技术对信息流的生成、传播方式进行变更，以此对实践者的生存方式、交往模式进行重构，进而催生出复杂的网络文化。网络空间的虚拟性、流动性、隐蔽性造成了网络文化价值的双面性。就积极方面而言，网络文化在一定程度上满足了人们的文化追求，使个体通过技术实现了文化交流与交换，扩大了文化的生产，丰富了个体的文化利益；网络文化也推动了主流文化的革新，为主流文化的发展提供了载体和资源。就消极方面而言，网络文化对实践主体的影响较大，网络文化的碎片化使主体的精神世界被拆解得支离破碎，影响了主体形成系统的知识体系，干扰了主流价值的价值引领；网络空间中存在的暴力、功利、色情等诸多价值观念与主流价值相悖，影响了主流价值观念的引领作用。因此，开展大学生理想信念教育要营造清朗的网络空间，对网络文化要严格把关。

（三）多元文化的特征

1. 多样性

这是多元文化最鲜明的特征。多元文化的多样性得益于不同文化的相互交融、相互碰撞。除此之外，多元文化的多样性也指本土文化自身的多样性。例如，我国有五十六个民族，各民族由于地理环境、生活习惯等多方面的差异形成了各具特色的民族文化，共同构成了中华文化。当然，除了民族文化之外，经济的发展、技术的更迭也影响着我国文化的发展。例如，现代工业社会催生出大众文化。这些不同的文化形式在我国呈现出多元文化的局面。

2. 平等性

平等性是指平等地对待不同文化。多元文化强调不同文化都有其独特性，尊重不同文化的发展内容，肯定其所蕴含的价值，给予不同文化发展空间。多种文化并存必须以促进社会发展为前提，其所蕴含的价值必须符合本国的主流价值观念，对于不符合甚至试图侵蚀本国主流文化的文化形态应当加以防范。因此，在提供给不同文化平等发展的机会、重视和保护不同文化的同时，也要强调对主流文化的保护，注重对主流文化的宣传，促进主流文化价值观念入脑入心。

3. 交流性

多种文化并存发展的条件之一便是不同文化的相互交流。经济全球化的深入发展促进了民族文化的发展。世界上有两千多个民族，每个民族的文化都各有特色，蕴含的价值观念也各有不同，因此，在文化交流过程中，既要将本民族的文化推广至全球，大力推动文化"走出去"，同时也要注意，"引进来"的文化必须与中国特色社会主义的发展相适应，以传递本土主流文化的价值观念为主，本着平等的原则促进世界各民族文化的交流。

4. 共同性

共同性是多元文化的又一个特点，即属于并列关系的不同文化的共同特征或相似性。不同文化所蕴含的价值本质上是社会成员对美好生活的追求，显示了他们对生活的态度，多数文化是积极向上的，是对社会成员价值观念的集中体现，代表一个民族的道德倾向。共同性是不同文化在某个领域达成的共识，这种共识是不同文化并存发展的前提，也是不同文化相互吸引的重要条件。

二、多元文化对高校英语教学的影响

（一）多元文化对高校英语教学的积极影响

1. 倒逼高校英语教学创新教育方式

大学生作为大学校园的主体，具有活跃的创新创造思维，相比于社会上其他群体，他们更有意愿接受新鲜事物，是使用新媒体最活跃的群体之一，其接收到的事物和信息总是最前沿的，思想也是前卫的。在网络信息化时代，不同文化通过网络向大学生传播自身的价值观念，使大学生的主体意识逐渐增强，其注意力更多转向关注自身的发展需求上，倒逼高校英语教学创新教育方式。因此，面对严峻挑战，高校英语教学要探索和分析当代大学生的身心发展特点，结合其发展特点，探索真正适合大学生的教学模式，激发大学生接受教育的积极性，以与时俱进、贴合实际的教育方式激发大学生对英语的兴趣，这也是在多元文化背景下开展英语教学的必然要求。

2. 丰富了高校英语的教学资源

当前，我国社会主要矛盾已经转化为人民日益增长的美好生活需要和不平衡不充分的发展之间的矛盾，同以往时期相比，人们追求的不仅仅是吃饱穿暖的温饱生活，对高质量生活也更有追求，在注重物质生活的同时，更加注重对精神生活的追求，也正是这种精神需求才能够让多元文化在社会中大放异彩，为高校英语教学提供丰富资源。

英语教师不再通过单一的教学资源来进行英语教学，而是可以通过网络上的教学资源来对学生的学习内容进行延伸与扩展，同时教师还可以根据学生的实际身心发展规律与根本教育目标将丰富的教学资源与基础的教材内容进行结合，从而丰富基础教材内容，弥补教材上的不足，全面提高学生的学习能力，激发学生英语学习的积极性。另外，网络资源的丰富可以让教学方式变得更加丰富多样，让学生更愿意进行英语学习，从而提高学生的自主学习意识，而且还可以让学生在生活中进行英语学习，让学生的英语学习更加贴合生活实际，从而提升学生的英语核心素养。

（二）多元文化对高校英语教学的消极影响

1. 教师队伍的综合素质面临巨大的挑战

高校英语教师队伍是教育活动的组织者、实施者和管理者，在大学英语教育的全过程中处于主导地位，具有选择教育内容和教育模式的权利。多元文化的发展为开展大学英语教学提供了丰富的教育资源，但同时也是对教师队伍综合素质的极大考验。

在平时教学生活中我们就可以发现，教师队伍的水平对教学目标的实现有着十分重要的影响。但是我国长期受到传统应试教育的影响，教师队伍普遍存在文化素养低的现象，具体来说就是教师只是讲解书本中的内容，照本宣科，无法将学生带领到英语学科背后的文化中去，也无法让学生真正地体会到英语学科中的风土人情和地域风情，同时教学方式也过于老旧，只是单一地强调死记硬背。由此，我们就可以了解到这些教师的教育方式与方法会在一定程度上抑制学生对英语的学习兴趣，而且还会导致在英语教学中缺失文化教学，让文化教学成为英语教学的盲区。但是信息技术的发展改进了教育设备，这就要求教师要紧跟时代发展，灵活使用教学设备，为大学生提供形式多样的教育内容。然而，部分教师不习惯使用新型教学设备，仍然照本宣科，教育模式老套，课堂抬头率不高，影响理想信念教育的实际效果。

2. 学生文化意识偏差

从高校学生的角度来看，我们可以发现很多高校学生受到传统学习理念的影响，在英语的学习过程中认为只要会认识、会阅读、会书写就行，不需要对英语文化进行过多的了解。然而，这些想法导致很多高校的学生还依然按照他们中小学时的习惯去学习英语，这个想法一直贯彻下去就会导致这些学生的英语文化素养水平较低。除此之外，从教师的角度来看，我们就会发现，教师对学生学习文化的意识也有很大的影响。如果教师在教学中只注重讲解英语语言知识，而不注重讲解英语文化与汉语文化之间的差异，这也会导致学生在文化意识上出现偏差，例如，有些学生开始崇拜西方文化，排斥中国的传统文化，对西方的圣诞节、万圣节等节日热情很高，反而对中国的中秋节、七夕节等传统节日热情不高，关注程度也较低。

三、多元文化思维下高校英语思维的路径选择

（一）树立正确的英语文化教学观念

在日常的英语教学中我们发现，教师处于教育教学中的主导地位，学生的学习内容、学习理念都是通过教师来向学生传递的。所以，教师理念的正确性与先进性决定着高校英语教学的效果，而且还会对学生的文化观念造成深刻的影响。所以，在多元文化背景下，基于这种现象，要想让学生拥有正确的文化意识，高校教师就需要做到以下三点：第一，在教学实践中，教师除了向学生讲解基础的语言知识以外，还需要向学生开展文化教育，拓展与讲解语言的文化内容，做到基础语言知识教学与文化主体相结合，从而拓宽学生的文化视野，提升学生的文化素养；第二，在进行语言文化讲解的过程中，高校英语教师可以将中国传统文化与西方的文化相结合，将二者进行对比分析，做到英语文化与中国传统的母语文化同步输入，从而强化学生的民族意识与跨文化意识，让学生在学习西方文化的同时，也能够学习中国传统文化；第三，在教学实践中，高校英语教师还应做到让学生尊重文化差异，让学生学会辨别什么是对自己有益的文化，什么是对自己无益的文化，并且学会吸收英语文化中有益的部分，摒弃对自己无益的部分，真正地做到取其精华、去其糟粕，从而使学生的整体文化素质水平得到提高。由

上述研究我们可知，只有高校英语教师拥有正确的语言文化教学理念，才会让学生形成正确的语言文化意识。

（二）明确英语文化教学目标

从当前高校英语教学的形式来看，我们发现很多学校的教学模式都受到传统教育理念的影响，教育活动总是带有很强的功利性，总是围绕英语考级进行英语教学，这就会造成高校英语教学缺乏人文性的结果。然而这种缺乏人文性的教学模式与教学理念是无法适应当前多元文化相交融的时代背景的。所以，高校在进行英语教学改革的过程中，必须紧跟时代潮流，明确正确的英语文化教育目标，从而让学生在学习英语文化的过程中可以深刻理解与体会英语语言文化背后的文化知识，形成新的文化意识，提升文化素养。

那么如何才能在多元文化交融的视角下进行英语语言文化教学目标的创新与完善呢？具体来说应该做到以下三点：第一，高校英语教师应深刻地意识到文化素养在英语人才竞争中的优势地位，在英语教学过程中，根据学生的学习规律与实际情况，加强文化教育，提升文化素养，切实做到将文化素养放在英语教学目标中。另外，高校教师在进行英语语言文化教学时还应注意让学生拥有全球意识，做到对自身的文化进行合理把控，从而可以更好地让学生适应当今文化交融的社会形势。第二，高校英语教师还应做到注重培养学生的跨文化交际能力，从而让学生可以在如此复杂丰富的多元文化交融的形势下分辨出什么是先进文化，什么是落后文化。当学生拥有这种良好的跨文化交际能力之后，我们就会发现学生可以在语言学习的过程中提升自己的学习能力与文化素养，从而对所学的语言文化形成自己独特的理解与判断。第三，高校还应做到深入了解与探索学生学习英语的核心素养培养的要求，并且根据这一要求有效地制定出英语文化教学目标，具体来说就是通过优化教学内容、创新教学方式等手段来实施这一目标计划，从而让学生有针对性地得到英语语言文化素养的锻炼与提升。

（三）创新英语文化教学形式

教学是否能够达到既定的目标受到教学方法的影响。具体来说就是，如果教学方法合理，那么教学目标就可以按照计划有序地达成；如果教学方法不合理，那么教学目标就不好达成，甚至无法达成。因此，高校在进行英语教学时还要注意，对高校英语文化教育目标进行创新之后，还需要对教学方法与教学手段进行创新与丰富，因为只有这样才能保证英语语言文化教育在多元文化的交融的形势下拥有多样性与创新性。要想始终保持这种多样性与创新性，就需要教师积极探索全新的英语语言文化教学模式。具体来说，教师需要做到以下三个方面：第一，在教学导入方面教师需要进行优化与创新，具体来说就是教师在进行教学之前要根据教学内容中需要的文化教学因素制定出合适的教学计划，并且设计出合适、新颖、有趣的方式对教学内容进行导入，因为这样的导入方式有利于吸引学生，有利于调动学生的学习动力。有趣的导入方式举例来说就是，教师可以将视频、音频等内容放入导入设计中，对学生的感官进行刺激，激发学生的学习兴趣。除此之外，还可以通过情境式等方式来进行教学内容的导入，这样可以使学生快速地代入教学的情境中，可以让学生更加专心地投入语言文化教学之中。第二，在课堂的实际教学方面，教师也需要进行创新，具体来说就是教师可以在教学过程中多让学生进行语言实践，举例来说就是教师可以在课堂上进行体验式教学，这样不仅可以加深学生对文化内容的理解，还可以让学生们更容易接受文化内容，从而提高学生的文化素养水平；第三，在教学结束之后，这一环节也是十分重要的，教师也需要为课后的文化教育选取合适的方式，举例来说就是教师可以教授学生如何进行文化对比，从而让学生在学习外来文化的同时，也对自己国家的文化加深了印象，进而让学生形成了多文化意识与正确的文化学习观。

（四）完善英语文化教学评价体系

通过对教学环节进行研究我们发现，教学评价也是教学过程中一个不可缺少的环节，当前高校英语教学主要还是将学生的考试成绩作为评价的依据。很显然，在当下文化交融的背景下，还运用这种方式评价学生的学习成果与教师的教育成果是十分不合理的，并且是无法满足当下需求的。所以高校就需要根据当前的时代形势，完善与提高教学评价体系。可以将形成性评价与终结性评价相结合，就是在整个教学评价体系中，除了关注最终成绩之外，还要关注学生在日常学习中的表现，这种形成性的评价方式主要有师生互评、学生自评等，从而可以在学生学习的过程中为学生指明方向。由此我们就可以发现，终结性评价与形成性评价相结合可以实现对英语教学情况的客观反映和全面评价。除了对评价形式进行改变之外，我们还需要对评价内容进行适当调整，评价内容主要包括对学生语言知识与技能的考查，然而对评价内容进行调整主要就是适当地融入一些多元文化，这样不仅可以让学生在英语学习过程中更多地了解多元文化，而且还可以促进教师开展多元文化的教学。

第二节　跨文化背景下高校英语教学思维创新

一、跨文化背景下对高校英语教学的要求

在经济全球化的时代背景下，英语已经是当今时代的通用语言，因此自 1978 年以来，英语一直被我国列为重点课程，从小学就开始普及英语教学。但跨文化时代背景对高校英语教学提出了新的要求，具体来说就是在英语教学中，要加强学生在实际生活中的英语交流能力。通过对当前的高校英语教学进行观察就会发现，当前高校所使用的教材多为全英文教材，教师在讲课的过程中也是全部使用英语进行教学，而且还会在讲课过程中为学生拓展英语语言文化知识。由此，我们就可以发现当前的英语教学模式是有利于学生提高语言能力的。在当今跨时代的背景下，培养学生的英语语言阅读能力也是一项重要的教育内容，因为当学生拥有良好的阅读能力之后，他们就可以通过阅读英语作品，学习到一些英语国家的日常用语、交际文化、思维模式等，从而弥补当前传统英语教学模式当中的缺点与不足，让学生能够更加深入地学习英语语言。

在当今文化多元化的时代，在世界舞台上积极弘扬我国的传统文化可以提高我国的国际地位与国际影响力。所以这就对当今的高校英语教学提出了新的要求，具体来说就是在英语教学过程中需要做到，将中国的传统文化与英语课程内容紧密地结合在一起，这样就可以在学习英语的同时，继承与发扬中国传统文化，从而弥补了当前英语教学的不足，加深了学生对中国传统文化的认识，增强了学生的民族意识与文化自豪感。通过运用这种学习模式我们就会发现，学生会不自觉地将本民族文化与所学的文化进行对比，而在这一过程中学生就会更加深入地了解本民族文化的优势与特点，同时也会发现本民族文化当中的新优势，从而更有利于本民族传统文化的继承与发展。除此之外，高校还需要培养学生的国际视野，

让学生在学习他国文化时，可以更加理性、客观地看待，在对待这些外来文化时能够取其精华，去其糟粕，不盲目、不自卑地进行交流，从而在跨时代的背景下提高学生的跨文化交流能力。

二、跨文化背景下高校英语教学中思辨能力的培养

在国际合作和交流日益紧密的多元文化背景下，跨文化交际越来越多，并且日益普及，其间所存在的问题也日趋凸显。面对这些问题，在英语教学中，培养学生批判性思考问题的能力成为一个亟待解决的重要问题。英语教学缺乏思辨能力的培养，学生多维度辩证思维能力普遍薄弱的问题也受到越来越多的关注。在进行英语教学时，高校不能只是培养学生的语言能力，还要重视培养学生的文化意识、思辨能力与跨文化交际能力。这就要求我们在英语教学研究中注重转变思想，注重文化知识的传授，同时也注重思维能力的训练和提升。在跨文化背景下，教学方式和教学目的也需要按照时代和社会的发展及时进行调整和优化。

（一）思辨能力概述

思辨能力，也称批判性思维能力，英语表述为 critical thinking，指的是具备对事物进行整理分析、对比辨别、批评质疑，进而自省反思和正确评价的能力，结合了知识获取、知识输出、反馈使用、对比类推、逆向思维等多个方面，既包含知识获取和提升，又涵盖创新能力、实践运用能力等综合素质能力。思辨能力是至关重要的探究工具。那么具有思辨能力的人有什么样的表现呢？具体来说，就是勤学好问、心胸开阔、灵活应变；能够对事物做出公正的评价；能够有条理、有逻辑地处理与解决问题，在面对问题与选择时善于搜索与探寻与之相关的关键信息，专注目标不受其他因素的影响，从而谨慎地做出正确的判断与选择；能够保持诚实与平和的心态去面对别人的偏见。面对国际合作和交融不断深入，英语作为一门语言工具，单纯的语言知识不足以满足实际交互的沟通需求，技能训练的方向也不应该只是在刻板不变的统一模式下进行。中国有句古话"授人以鱼，不如授人以渔"，在英语语言学习中，基本的语言知识就相当于"鱼"，指一味地接受、吸收固定的知识；而学习方法和思维能力培养则是"渔"，是指在获取知识的基础上，积极主动、理性变通地开拓获取知识的方式和方法，并对所获取的

知识加以创新和深化，使其发挥更大的力量和作用。创新型英语人才除了要具备扎实的语言技能以外，更需要活跃的思想和自主创新能力。语言知识的培养一直以来是高等院校英语教育的重点，但是只具备单纯的语言技能的英语学习者，在解决实际问题时由于缺乏独立思考能力，不能准确分析和评价问题，不能理性地随机应变，所具备的英语语言知识技能也就没有办法最大限度地发挥作用，个人发展空间受限，实际问题的处理也存在不足。

（二）思辨能力培养策略

面对英语教学中学生思辨能力不足的现状，亟须对英语教学进行改革，从实际出发，逐步摸索出培养跨文化教育背景下有利于中国文化传承和传播、具备深厚英语语言技能的高素质复合型人才。只有重视学生的思辨能力，才能培养出语言知识技能扎实，又拥有开阔视野、理性思维，且富有创造能力的新时代复合型人才，能在相关领域进行开拓创新，能积极主动地实践和思考。这是高等教育的核心和主旨，也是高等教育新时代的使命和义务，不容小觑且迫在眉睫。

1. 尊重文化差异性

尊重文化差异是指对多元文化的不同有清醒的认识，尊重文化差异性，并针对文化差异性进行有目的的沟通交流，最终解决由于文化差异性产生的问题。中西方价值观存在着明显的差异，在思维方式、行事风格、风俗习惯、家庭观念等方面都迥然不同。西方人注重理性思考和科学分析，而中国传统文化思想受儒家文化影响深重，注重直观和感性的整体经验。不同文化的异质性、对抗性和不相容性并不影响文化间的对话交流。任何一种文化都具有自身特色和优势，不存在孰优孰劣之分，异质文化间的对话必须建立在互相尊重的基础之上。尊重文化差异性是多元文化平等对话的基础，是跨文化实践能顺利展开的前提条件。

2. 以相互理解为目标

以相互理解为目标是指英语教学中的思辨能力培养应该"以文化知识为起点，以文化意识为桥梁，以文化理解为最终目标"。文化知识的学习是为了丰富学习者的个体认识，不同个体由于思路和经验的不同，其理解方式和理解效果会有很大不同。多元文化的相互理解从来就不是单方面的，关系的建立需要双方或多方协同合作。文化知识的学习只是培养学生自主性思考能力的第一步，其目的在于培养学习者的文化意识和思辨能力。敏锐地感知不同文化的差异性，并以谨慎科学的态度对待之，才能在相关领域进行开拓创新，学生才能积极主动地实践和思考。

3. 坚持循序渐进原则

循序渐进原则是指思维模式的培养方式和内容要结合文化知识本身的逻辑结构和英语学习者的接收条件，按次序、分层次、有步骤地进行。在传授文化知识的同时注重学生的接受度，避免接收不当。思辨能力的培养从来都不是一朝一夕可以完成的。对于英语专业的学生来说，同时接受中国传统文化知识和英语语言文化知识，正确理解不同文化的差异性是一个艰巨的任务，需要不断地积累。在教学过程中，在课堂规划、课程设计、学习氛围的营造、教材的选取、课堂活动的安排等各个环节，不断加入和推进思维辩证能力的培养板块，逐步建立起学生的辩证思维习惯，以方法带动兴趣，以兴趣激发积极性和主动性，在锻炼学生思维能力的同时，也培养其学习自觉性和主动性。

4. 实用性原则

语言教学的关键之一就是语言实际运用能力，思辨能力培养的根本目的是使学生能够更深层次地掌握语言。归根究底，无论是语言学习还是文化思想学习都是为了实际的跨文化实践服务。有限的课堂教学必须有选择性、有针对性地进行跨文化实践模拟，密切结合课程核心内容，联系生活和文化实例，积极引导学生展开思考和讨论，在提高学生语言交流能力和日常交际能力的同时，也增加学生对文化差异的敏感度。针对跨文化背景下的跨文化交际现实和需求，突破语言作为浅层文化交流工具的狭隘限制，探索多模式文化差异性场景模拟，丰富文化认识的同时，不断提升思辨能力，增强实践交流能力。

三、跨文化背景下传统文化融入高校英语教学

（一）传统文化融入高校英语教学中的意义

2019 年教育部颁布的《大学英语教学大纲》中就指出，大学生在学习英语知识时要"熟悉英语语境下国家的人文地理、政治历史、经济社会发展状况、民族传统以及不同的风俗习惯，在英语知识的学习中能够建立相应的人文领域素养以及社科经济方面的知识素养"。"熟悉审视中国的文化传统，建立对应的人文艺术

修养"这一要求就充分体现出当今时代的变迁趋势，高校教师在对语言知识进行讲解的同时，还要注重培养学生对中国文化的传播能力，在进行英语教学时要将英语学科的工具性与人文性进行融合与统一。所以，要想实现《大学英语教学大纲》对英语课教学提出的要求，就必须将中国文化融入高校英语课堂当中。

将中国文化融入高校英语教学中，对学生的发展主要有两个方面的优势：第一，能够弥补只进行语言知识教学的单一性与局限性，让教学课堂变得更加丰富有趣，从而加深学生对中国传统文化的认识与理解，进而提高学生的语言综合应用能力与跨文化交际能力；第二，通过研究发现人们在熟悉的环境下更容易放松自己，发表自己的意见，所以在英语教学课堂中融入中国文化可以为学生创造出熟悉的学习环境，从而让学生更加积极地参与到课堂活动中，积极地发表自己的言论与想法，进而提高学生对英语学习的体验感与获得感，提升英语课堂的教学效果。

（二）传统文化融入高校英语教学现状

自 20 世纪 60 年代以来，跨文化交际逐渐在世界范围内兴起。因此，世界上的各个国家开始注重在学习外语的过程中将自己国家的传统文化融入进去。但是要想将二者很好地融合起来，首先要做到的就是充分与深入地理解本民族的文化，与此同时再与不同语言背景的国家进行交流，从而形成文化碰撞与融合。在语言教学中运用这种方法，有利于促进文化之间的互动与交流。

我国的英语教学长时间以来过于重视语言词汇与语法的教授，忽视语言文化意识的培养，这就导致学生在英语语法方面的能力较强，口语表达与沟通交际方面的能力较弱，而且就算有的教师在教学中进行文化培养，也主要是传播与学习西方的文化知识，对中国传统文化知识的涉及较少，这就会出现学生对中国传统文化不够了解，进而更不会用英语去传播与发扬中国的传统文化。

当下有相当数量的学者在和外国人士交往的过程中，对于中国传统文化的应有素养和文化属性始终展示不出来，而西方人对我国传统文化的认识是少之又少。举例来说，西方人对于我国最经典的传统文化——儒家文化，几乎就是无从谈起，可以说是没有了解的。所以，这就导致中国传统文化在英语语言中出现失语的现象。另外，一些学生只是在考试方面表现出比较出色的能力，但是在日常生活中用英语进行表达时就会发现学生几乎无法用英语进行正常的交流，而这种现象就充分地体现出当前英语教育培养的劣势与弊端，在进行英语教学时未将中国传统文化与英语教育进行很好的融合。最近几年，国家在各个方面都大力宣传中国传统文化，因此有不少专家学者都对此进行了研究与探索，如何将中国传统文化与学校教育进行融合也变成当今时代一个热议的话题，所以对这个问题进行研究也是有一定的理论指导意义与实践价值的。

目前，对于中国传统文化与英语教学相结合的研究有很多，其中主要包括运用一定的教育方法来进行传统文化的解读与扬长避短地传承中国传统文化这两个方面，下面我们进行具体分析：第一，运用教育的方法与教育的理论来解读中国传统文化其实就是在进一步寻找中国传统文化当中的教育资源，运用这一方法来对中国传统文化进行研究的关键就是将中国传统文化与教育内容、教育资源结合起来进行分析与研究；第二，就是将有关思想教育、政治教育、道德教育以及心理教育与创新教育的传统文化进行提取，具体来说就是将优秀的、先进的、能够适应当今时代发展的传统文化进行提取，对于那些落后的、迂腐陈旧的传统文化进行摒弃，真正地做到对传统文化的扬弃。

国家越来越重视对中国传统文化的传承与发展，对于中国传统文化的研究也越来越多，而且涉及生活的方方面面，与此同时这些研究也有利于解决生活当中各个方面的问题。对中国传统文化与英语课堂教学的研究也是如此，也是有利于让中国传统文化在教育中发挥出积极的作用。由上述论述可知，在新时代背景下高校应该结合自身的实际将教学方法与教学模式进行创新，探寻出中国传统文化与学校教育模式可以有效结合的方法，从而开创出新的教育模式。

（三）传统文化融入高校英语教学的策略

1. 树立正确的教育教学观念

从教学目标和教学大纲的角度看，树立正确的教育教学观念，就要提高中华优秀传统文化在大学英语教学中的地位，引导高校教师树立正确的教学观念。在大学英语教学中，提高学生的语言综合运用能力，培养其跨文化交流能力是教学的根本目标。在跨文化交流过程中，不仅需要倾听对方的观点，还要实现对自身观点的有效传播。在大学英语课堂教学中，应明确教学定位，在有限的时间内，使教学进程由简单到复杂，教学活动的总体设计应遵循知识与乐趣相结合的原则。

在传统的大学英语课堂教学模式中，学习小组讨论与角色扮演相结合可以培养学生的自主学习能力，提高教学活动的效率。在教授文化知识的基础上，针对社会科学和人文科学研究的不同进展，设置不同的课堂教学任务。在学习小组中设置角色，创造沟通情境，测试学习结果，建立"文化传播者"的沟通感和认同感，以提高学生的沟通技巧。

2. 根据学生兴趣挖掘中华优秀传统文化元素

在大学英语教学中，应当尊重学生个性化的学习兴趣，将中华优秀传统文化同英语教学相结合。传统英语教学效果之所以不尽如人意，一个重要的原因就是学生对所学的内容不感兴趣。如果从学生感兴趣的方面入手，结合中华优秀传统文化开展英语教学，不仅可以有效提高英语课堂教学水平，还能提高学生的文化素养。例如，很多学生喜欢了解一些发明的原理、构造等，可以围绕他们的兴趣将我国古代以四大发明为代表的相关内容融入教学当中。学生通过探索每种发明蕴含的科学原理及其相关的时代背景，不但可以学到科学知识，了解中华优秀传统文化产生的背景，还能提高英语水平，满足学生的探索欲和求知欲。

第三节 新时代高校英语教学创新性思维培养与发展

一、创新性思维的概念及特点

（一）创新性思维的概念

在学术界很多专家学者对于创新性思维有很多的看法与研究，目前，还未形成成熟、固定与统一的答案。创新性思维并非普通的思维方式，而是通过创造性的想法来解决实际的问题，在这个思维的过程中，一方面要对于事物的客观实质进行揭露，另一方面还需要获得具有创新性的、有价值的结果。创新性思维就是独立的个体自己形成的思维，因为这种思维即使是与其他人相似，那也是独立个体的思维，也是具有独特性的。

通过对相关文献进行研究，本书将创新性思维定义为"通过自身的感知力、记忆力、思考方式、理解能力等对事物进行更加综合、全面、创新的思考的一种心理活动"。简单来说，创新性思维是指以新的方式看待事物的一种心理活动。

（二）创新性思维的内涵

通过对创新性思维定义的理解，我们可以将创新性思维的内涵简单地理解为建立在基本的经验基础之上，然后对全新领域进一步地深入思考。创新性思维中如果融入一些先进的知识，那么创新性思维就可以达到当前最好的状态。将传统的思维模式打破，利用具有更高价值、更新颖的思维方式去解决实际问题就是创新性思维。由此我们就可以了解到，人类的创新性思维只有通过后天的培养与锻炼才能够形成。

对于创新性思维来说，思维是否具有新颖性是判断其好坏的标准，然而将思维的新颖性进一步扩展，我们的思维就会得到灵活性，而且灵活性体现在思维的流畅性上，对创新性思维进行概括就是创新性思维的综合性。新颖性、灵活性、流畅性与综合性都是创新性思维的特点与特征。

（三）学生创新思维的构成要素与培养

1.鼓励与培养学生的求异思维

经过研究发现，我们通过思考，对已知的问题提出疑问形成未知的过程就是思维，所以创新性思维的关键就是思维。思维可以分为四种类型，即发散思维、聚合思维、形象思维、抽象思维。而且需要注意的是这四种思维之间的关系在创新性思维中并不是彼此独立的，而是相互之间有联系的。具体来说，创新性思维就是发散思维与聚合思维的辩证统一，以及形象思维与抽象思维的辩证统一。通过以上研究我们发现，要想让学生拥有创新思维那就需要教师在教学过程中培养学生的求异思维，在教学过程中做到让学生形成发散思维与聚合思维的统一以及形象思维与抽象思维的统一，从而让学生在实践中培养与锻炼自己的判断推理能力与综合分析能力。

（1）求异思维是创新思维的核心

创新思维的核心就是求异思维，如果想法与思维追随别人的思维，与别人的想法是一样的或者是类似的，那就不存在什么创新了，所以在进行高校英语教学时，教师应该鼓励学生拥有求异思维，敢于在课上发表与别人不同的观点与想法。举例来说，假如教师在课堂上提出一个问题，应该让学生尽情地思考，敢于提出自己的见解与想法，从而让学生的求异思维得到训练，形成创新性思维，在面对问题时探寻出所有可能的答案。

（2）鼓励学生的求异思维，要善于设疑问难

通过对学生不断地提出疑问，让他们不断地去寻找答案从而形成与别人不一样的答案，形成求异思维。"学贵有疑。大疑则大进，小疑则小进，不疑则不进。"这句话就很好地表达出在英语教学的课堂上要不断地向学生提出问题，为学生设置信息沟，让每一步的教学都是逐渐递进的，而且设置的问题应该是学生感兴趣的、能够展开讨论的，这样就可以让学生在积极的情绪中展开思考，进而培养学生的求异思维。除此之外，这种层层递进的教学模式可以让学生在学习的时候不会感到特别困难，从而可以提高他们的学习积极性，而且这时教师给予学生一定的鼓励与语言表扬，就更加可以创造出一个愉快、轻松、创新的教学氛围，从而增强学生的学习效果。

（3）教师应给学生创设问题的空间

要想让学生形成创新性思维，就需要教师为学生创造出一个轻松愉快的问问题的环境，让学生在这个环境里会问问题、敢问问题。然而要想做到这一点就需要教师站在学生的角度，引导学生多思考，让学生自己找到问题的答案，除此之外，教师还应做到把课堂交给学生，让学生在课堂上敢于提出疑问，从而让他们在不断思考的过程中全方位打破思维定式，全方位地进行活化训练，形成灵活的创新思维能力。

2. 培养学生敏锐的观察力

我们感知外界最主要的方式就是通过观察。人的认识一般都是先通过对自然事物的科学观察然后再将在这一观察过程中得到的信息，形成人的认识，再根据这一认识，提出问题，并对问题进行研究，从而形成科学研究的基础。由此我们就可以发现通过观察形成的认识，可以为创新提供灵感，因此要想提高学生的创新意识，就可以通过提高与培养学生的观察力来进行。

曾经的古希腊哲学家赫拉克利特（Heraclitus）说过："自然喜欢躲藏起来。"这句话就告诉我们对自然的探索需要有敏锐的观察力，如果只是对自然进行简单的观看是无法寻找到最本质的真理的。举例来说，英国生物学家达尔文（Darwin）就是在五年的世界旅行中，通过敏锐的观察发现各种类型的动物在不同区域生长

的差异，并对此进行调查与研究，探索生物起源的问题，进而完成生物进化论这一理论。由此我们也就可以了解到对任何事情的认识与研究都需要我们拥有敏锐的观察与思考的能力，所以在进行学生创新性思维进行培养时，我们可以通过培养学生敏锐的观察力这一方式。

3.发展学生的想象力

世界著名的物理学家爱因斯坦（Einstein）曾经说过，想象力比知识更重要，因为知识是有限的，而想象力概括着世界上的一切，并且是一切知识的源泉。想象力是创新思维的源泉，在日常生活当中是必不可少的，所以教师在培养学生创新性思维时要重视激发学生的想象力，鼓励学生"异想天开"，当学生拥有新的想法时，教师不要给学生泼冷水，应该给予他们赞扬，从而激发他们想象与创新的欲望。

但是我们需要注意的是，学生的想象力并不是完美的，而是拥有一定不足的，具体来说就是学生的想象力是简单的、不稳定的，而且虽然想象力的方面比较多、比较广，但是想象的内容还存在不够深入、创造性较弱的不足。所以想象力的培养就需要教师进行正确的引导，从而让学生的想象力更加深入、更加具有创造力。那么正确引导的方式有哪些呢？举例来说，可以多为学生创造一些机会，为学生提供一些可以激发人们想象的材料，为学生创造一些情境，形成一个想象的氛围，从而让他们尽情地展开想象。比如在学习科学家与发明家的人物传记时，教师就可以尽量引导学生总结与概括主人公的个性与成功因素，引导学生去思考人们是如何在平凡的生活中进行创新与发明创造的，从而让学生学会在平凡的生活中积极地展开想象，积极地学习基础的科学文化知识，进而提高自己的创新思维与创新能力。

二、高校英语教学中创新性思维培养的基本策略

（一）确立学生的主体地位，培养创新思维能力

1.建立新型的师生关系，营造宽松的学习氛围，激发创新思维

学生的创新性思维与个性发展都是在自由宽松的环境下形成与发展的，所以要想学生拥有创新性发展，就需要学校创造出一个宽松自由的环境，具体来说就

是课堂气氛应该是平等的、和谐的，教师的教学设计应该是有趣的、有创造性的。那么想要形成这样的教学环境，教师的教学观念应该有所改变，主要分为三个方面：第一，教师需要将学生作为教学的主体，让自己成为学生学习的服务者、引导者与鼓励者，让自己成为学生的朋友；第二，教师还应该深入钻研教材，挖掘出教材中可以运用的情感因素，深入把握学生的成长规律与学生感兴趣的话题等，运用生动形象的教学语言与动作，让学生从中感受到关心与关爱，从而激发与调动学生学习的积极性，让学生在教学过程中敢于思考，敢于提出问题，进而提高学生的创新思维能力；第三，教师应该做到尊重学生，善于观察学生，抓到学生"思维的火花"。具体来说就是在教学过程中，要积极引导学生、鼓励学生，为学生创造出一个自由的、轻松的课堂氛围，当学生说出想法时，给予学生一定的赞扬与鼓励，尊重每一个学生的想法与个性。由以上论述我们可知，教师在教学过程中对课堂氛围的创造具有十分重要的作用，所以高校英语教师在教学过程中培养学生的创新思维时，要注重尊重学生，为高校学生创造出一个自由宽松的课堂氛围，进而提高学生的创新思维。

除此之外，在教学过程中，教师与学生应该建立起亲密的师生关系，正所谓"亲其师，信其道"。在教学过程中，教师就要做到以下两个方面：第一，拥有健康的心理素质，不会因为学生的一些行为就感到生气，从而影响教学关系与教学氛围；第二，在教学过程中可以通过一些亲切的方式给予学生鼓励与信任，以高校的英语课堂为例，教师可以多方面评价学生、鼓励学生，当学生回答完问题时毫不吝啬地说一些鼓励的话语，从而让学生与教师更加亲近，增强学生的自信心与积极性，进而让学生不由自主地参与到课堂的学习当中，并且教师这种鼓励与赞扬也为学生创造出轻松的、平等的学习氛围，让学生敢于在课堂上思考，敢于在课堂上说话，从而可以激发学生的想象，促进学生创新思维的发展。

2. 坚持落实学生的主体地位，培养创新思维

在教学过程中让学生处于主体地位有利于学生积极主动地发展。具体来说就是课堂不再是教师单一地对学生进行讲解，而是变成学生在课堂上进行自主的学习与讲练结合；教师在课堂上不再是只教学生课堂文化知识，而是在教课堂文化知识的同时还训练学生的思维方式，比如创新思维等；课堂当中的学生不再受作业压力负担重的影响，作业变少，从而让学生有充足的时间去进行创造与想象。

但是我们要注意的是，在教学过程中落实学生的主体地位时，一定要让学生的共性与学生的个性同时发展，尤其是要注重发展学生的个性。通过研究我们发现，不同的学生拥有不同的个性，比如有的学生不怕困难，有的学生坚强，有的学生情绪稳定。但是我们还发现有些学生拥有良好的品质，却总是被贪玩与顽皮这些容易发现的个性所掩盖，导致教师总是对这样的学生进行批评，很少对他们进行表扬。但是往往调皮的孩子都拥有很好的创造力与创新力，教师很少对他们表扬就容易抑制这类学生创新力的发展，所以教师在教学过程中应该积极发现每个学生的优点，让学生的整体素质得到全面的发展，不能只是表扬平时表现好的孩子，还要表扬那些拥有个性的孩子，从而促进学生个性与创新能力的发展。

高校在进行创新能力培养时，教师是处于主导地位的，但是我们需要注意的是，这个主导地位并不是指教师在教学过程中控制学生，而是指教师是教学的设计者、组织者与实施者。但是教师在这个主导地位上，要做到以下两点：第一，在实施教学设计时要注意说话的语气，要启发学生，让学生积极地去探索知识。具体来说，就是教师要尊重每一个学生的想法，从而做到学生与教师共同进步；第二，就是教师的个人能力要强，自己也要拥有很强的创新与实践能力，教师不能只满足于让学生继承已有的知识和内容，而应使学生学会进行新的创造、新的发现；教师要有诚实正直、谦虚谨慎、平等待人、善于与自己的学生沟通的职业人格品质。在高校进行英语创新思维培养时要注意，教师也要不断地更新自己的教育观念，将自己放在教育过程中的主导地位上，将学生放在主体地位上，提高自己的创新意识，不断地创新教学方法与教学模式，积极引导学生自己去发现问题、研究问题与解决问题，激发学生的创新意识，提高学生的创新能力。

在教学过程中学生是整个活动的中心，所有教学活动的展开都围绕着学生，学生是所有活动的主体，教师是促进学生主动学习的指导者，在这个过程中教师与学生共同发展与进步。教师在教学过程中要充分发挥对学生的引导与促进作用，让学生积极主动地去参与学习，满足学生的情感体验，让学生发挥在教学过程中的主体作用。然而在教学过程中，教师进行创新教育就是通过启发式与讨论式的教学方式，激发学生的学习兴趣与学习动力。除此之外，教师还要灵活地运用教材，把握当代学生的学习规律，让学生以一个主人翁的姿态进行学习。教师在教学过程中组织、设计、引导，创造出和谐、有趣、平等的课堂环境，从而让学生在这个环境中保持高度的活跃与兴奋，不断地产生创意思想，进而形成创意思维与创意能力。

3. 教师理念的更新

（1）确立恰当的评价学生的标准

一些传统的教育观念认为，一个学生好坏的评价标准就是学习成绩的好坏与学生是否听老师的话。具体来说就是一个学生听话、成绩好，那么这个学生就是一个好学生；如果一个学生总是贪玩、成绩差，那么就认为这个学生是一个差生。对待差生时要求他们必须听教师的话，必须按照规则进行学习，但是这些教育观念与教育方法容易抑制学生的想象力，不利于促进学生创造力的发展。因此，在教学过程中教师应该更新教育理念，树立正确的教育观念，从而形成合理的学生评价体系，而不是根据学生的成绩来判定学生好坏，对学生的行为进行引导而不是压制，从而让他们敢于追求个性与自我，进而让学生实现自我价值。

（2）坚持创新性原则

高校在对学生进行英语创新思维培养时，教师更新教育理念的内容还包括要坚持创新性原则，具体来说就是教师在教学过程中，教师的教育观念、教学设计、教学方式都要进行创新，因为只有教师创新地教，学生才能创新地学，学生与教师共同创造出一个良好的创新氛围与创新环境。那么教师如何坚持创新性原则呢？主要分为以下几方面：第一，教学方面，教师应该不断创新教学模式与教学方式，在传授学生基础知识的同时，还要传授给学生如何发现知识，从而让他们获得可以自己获取知识的能力；第二，心理层面，教师应该多关注学生的心理状态，在进行教学时要考虑到学生心理这一因素，在课堂上积极引导学生思考，对学生的想法给予尊重与理解，为学生创造一个轻松、民主、和谐的学习氛围，从而让学生敢于在课堂上发言，敢于在课堂上提出问题，进而提高学生的创新能力与创新思维；第三，物质方面，教师应该为学生提供丰富的物质资源、时间与空间资源，具体来说就是可以举行参观预览活动，让学生多接触外界真实的环境与事物，还可以为学生提供一些具体的材料与实物教具，从而让他们在面对其他问题时可以更好地发挥自己的想象力与创造力；第四，环境方面，教师应该为学生创造出一个可以刺激学生感官的环境，对学生进行创新性思维的锻炼与提高。

（二）精心设计教学，为学生设置创新机会

培养学生创新性思维的主要方式之一就是课堂教学，教师是课堂教学的设计者、组织者与引导者，对课堂教学效果具有十分重要的影响，所以教师在进行教学时要坚持创新思维，深刻研究与探索学生的学习特点与所教科目的特点，创新地设计每一个教学环节，让学生在创新的环境下进行学习，让学生感受创新、感受新鲜，从而激发学生学习的积极性，进而提高学生的创新思维与创新能力。

1. 情境教学法

情境教学法就是通过设定某一种情境，让学生能够身临其境，并学习到情境中的知识。具体来说就是在教学的过程中，教师根据教学内容有目的地创设出特定的情境，并且这一场景要具有一定的情感色彩，有具体的形象，这样才能让学生在这一情境中更容易理解知识与掌握技能，进而启发学生的思维，提高学生各方面能力，从而达到教学目的。

在高校英语教学中进行创新性思维培养时，教师应该努力营造一个创新的课堂，让学生可以在课堂里创造出新的想法，形成创新思维，从而激起学生对英语学习的积极性。教师可以参考情境教学法，创设出很多不同的情境，让学生在特定的情境下进行学习，从而激发学生学习的积极性与求知欲，进而形成一个良性循环。

2. 合作学习法

现代心理学家通过研究发现，学习一般主要有合作、竞争与个人学习三种模式，其中，合作学习是最优的学习情境，是最有利于人们学习的情境，并且合作学习在全体学生当中都适用。高校在进行英语创新性思维培养时，可以根据英语教材，让学生进行合作、交流学习，这样可以让不同学生的想法进行碰撞，从而可以拓展学生的学习思路，进而培养学生的创新思维。

通过对当今教育模式的研究发现，小组合作是当前使用最普遍的、富有创意的一种教学方式与学习方式。具体来说，合作学习可以让学生之间相互配合、相互帮助，让一件很困难的学习任务变得不那么困难，让学生不会望而却步，从而激发他们学习的兴趣与动力。与此同时，合作可以让学生之间进行交流，不同想法之间的交流与碰撞就会促进新想法的产生，从而促进了学生创新思维的发展与进步。

除此之外，合作学习还可以促进师生的交流，让每个学生都参与其中，教师

会对每一个小组进行指导，组织学生进行互相问答，比如师生问答、学生之间的问答，这就促进了师生之间的交流，同时通过这种问答的方式不仅可以让学生对问题进行充分的思考与联想，而且还让每个学生都主动地参与到学习之中，从而促进学生的积极性与多层次的创新思维能力。

但是在教学过程中要注意，合作学习不一定适应所有教学内容，所以教师一定要根据教学内容选择合适的教学方式。当确定使用合作学习的方式进行学习时，就一定要注意确定统一的目标，然后让每个人都有效地参与进来，小组之间进行分工合作，从而让每个小组成员都能愉快地学习。

除此之外，在进行小组合作学习时，教师还要对合作学习的内容与组织形式进行精心的设计，避免让学生产生无效的学习行为，具体来说教师应该做到以下三点：第一，教会学生在发表自己想法的同时，还能对其他同学的想法进行分析、判断与总结；第二，教会学生进一步地反思目前思考的问题的不足，进而在这一基础上进行更深层次的思考与研究；第三，教会学生关注效果的同时还要兼顾效率，进而促进学生全方位的发展。

综上所述，我们发现合作学习法是一种很好的学习方法，只要我们在实施前确定好所要学习的内容与目标；在实施的过程中注意分工，注意把握时间与空间，就能很好地发挥出合作学习的优势，从而促进小组学生学习的积极性，促进他们创新思维的发展。

3.合理运用多媒体教学手段

随着科学的进步与发展，我们发现多媒体作为一种新型的教育方法，具有很多优势，比如直观性、生动性与交互性等。教师在制作多媒体课件时会加入自己创新的想法，因为形式新颖、内容新颖就会激发学生的学习兴趣与学习欲望，并且教师运用创新的方式去教学生也会激发学生的创新欲望，所以教师根据教学内容与学生的实际情况、发展特点与知识基础合理地使用多媒体，有利于学生发展创新性思维与创新性能力。

综上所述，高校英语教师要想培养学生的创新思维与创新能力就要通过英语教学活动，而英语教学活动是多种多样的，所以我们可以不断地在教学实践中去探索新的教学活动形式，从而更有效率地培养学生的创新思维与创新能力，使学生拥有创新的种子，在英语方面开出创造之花。

（三）合理整合英语教材，在体验中提升能力

当前的英语教材能够体现出以人为本的教育思想与教学观，是一套循序渐进的、紧密联系学生生活的学习程序。由此我们就可以了解到教材的内容与教材所倡导的价值观对学生的影响是很大的，不管是何种教材都具有一定局限性，所以教师在进行英语教学的过程中不能仅仅依赖于教科书，还应该根据时间与地点的变化对教材做出适当的调整。除此之外，随着科学技术的不断发展，知识更新的速度越来越快，所以教师应该紧跟时代的潮流，将不同教材与最新的研究成果进行合理的整合，创新教材、超越教材，弥补当前教材的不足。这样教师在教材的基础上紧跟时代的潮流，对教学内容进行拓展可以让教师更加明了如何去教学生，学生也就更加积极地参与学习，从而让不同阶段的学生得到发展与进步。

教师除了要在教材方面做出改变之外，还要在课后进行改进，在结束每堂课后，教师要注意做好课后总结，对教学设计与课堂效果进行反思，对成功经验进行积累，对失败经验进行反思，从而让今后的课越上越好。

（四）加强听、说、读、写培养，注重教学互动

对听、说、读、写进行培养是英语教学活动中一项重要的教学内容，在教学过程中我们要有目的、有计划地对学生开展听、说、读、写的培养。通过循序渐进的教学有利于激发学生的学习积极性，增强学生的学习动力，进而全面提高学生的英语学习能力。

那么教师如何在课堂上为学生展开听、说、读、写的教学呢？具体来说，教师可以在教学时多使用英语，为学生创造出一个沉浸式的英语学习环境，同时教师还应注意上课时的语气与语调，让学生感受到温暖与关爱，在让学生回答问题时，一定要认真地倾听与思考，当学生回答错误后也要注意纠错时的态度，讲究宽容性，善于捕捉学生的闪光点，对学生进行正确的引导，激发学生对学习的欲望与热情，从而让学生在课堂上敢于说话、敢于思考、敢于提问。除此之外，教师还可以灵活使用教学资料，让学生在听听力时带着任务去听，这样可以在提高学生的听力水平的同时，提高学生的理解能力。另外，教师还可以多开展一些英语教学活动，如英语角、英语作文大赛、观看英语电影等，全方位地让学生的听、说、读、写能力得到提高。听、说、读、写不是相互独立的，而是相互联系、密

不可分的，因此我们在进行听、说、读、写教学培养时还可以通过教学互动让这四种能力同时得到提高。

　　总而言之，学生从传统的教学观念中的被动学习转变为主动学习，不仅可以让学生感受到学习的快乐，还可以让教师得到进步与发展，教学观念的改变让教学方式也变得丰富多样，师生之间形成共同体，学生与教师在教学过程中一起学习、一起进步，从而促进教师专业水平与教学能力的提高。

第六章　新时代高校英语教学模式改革与创新

第一节　新时代高校英语教学改革的方向与趋势

一、高校英语改革的新要求和新形势

英语作为国际通用型语言，其重要性不言而喻。而目前的英语教学体系存在着种种弊端，只有对其进行改革才能有效地促进英语教学质量的提高。

（一）着眼于全人发展，以人为本

英语教学的教育对象就是人，只有对人才能进行语言的培养，因此，在高校英语教学过程中我们要坚持以人为本的教学理念，在教学过程中注重把握学生的学习规律与成长规律，以学生为中心，提高学生的学习能力，为学生今后的终身学习奠定基础。因此，当代英语教学要求学校和教师着眼于学生的全面发展。要促进学生的全面发展，仅靠帮助学生掌握英语知识是远远不够的，还需要注意培养学生强烈的社会责任感、积极的情感、严谨的治学态度等，这些因素对学生的英语学习也有重要的影响。这就要求教师在英语教学中尊重学生，做到以人为本。具体来说，主要从以下几个层面着手。

1. 承认学生之间的差异性

首先教师必须承认，学生之间是存在差异的，每个学生都有其独特的个性。学生的类型不同，其学习特点也存在差异，面对这些差异，教师应该为他们提供与实际学习需求相符的学习指导，同时还要为他们提供平等的学习机会。教师在教学中应该具体问题具体分析，做到因材施教。例如，有的学生擅长口头表达，有的学生则擅长书面表达；男生比较倾向于阅读思考，而女生则倾向于记忆单词、

掌握规则。因此，一名优秀的英语教师应该在教学中根据学生的具体类型和特点进行具体的指导。

2. 相信学生的潜在能力

作为教师我们应该认真对待每一个学生，相信每一个学生都有独特的发展潜能。尤其是在当今科技与网络高度发达的今天，学生在很多方面都比以往更独立，在许多问题上的思考也非常具有创新性。因此，教师应该多与学生沟通、交流，使学生能够将教师视为朋友。除此之外，教师不能只是简单地对学生进行了解，还应该在了解学生的同时，根据学生的信息对自己的教学方式、教学内容等进行改进，让学生更愿意学习英语，激发学生内在的学习潜力，进而让学生的英语学习能力得到发展与提高，自己的教学水平也得到提高。

3. 发挥学生的主体作用

学生主体是指自主地、能动地参与教学活动的学生个体。在英语教学中，教师要尽量做到创造良好的教学环境，确保每个学生都能够参与到教学活动中，让学生在教学活动中不断地培养和发展自身的自主性、能动性和创造性。

4. 营造和谐的课堂氛围

要顺利地实施情感教学，营造和谐的课堂氛围是较为关键的层面。课堂教学实际上是交际的过程，如果课堂气氛和谐，交际就是有效的；如果课堂气氛不和谐，交际就是无效的。从某种程度上来说，营造和谐的课堂交际氛围要比使用好的教学方法更重要。营造和谐的课堂氛围有赖于以下三个因素。

（1）提倡宽容的态度

英语毕竟是一门外语，我们使用母语时都会不可避免地犯错，因此在学习英语时犯错更是在所难免的。长期以来，教师在教学中过于强调语言的精确性，学生只要犯一丁点的错误都会被教师打断并更正。久而久之，学生便产生了挫败感与畏难情绪，甚至出现了"谈英语色变"的情况，对英语学习提不起任何兴趣，那么英语课堂氛围沉闷也就可想而知了。改革背景下的大学英语教学提倡教师要宽容，即教师应该引导学生多运用英语，不必有错必纠。此外，在英语课堂教学中，教师还需要正确处理学生的突发情况。例如，碰到学生上课打瞌睡，不应当立刻严肃地训斥学生，而应当本着以人为本的态度关心学生。这样，学生对教师心存感激，自然也就会努力投入英语学习当中。

（2）改善师生关系

首先，要创造和谐的课堂气氛，教师首先要热爱自己的学生，给学生创造更多平等的机会。其次，教师要坚持人本主义的思想，改变教学重教师而轻学生的传统观念，对师生之间的关系进行重新审视和调整。在具体的教学过程中，教师还要为学生提供充足的学习空间，让不同类型、不同水平的学生都能够在学习过程中获得乐趣、成就感和满足感。当学生感受到成功的喜悦时，就会不断提高自己对这门功课的兴趣和积极性，这也就必然会推动教学质量的提高。

（3）注重情感交流

研究表明，教师对学生能力的信心直接影响着学生学习的效果。教师在英语课堂上应该始终保持饱满的状态，在讲解时情绪激昂，语气抑扬顿挫，从而激发出学生对学习的兴趣。同时，教师要对学生充满信心，多表扬与鼓励学生，提高他们英语学习的积极性与主动性。

（二）注重培养学生的综合运用能力

英语教学最基本的目标就是培养学生综合运用英语语言的能力。因此，在英语教学改革中，对基础教育阶段英语课程的目标做出了新的规定，即注重培养学生的综合运用能力。要培养学生这种能力，教师应该做到以下几点。

1. 语言技能的掌握是学习语言的主要目的

语言技能包括听、说、读、写、译五个方面的基本技能以及其综合运用能力。其中，听、读是语言的输入，侧重知识的吸收；说、写是语言的输出，侧重知识的表达；翻译既有输入也有输出。学生在交际过程中通过吸收和表达知识信息，不断提高语言运用的能力。而且听、说、读、写不仅是教学目的，还是学生学习的手段与工具，所以教师在教学过程中要丰富教学形式，多培养学生的听、说、读、写能力。

2. 必要的语言基础知识的学习有助于英语学习

学习必要的语言基础知识是形成能力的基础，有利于辅助英语学习。在近几年的英语教学改革中总是强调英语教学不要围绕语法进行，但是这些政策并不代表我们在学习英语时就不学习英语语法了。与之相反，学习英语对语法的学习也是十分重要的，不仅是语法，其他的基础知识也是一样的，在学习英语语言的过程中，这些知识具有十分重要的作用。但是我们还是要注意，基础知识固然重要，但是也不能把英语课堂变成基础知识课。因为语言知识学习最终的落脚点就是实际的综合运用，只有在学习基本语言知识的基础上，辅以适当的实践训练，才能真正提高学生的综合运用能力。

3. 语言能力的高低与心理因素和学习策略有关

心理因素不仅关系到人的发展，还关系到英语的学习。学生只有对英语学习采取积极的态度，自发主动地参与，才能对英语持有无限的热情与动力，才能学好英语。因此，英语教学一定要注重学生的心理因素。学习动机是学生学习英语的首要心理因素，对英语学习的态度、兴趣、情绪则是促使学生产生英语学习动机的核心因素。因此，在英语教学中，教师一定要通过培养学生的学习态度、兴趣、情绪来激发学生的动机。

除了激励学生之外，教师还应该向学生传授学习英语的方法与策略。学习方法就是充分发挥智慧来学习，学习策略让学生在学习过程中不断地提高学习效率，从而产生良好的学习效果。

（三）努力提高学生的认识能力

目前，英语教学正在经历由知识型教学向技能型教学转变的过程，也就是说英语教学不仅需要使学生获得语言技能，也需要传授相应的语言知识，当然还需要培养并提高学生的认识能力。

1. 提高学生认识能力的意义

对大学英语教学改革中提高学生认识能力的意义可以从以下两个角度来理解。

（1）母语与英语的关系

我们的知识大多是通过母语获得的。人们一般会非常娴熟地、得心应手地使用母语，但他们对母语的认识往往是非常有限的。相反，学习英语的很多人都有过这样的体会与经验：人们在学习英语之前，往往对很多母语词语只知其然而不知其所以然，只有在学习了英语之后，他们才能形成对母语词语的理性认识。由此可见，学习英语不仅仅是一种获得知识的手段，也是一种获得新的认识方式和认识能力的途径。曾流行于苏联的自觉对比教学法，就特别强调通过母语和外语的对比来提高学生的文化素养，提高他们的智力水平。因此，我们不应该为了语言而教授语言，而应该超越语言来教授语言，将语言的教育价值从深度和广度上进行挖掘和探索，而不应该仅仅将其看作一种语言知识和技能来教授。

（2）语言与思维的关系

语言与思维是密切联系的统一整体，作为思维的物质载体的语言，是思维得以存在和发展的媒介。语言能力和思维能力应当是相互促进、辩证统一的。语言是人类文化的一种表现形式，它不但凝结了全部的人类文化成果，而且还将各个民族的文化（如思维方式、价值观念、审美情趣等）按照一定的结构形式（如词语的概念、组合、排列等）表现出来。

通过对英汉词汇语义的对比我们可以发现，由于英汉两种语言分别产生和发展于不同的社会形态和历史背景之下，他们的词汇系统很少出现语义一一对应的现象。英汉词义大部分是不完全对应的，介于完全对应与无对应之间。例如，英语中的 brother 既可以表示"哥哥"，也可以表示"弟弟"，而英语中的"cousin"一词囊括了旁系亲属同辈的所有男性和女性。相比之下，尽管汉语中有丰富的关于亲属关系的词汇，但是无法实现与上述英语词汇的完全对应。以上这种英汉词汇之间存在的差异，实际上反映了英汉两个民族在社会背景、历史背景以及思维方式上的差异。中国古代传统文化遵循以家庭为中心的等级制度，崇尚"君臣父子"的尊卑；而西方社会却不然，他们崇尚个体的独立，提倡个人解放，对家庭观念缺乏重视，这就致使在表达亲属关系方面的词汇相对较少，反而表现个人独立意识的词汇和表达却相当丰富。例如，在英语国家中，人们认为 privacy（个人的隐私）是神圣不可侵犯的，在汉语中它却没有如此重要的含义。

可见，学习语言不仅是学习词汇与语法，同时也是学习如何进入新的文化视野，经历新的思想观念的冲击，进而受不同环境下民族的思维方式的影响。如果英语教师能够对这一层面进行深刻的认识，那么必然会在教学中不断有目的、有计划、有意识地发展学生的认识能力和思维能力，使学生能够不断形成新的认识机制和感受机制。

2. 提高学生认识能力的途径

要想在英语教学中不断提高学生的认识能力，就必须选择合理的教学途径和方法。具体来说，要做到以下两点。

第一，坚持以话语为中心的英语教学经历了词本位教学（翻译法）到句本位教学（听说法），再到话语本位教学（交际法）的发展历程。从语言与思维的关系来看，词是概念的表达形式，句子是判断的表现形式，话语是智力本质的推理活动的表现形式。语言与思维应该和话语相统一。侧重翻译的本位教学法和侧重听说的句本位教学法都是脱离思维活动的，采用这两种方法的教学会导致学生机械无意识地进行模仿和重复性的活动，并且无法有效地锻炼学生的智力。而在话语本位教学中，话语包含词语与语境之间的衔接连贯等因素，被视为基本的言语交际单位，更体现语言的整体性及连贯性。此外，话语分析和篇章语言学的兴起不仅为话语本位教学提供了理论基础，还为其提供了具体的分析方法，使教学活动更为科学化和系统化。因此，英语教师不仅要掌握这些理论，还要将这些理论与具体的教学实践联系起来。

第二，坚持"文道统一"原则。众所周知，语言与思想是密不可分的，语言教学应当与思想教育活动统一起来，在教学过程中同时兼顾训练与思想教育两方面，这就是所谓的"文道统一"。传统的英语教学存在弊端，如注重形式、轻视内容；注重技巧、轻视智能。语言是工具，但语言教育的目的是超越工具这一范畴的，其宗旨是达到更高层次的教育目标，而坚持"文道统一"是实现这一教育目标的最好手段。具体来说，教师要做到以下几点：首先，提高自身的素养。在英语教学中存在着一条普遍的规律，被称为"自理同构律"，也就是说，教师将希望寄托在学生的素质和能力上，而教师应在教学之前具备这些素质和能力。可见，要想有效地提高学生的认识能力，教师在备课中进行"智力投资"是首先必备的条件，只有经历了情感层次的智力体验，才能将这些体验转嫁到学生身上，让学生身临其境。其次，在阅读教学中，教师应该对文章的整体层次和结构有深入的了解和认识，然后引导学生对其中有价值的、富有文化底蕴的内容进行挖掘和探讨，使学生在语言学习的过程中也能感受到真善美，使其人格也在不断地升华。这样的教学方式不仅提高了学生的认识能力，还提高了学生的人格修养。

（四）充分利用多媒体、网络技术

与传统的大学英语教学相比，多媒体、网络教学给学生的英语学习创造了一个完全自由、自主的学习空间，其存在很多的优势：首先，计算机软件可以为学生提供地道的发音，生动形象地将知识内容呈现给学生，便于学生理解和记忆。

其次，多媒体技术将图、文、影、像等教学资料结合起来，让枯燥的文字充满色彩，这样的方式很容易激发学生的学习兴趣，并且还突破了时空的限制，学生不必再拘泥于课堂学习，可以在任何的时间、地点进行自由的学习，这在增加学生学习时间的同时，还激发了学生的学习兴趣。最后，网络技术为学生提供了充足的、自由的空间，让学生通过网络进行学习，同时教师也可以通过网络给学生布置任务、评定任务，方便了教师教学，也方便了学生学习，为学生与教师减轻了一些负担，而且多媒体与网络的发展让学生进行学习也变得更加方便快捷，也有助于培养学生的自主学习能力。因此教师在日常的教学中可以多使用网络技术与多媒体，从而促进学生英语学习与发展。

（五）提升学生的文化素养

语言是文化的载体，可以反映一个民族的文化，由此可知语言与文化之间密不可分。我们学习英语，不仅仅是学习英语这一门语言，还要学习英语背后所蕴含的丰富文化。经济、技术、信息的交往和商品、资本、人员的流动使世界各国的文化突破特定的地域环境和社会语境，融入全球性互动的文化网络。多元文化已成为文化的基本格局。在这样的时代背景下，文化素质的培养毫无疑问成为大学英语教学的重要内容。文化教学能够提升学生的理解力和竞争力，帮助他们用全面的眼光和角度来审视和认识本国与他国文化，从而积极有效地推进国家间的交流与合作。同时，文化教学还能帮助学生对本国文化产生更深刻的认识，增强民族自尊心与自豪感，使其在跨文化交际中把我们优秀的文化传统在国外发扬光大，为世界文化的繁荣贡献自己的力量。

二、高校英语教学改革的方向

2007 年，教育部高等教育司制定了《大学英语课程教学要求》（以下简称《教学要求》），并将其作为各高等学校组织非英语专业本科生英语学习的主要依据。从《教学要求》中可以看出，目前我国的大学英语教学理念是重功能、重交际、重技能，注重全面发展，以学生为中心，以任务为基础的主题教学，充分利用高科技手段，实现个性化教学等。根据这一理念，大学英语教学改革应朝以下几个方向进行。

（一）不同院校、学生的目标可以不同

由于学校与学校之间的资源不同，这种资源不仅仅是硬件方面，还包括师资等软件资源。这也就意味着根据自身的实际条件，不同的学校可以设定不同的教学目标。如果学校的资源雄厚，相应的教学目标也就较高，资源相对较弱的学校也可根据自身的条件设定符合自己的教学目标。与此同时，学生自身的条件也不尽相同，因此，不管学校的资源如何，都要根据学生的具体情况设定符合学生水平的、能够引起学生兴趣的分级教学。如果一味地要求所有学校，甚至是所有的学生都达到一个共同的目标，这是非常不合理的，在操作层面上也是很难实现的。

（二）教学目标更加注重听、说

重阅读是我国大学英语教学，甚至是各阶段英语教学的重要特点。这一点在历届大学英语教学大纲和教学目标中都有直观的体现：1962年，我国第一份大学英语教学大纲就将阅读当作唯一的教学目标。到了1999年，尽管教学目标中增加了"用英语交流信息"的字眼，但却并未明确提出培养学生的语言交际能力，而阅读仍然是大学英语教学大纲的第一层教学目标。

2007年，《教学要求》指出，大学英语的教学目的是培养学生英语综合应用能力，特别是听说能力，使他们在今后工作和社会交往中能用英语有效地进行口头和书面的信息交流，同时增强其自主学习能力、提高综合文化素养，以适应我国经济发展和国际交流的需要。至此，《教学要求》才明确了大学英语教学培养学生语言交际能力的目标，即在强调听、说、读、写各种能力协调发展的同时，还要将听、说能力的培养放在教学的重要位置，这是我国大学英语教学的一个重大突破。

（三）教育理念转向"以学生为中心"

"以学生为中心"源于美国教育学家J. 杜威（J. Dewey）的"以儿童为中心"的教育理念。杜威认为，教师并非教学的中心，教学中也不应采用"填鸭式"、灌输式的教学方式，而应以儿童为中心组织和开展教学，充分发挥他们的主观能动性。在此基础上，人本主义代表人物卡尔·罗杰斯（Carl Rogers）提出了以学生为中心的教育理念。他认为，学生天生就有学习的潜力，若所学内容与学生自身的需求相关，学生就会积极参与学习，如此就可提高学习的效果。在此观点的

影响下，教师逐渐意识到自己不应是居高临下的指挥者和知识的灌输者，而应是学生学习的参与者、组织者、合作者、指导者和推动者。如何实现"以学生为中心"的教学，避免"一言堂"现象的产生，并保证良好的教学效果，是需要继续探索的实际问题。

需要指出的是，"以学生为中心"并不意味着教师就要"袖手旁观"，也不意味着教师的任务会变轻。相反，教师的任务可能还会变多，具体来说，教师不仅要进行教学活动，还要在教学过程中与学生进行合作，为学生提供一些帮助与指导。除此之外，还要在教学过程结束以后对教学互动进行反思与评价，思考是否达到预期效果。由此可见，在"以学生为中心"的教学理念下，教师扮演着"学生顾问"的角色，既要掌握学生的实际需求，还要帮助学生做好学习准备，顺利完成课堂活动。因此，与传统的"以教师为中心"相比，教师的工作不但没有减少、减轻，反而增多、增重了。

（四）开展多媒体网络教学

《教学要求》首次确定了计算机网络在外语教学中的重要地位，这不仅使计算机网络在大学英语教学中受到了重视，还引发了全国规模的大学英语教学改革。以计算机网络为核心的现代信息技术的引进，使外语教学目标、方法、手段、观念、教材、作用、环境、评估等各个方面都发生了巨大变化。

（五）评估方法多元化

评估是英语教学的一个重要方面，教学目标是否实现要依靠教学评估来检验，而交际型的、以学生为中心的教学模式和培养综合应用能力的目标，要求其评估体系也应该是能够考查学生语言运用能力的交际型评估。这也引发了教学评估方式的转变：测试中的客观题减少，主观题增加，终结性评估不再"独霸天下"，形成性评估受到越来越多的重视等。

随着人们对教学评估改革意识的增强，出现了很多可以在计算机网络上实现的新型的语言测试，这些测试大多具有开放性、形成性和多维性的特点。例如，允许学生多次考试，让他们看到自己的进步和成功，尊重每名学生的学习速度、学习阶段和自我感受，让他们为完成学习任务而学习，而不是单纯为了应付考试而学习。

三、高校英语教学改革的基本原则

大学英语教学改革要遵照一定的规则和理据展开。

（一）循序渐进原则

任何事物都是循序渐进地发展起来的，英语的教与学也是如此。学生的英语学习必须经历一个由易到难、由外到内的吸收和消化的过程，这样才能真正掌握学到的知识，才能将这些知识变成自己的东西，从而应用自如。因此，英语教学也必须遵循人类认知的渐进规律，遵循循序渐进的原则。具体来说，英语教学的循序渐进原则应该做到如下三点。

1. 口语向书面语过渡

学生在学习语言时首先以口语开始，然后逐渐过渡到书面语。英语包括口语和书面语两种形式，但是从语言的发展史来看，口语的发展远远早于书面语。这是因为在几十万年前人类从学会劳动的时候起，就开始说话，但是那时候人们还不会写字，文字的出现要晚得多。可见，在英语中，口语是第一位的，书面语是第二位的。因此学生学习英语应从听说（口语）开始，然后逐渐过渡到读写。

此外，由于口语里出现的词汇比较常用，而且大多是日常生活用语，句子结构也相对简单，与书面语相比更容易学习，因此通过口语的学习，学生可以很快获得与日常生活相关的交际语言，迅速提高交际能力。

2. 听说技能向读写技能过渡

在听、说、读、写等语言技能的培养上，应该先侧重听说能力的培养，逐渐过渡到读写技能的培养。通过英语课堂中的听说教学，学生可以学到正确的语音，掌握基本的词汇和基本的句子结构，为读写能力的培养奠定基础。因此，在英语学习的初级阶段，特别是在学习英语的起始阶段，教师应加强"听说"的教学，然后再逐步向"读写"教学过渡。

3. 各种能力不断强化

英语能力的提高不是一次性完成的，而是一个螺旋式发展的过程，需要进行多次训练。这种循环往复要求教学中要做到以旧带新，从已知到未知。因此，教师应以学生已有的语言知识和已熟悉的语言技能为出发点，传授新知识，培养新技能。

（二）兴趣原则

兴趣是最好的老师，是推动学生不断前进的最强有力的动力。对于学生来说，英语学习的兴趣决定着英语学习的成功与否。从表面上，我国学生在英语学习中似乎大多很消极，不主动。但在实际上，很多学生一开始对英语学习并不是排斥的，这是因为他们对于英语学习具有天然的兴趣，对新鲜事物和对异国语言与文化也抱有强烈的好奇心。很多学生之所以对英语学习失去兴趣，英语水平迟迟得不到提高，是由于传统教学中教学理念出现偏差、教师教学方法不当、考试体系不科学等。因此，若想真正提高教学质量，必须从源头抓起，努力激发和培养学生学习英语的兴趣，为英语学习注入动机和活力，这样教学效率的提高也就指日可待了。为了激发学生的学习兴趣，教师应该做到如下几点。

（1）找到学生感兴趣的点。教师只有了解学生的兴趣所在，才能够因需施教，激发学生的学习动机。

（2）善于发现学生的进步，并及时给予鼓励。教师在教学中应当善于发现学生的进步，并及时给予鼓励和表扬，这既可以培养学生的自信心，也可以培养学生的兴趣。

（3）加强师生之间的交流。实践表明，学生对课程的喜爱程度与教师有着密切的关系。教师性格活泼，且富有幽默感就会影响学生，学生就会喜欢这位教师所教授的课程。

（4）创新教学方法。创新的教学方法不但有助于增强学生的学习兴趣，而且也有助于发展他们的思维和运用能力，学生的学习兴趣也会因为良好的学习效果而得到巩固与加强。

（5）完善教学评价的方式。教学评价方式的完善要求引入形成性评价，这样可以引导学生更加注重学习的过程，体会进步的成就感和学习的乐趣，从而激发他们主动学习的愿望。

（三）灵活性原则

灵活是兴趣之源，灵活性原则也是兴趣原则的有力保障。同时，语言是一个充满活力、不断发展的开放性系统，所以英语教学改革应该遵循灵活性原则。具体来讲，教师应该在平时的教学中做到如下几点。

1.运用灵活的教学方法

教学方法的灵活意味着教师在英语教学中，要对语音、词汇、句法等语言知识和培养听、说、读、写、译等语言技能教学的实际情况进行具体分析，根据不同的教学内容、教学情况，灵活采取不同的教学方法。

2.引导学生采用灵活的学习方法

学习方法的灵活意味着教师要引导学生积极探索合乎英语语言学习规律和符合学生生理、心理特点的自主型学习模式，使学生能够自我导向、自我激励、自我监控，发散思维、开拓创新，在不断地尝试和总结中提高学习效率。

3.灵活使用英语组织课堂

学习语言的最终目的是交流沟通。教师要通过自身灵活地使用英语带动并影响学生使用英语。在课堂教学中，教师应尽可能多地用英语组织教学，使学生感到他们所学的英语是活的语言。此外，教师还可以通过灵活性的作业为学生提供灵活使用英语的机会。

（四）交际原则

交际性原则是英语教学改革始终要坚持的原则。教师要培养学生能够运用所学的语言知识在不同的场合、对不同的对象进行有效交际的能力。具体来说，教师应该做到如下四点。

1.正确理解英语教学的性质

想要坚持交际性原则，教师要先理解英语教学的性质。英语教学是针对听、说、读、写等各项技能的培养型课程，教、学、用三个方面是有机的统一体，其中"用"处于核心地位。使用英语进行交际的能力是在实践的过程中培养出来的，只有理论没有应用，很难达到预期的目标。因此，在教学中应提高英语使用的频率。

2.将英语作为交际工具来教、学、用

英语作为一门语言，本质上就是一种交际工具，所以，进行英语教学就是要让学生掌握这种交际工具，从而运用这种交际工具学习更多的知识，认识更多的人，开拓更广阔的视野。

任何交际工具都是越用越熟练，英语作为一种交际语言也是一样的，所以在

英语教学中教师应该为学生创造交际的机会，让学生将英语看作一种交际工具，在生活与学习中经常使用。

因此，教师在教学过程中应该将教学活动与英语交际应用结合起来。教师在课堂上不能只是单纯地教，学生在课上也不能只是单纯地学，教师应该在教学过程中为学生交流与英语应用创造场景，在课堂上做到英语语言交际化，让学生能更加有兴趣、有积极性地参与到学习中去，让英语教学变得更加有成效。

3. 教学内容与活动的选择要贴近生活

由于英语语言是用于现实生活中的，所以英语教学就要将教学内容与学生的生活相联系。具体来说，在英语教学中，教师应把语言和学生所关心的话题结合起来，给学生提供足够的、内容丰富的、题材广泛的、贴近学生生活的信息材料，这样的材料具有一定的现实性，容易使学生产生共鸣，从而调动学生的兴趣，也能促使他们认识到学习英语的目的在于交际，而不是为了应付考试。

4. 在教学中创设交际情境

如果要使学生具备使用英语进行交际的能力，真正做到在适当的地点和适当的时间，以适当的方式向适当的人讲适当的话，就要在英语教学中积极创设情境，开展各种各样的教学活动，以此来提高学生英语语言应用的能力。情境包括时间、地点、参与者、交际方式、谈论的题目等要素，在特定的情境中，某些因素，如讲话者所处的时间、地点以及本人的身份等都制约他说话的内容、语气等。另外，在不同的情境中，同样的一句话也可以表达不同的意义和功能。例如，"Can you tell me the time?" 具有两层意思：可能是质问他人为什么迟到，是一种责备的口吻；也可能是向别人询问时间，是一种请求的语气。因此，在英语教学中，只有把教学的内容置于有意义的情境之中，才有可能让学生充分理解每一句话所表达的意思。这就要求教师在设计英语教学活动时，要充分结合教材的内容，利用各种教具，开展各种情境的交际活动，这样对学生和教学都会产生有利的影响。此外，教师也可以设计任务型活动，让学生通过完成特定的任务来积累相应的学习知识与经验，但这些活动需要具有交际的性质，才能够完成交际目标。

（五）系统原则

系统性也是英语教学改革必须遵照的一个原则。系统性原则主要有三个作用。

①使学生对所学内容产生比较系统、完整的概念。

②能够建立起各个部分知识之间的联系和新旧知识之间的联系。

③能够清晰且有层次地消化所学内容。

系统性原则对教师工作提出了如下要求。

1. 系统安排教学工作

教师在安排教学工作时应该有一定的计划，主要做到如下几点。

（1）有计划地备课。例如，一篇课文要上八课时，在备课时要一次性备完，不能今天上两节课就备两节课的内容，要一次备好。

（2）讲解要逐步深入，层次分明，前后连贯，新旧联系，突出重点，一环套一环，一课套一课，形成有机而系统的联系。

（3）教学的步骤和培养技能的方法应该符合掌握语言的过程，要根据课程的最终教学目的，由易到难，逐步提高要求。

（4）布置的练习要有计划性。要先进行训练性练习，然后再进行检查性练习。此外，练习的形式要具有体系性，就算是相同的练习形式也要有不同的要求。

（5）布置的家庭作业要与课上讲课的重点密切联系起来。每次作业要有明确的目的，课内课外要通盘考虑。

（6）经常考查学生对知识和技能的掌握情况，每堂课要有提问并做相应的记录，这可以对学生起到督促的作用，也能为自身的教学提供有益的反馈。此外，对学生的平时成绩不能仅凭教师的印象来评定，平时对学生所做的口、笔头作业要有记录。

2. 系统安排教学的内容

在英语教学中，教师安排的教学内容也要有严密的计划和顺序。例如，低年级英语教材教学内容的安排基本上应是圆周式的，不要机械地去理解。教师应该按教科书的安排特点和班级的情况合理组织讲课的内容，确定讲课的重点。当遇到生词时，不要急于将这个生词的所有意义、用法全部讲给学生。当讲解一个新的语法规则时，不要一股脑儿地把所有规则都交代给学生，而要分解知识，分步骤地教给学生。这样才能由浅入深，由易到难。

3. 系统安排学生的学习

教师要不断地指导学生进行连贯的学习。所有学习都要循序渐进、经常、持久、连贯，也就是要持之以恒。同样，教师在教育学生的过程中首先要做到有恒心，及时地带领学生进行复习。另外，教师要帮助学生处理好日常学习与期末复习的关系，要明确指出，将学习重点放在平时，坚决反对平时学习不努力、期末考试临时抱佛脚的做法。此外，教师还要经常关注和指导学生的学习方法，并做到因材施教。

（六）关注情感的教育性原则

关注学生的情感，教学具有教育性也是大学英语教学改革要遵循的一个原则。具体来说，教师在教学过程中关注学生情感要做到以下两点。

1. 努力营造良好的教学环境

（1）建立相互尊重、相互理解、相互信赖的新型师生关系。教师应该做到仪表大方、笑容可掬、和蔼可亲，保持在学生中的威望。教师既要充当学生学习上的指导者，又要做学生生活中的朋友。教师要及时了解学生遇到的挫折，帮助其总结经验教训，克服困难，帮助他们树立学习的信心。而作为生活上的朋友，教师要时刻注意学生的思想动态，必要时对其进行心理指导。

（2）营造激发学生学习动机和兴趣的轻松愉悦的学习氛围。学生的学习兴趣不仅能转化为稳定的学习动力，还能促进学生智能的发展，启迪学生智慧和开发学生潜能，达到提高学习效率的目的。教师在教学过程中要注意培养学生学习英语的持久兴趣，把培养学生的兴趣、态度和自信心放在英语教学的首要地位，从而有效地促进学生身心健康的全面发展。

除了兴趣，学生的动机也是影响英语教学的关键因素，所以在进行英语教学时，无论是对英语能力的培养，还是对英语基础知识的培养都应该以激发学生的学习动机为目标，从而让教学效果达到预期的目标。创设情境就是激发学习动机一个重要因素，因为没有特定的社会情境，就没有语言的交际活动。

2. 培养学生形成积极的情感

综合诸多教育专家和学者的观点，可以将培养学生积极情感的具体举措归纳为如下两点。

（1）联系学习内容讨论情感问题。在平时的英语教学中，教师要注意融入对积极的情感态度的培养，针对学生学习过程中出现的具体问题进行针对性的引导，帮助学生解决情感态度方面的问题。

（2）建立情感态度的沟通渠道。在课堂教学中，教师要建立起情感态度的沟通和交流渠道，如建立融洽、民主、团结、相互尊重的课堂氛围等。有些情感态度可以集体讨论，有些问题则需要师生之间进行有针对性的单独探讨。在沟通和讨论的过程中，教师要注意尊重学生的感受，避免伤害学生的自尊心。同时，情感既有内在的表现，也有外在的反映，所以教师必须仔细观察，了解学生的情感态度，培养学生积极的情感，消除消极的情感，促进学生健康人格的发展。

四、英语教学改革需要处理好的关系

当今时代对教育的改革力度较大，高校在进行英语教育改革时要注意以下几个方面。

（一）语言基础与综合运用能力

关于大学英语的改革，教育部高教司曾经指出，在培养学生语言基础的同时，还要培养学生的综合语言能力。从目前英语教学的实际情况来看，我们可以发现高校英语教学的主要任务是培养学生的基础英语知识，因为经过研究发现，只有将语言知识这一基础打好，才能再说提高学生的综合语言能力。所以，在教育改革中的提高学生的综合能力知识，不是只提高学生的综合能力，对学生的基础知识的培养就可以放任不管，而是二者之间同时进步、协调发展、相互促进。在实际的英语教学中，我们可以进行灵活教学，对于那些基础好的同学，我们应该多注重对他们进行综合能力的培养，对于那些基础差的同学，我们可以先帮助他们打好基础，然后再进行综合能力的提高。

（二）个性化自主学习与课堂教学

每个学生的学习习惯与学习兴趣都不同，随着科学技术的发展，可以为学生进行自我学习提供良好的环境与条件，所以每个学生都可以根据自己的意愿进行自主学习。但是我们发现，当前英语学习的主要方式与途径还是课堂。我们应该清楚认识到自主学习与课堂教学不是对立的关系，而是相互结合的关系，因此教师在进行英语教学时，应该将课堂教学模式与自主学习模式结合起来，从而让学习效果达到最好。那么在高校英语教学课堂中如何体现自主学习与个性化教学呢？具体来说就是教师在教学过程中可以教授学生学习策略与学习方法，从而提高学生的自主学习能力。

（三）外语文化素质与英语考试

在应试教育与素质教育方面，在进行英语语言教学时，我们不能只是为了某项考试而有目的地只教授与考试有关的知识。而是应该注重培养学生的文化素养，将英语作为一种学习工具，运用这一工具让学生了解外部世界，同时还可以利用这一语言工具去宣传中国的传统文化，进而提高学生的文化素养，增强学生的文化素质。但是我们发现文化素养的培养是在生活的点滴中渗透的，是一个漫长的过程，因此提高大学生文化素养也将是一个长期而又漫长的过程，但是这一过程是十分重要的。

（四）分类指导、分级教学与一般要求

我国幅员辽阔，各地区之间在经济水平、风俗文化等方面都有所差异，所以这就导致我国各地域的各学校在教学资源、师资力量与学生水平方面都有所差异，一所学校中学生的英语基础也不尽相同。所以，在进行教学时，教师可以根据学生的具体情况进行分类指导，对于不同层次的学生提出不同的教学要求，具体来说主要体现两个方面：第一，在制定课程要求时，将大学生必须达到的大学英语基本标准作为出发点；第二，在达到最低标准的基础上，进一步提高对学生的学习要求，让英语的学习对学生来说具有更大的实用性。

（五）四年英语学习不断线与大学英语教学

语言学习是一个巨大的系统工程，所以高校在为学生设置英语课时，要将四年的学习任务进行统一的规划，与大学中的其他学科进行协调与配合，让整体的语言学习在循序渐进的过程中进行，让学生在大学中进行不间断的学习。经过长时间的实践发现，只靠英语学习来改变学生的整体英语水平是行不通的，所以只有各部门之间进行配合，在各个环节进行协助才能创造出良好的英语语言学习环境，从而促进学生英语学习的全方位发展与进步。进行外语学习就需要创造一个良好的语言环境，这样才可以让学生更广泛地接触与运用所学习的语言。在今后的英语教育过程中，为学生创造良好的语言环境，提供良好的语言条件将是一项重要的任务。

（六）多媒体和网络化教学与现有的教学手段

随着时代的进步与发展，科技水平也得到大幅度的提高，在教学过程中，多媒体与网络技术也逐渐取代传统的教学方式。与此同时，国家也大力支持与倡导发展教学手段，从而出现了很多先进的教学设备与教学体系，比如英语课件等。这些教学手段与教学设备的出现，很好地改善了英语语言的学习环境，可以让学生更好、更方便地接触所学的语言，从而促进学生英语学习的发展与进步。虽然，我们发现当今时代的发展还存在不平衡的问题，教学手段与技术也存在区域差异，但是目前的这些教学多媒体与网络教学手段已经让我们看到其具有良好的发展潜力与发展前景，对教学发展方面具有实际意义。所以，高校教师可以通过利用这些手段，并将其传统的教学方式相融合，让它们两者相互弥补各自的缺陷与不足，从而促进高校教师教学水平的提高。

（七）立体化教材与现有教材

随着时代的进步与发展，教材也在不断地更新与发展，新版教材的出现，也标志着大学英语教材达到了新的高度与水平。以高等教育出版社、上海外语教育出版社等为代表的出版社编写的教材就充分体现出新版教材在思想、体系与内容方面的鲜明特点与观点。同时，这也为我国进一步更新教材奠定了坚实的基础。我们发现一些新版教材上增加了"外语教学园地"，而且还有一些出版社已经开发出立体化教材，为学生创造出良好的语言实践条件，促进了学生的个性化学习。因此，在高校英语教学改革中，高校可以将纸质教材与立体教材的结合作为改革的切入点，从而促进高校学生的英语学习。

（八）选修课程与基础课程

选修课程也是英语教学中的一项重要教学内容，选修课程的设置丰富了大学英语课程的内容，弥补了大学基础教育课程的单一性与不足。为学生提供了更多的英语学习的机会，也为学生进行英语学习提供了更多的选择。但是，我们要注意，选修课程再有优势也不能忘记基础课程，因为只有在学完基础课程后，才能学习选修课程，这样才符合学生的学习规律，才能够满足学生的学习要求。

（九）综合性的教学方法与综合运用能力的培养

要想提高学生对英语的综合运用能力，就需要教师在教学过程中运用综合的教学方式。对待任何一种教学方式我们都不能盲目崇拜或者盲目排斥，因为所有的教学方式都是优点和缺点并存的，所以我们在对待教学方式时应该保持取各种教学方式的优点为自己所用的态度，形成适合自己的综合性的教学方式。与此同时，综合性的教学方式更有利于培养学生对英语的综合运用能力，而且有很好的发展前景。

第二节　新时代高校英语教学模式改革的理论基础

面对社会发展和教改深入不断提出的新挑战，以及全面推进素质教育的高涨呼声，作为英语教师或教学研究人员，除了要熟知基本的外语教学理论和技术外，还要对外语的教与学进行更深入的研究，借助不断发展的相关理论，使英语教学更具有教育性、更能促进学习的成效，使学习者的素质得到全面提高。

一、认知理论

20 世纪 80 年代初期，认知语言学开始兴起。那么什么是认知语言学呢？简单来说，就是将认知科学与语言学相结合形成的学科就是认知语言学。自 20 世纪 90 年代以来，认知语言学得到了很好的发展，与此同时还对第二语言的学习与教学产生了深远的影响。认知语言学所提出的主要概念和研究对象有理想化认知模型、基本范畴、原型、图式、辐射范畴等，其中被应用于英语教学的有基本范畴、隐喻、图式理论、距离象似性等。

（一）基本范畴

生活中的客观事物都是复杂的，所以人们要想记住这些客观事物就需要对其进行划分，由此这些客观事物就出现了范畴的概念。但是我们需要注意的是，不是所有同一范畴的客观事物都在一个层面或者地位上。人们在面对一些客观事物时会十分快速地对其产生感知，这种快速感知出来的范畴就是基本范畴。

基本范畴主要有四个特点：第一，具有明显的区别特征，人们可以很好辨别；第二，人们可以快速识别；第三，能够被人们认识、掌握和记忆；第四，可以用简单的、使用频率高的中性词进行描述。因此在进行英语语言教学时，我们应该把基本范畴的英语词汇教学放在词汇教学中的第一位，这样学生再学习其他词汇时，就可以根据基本范畴的词汇进行学习，从而达到更好的学习效果，进而提高英语水平。

（二）隐喻

语言学家莱考夫和约翰逊（Lakoff & Johnson）认为，隐喻不仅仅是一种语言现象和语言的修辞手段，还是一种思维方式和隐喻概念体系，是人们用一种事物来认识、理解、思考和表达另一事物的认知思维方式之一。经过研究发现，人类的概念系统就是通过隐喻的方式建构的，所以隐喻就是人类思维的基本特征。在一般情况下，词语的隐喻有以下两种含义：第一，人类在日常生活中根据需要产生并灵活运用；第二，某些词语隐喻的含义已是人们都能接受与约定俗成的。在进行英语教学中，教师注重提高学生的隐喻思维，有助于学生将一些看似不相关的词语与概念联结起来，将一些看似不好理解的词语变得更加容易理解，从而掌握英语语言词汇真正的含义。

（三）图式理论

约翰逊认为通过对事物的感知这种相互作用与运动获得对其事物的经验的动态模式就是意象图式。具体来说就是人们在获取知识后在脑海里进行储存，然后学习者根据储存的记忆对新的知识进行学习，最后再将这些新的知识转存到学习者的脑海中的过程就是图式。除此之外，图式还是一种包含空档的知识结构，具体来说就是储存于大脑的抽象的空档知识结构，当学习者用新的知识将这些空档填满时，图式就出现了。

美国心理学家鲁梅尔哈特（Rumelhart）认为，阅读图式可分为语言图式、内容图式和形式图式。实际上，听力理解同样具有这三方面的图式。形式图式包括语篇图式，这就要求教师不仅要帮助学生扫清语言障碍，还要让学生懂得不同文章的语篇结构和类型。内容图式则要求教师在选择阅读材料时要有针对性和目的性。从实质上讲，阅读教学就是要平衡阅读材料所要求的内容图式与学生大脑中已存在的相关内容图式之间的关系。

（四）距离象似性

经过研究发现，距离象似性就是两者之间的距离越近，那么语言之间的差异就越小。换句话说就是当人们根据所掌握的知识去学习相近的知识时更容易学会，人们也更愿意将这两种知识归类放在一起处理。这种原则对于英语教学具有十分重要的意义，具体来说就是可以帮助学生更快地去理解语法知识，从而让学生在进行英语交际时更规范地去运用英语语言知识。

语言符号的任意性被提出后，人们就一直认为任意性是人类语言的本质特征。随着时代的进步与发展，人们发现语言符号的任意性存在许多缺点与不足，由此一些专家学者开始探索新的研究热点，即语言的象似性。语言的象似性就是语言符号在语言的发音、形状以及结构上与所指的事物之间的照应的现象。具体来说就是，语言符号在能够指向的事物与已经指向的事物之间必然存在一些联系，二者之间是可以论证的，是有理有据的。

对语言符号相似性的研究是哲学家与符号学家十分感兴趣的问题。美国的哲学家提出了符号三分法，具体来说就是将符号分为象似符、标志符和象征符这三类，与此同时对象似性的研究产生了巨大的作用。除了哲学家的研究之外，还有语言学家也对其进行了研究，语言学家将语言结构的象似分为两类：第一类，成分象似，即语言的成分与人类的经验成分这两者之间的形式与意义是相对应的与象似的；第二类，关系象似，即语言结构中的各部分之间的关系与人类经验成分之间的关系是相互对应的。除此之外，语言学家还对象似性进行了更为细致的划分，将关系象似进一步划分为距离、数量、顺序以及话题象似性等。语言符号的距离象似性与概念距离是相似的，当两个词语属于一个义群时，人们更容易将其放到一起进行思考与学习，那么这时就有很大的可能产生共现，出现共现就表示语言符号之间的距离也是越来越近的，由此两个词语之间表示的概念的距离也会越来越近。

我们进行语言学习就是为了将其进行运用，用于日常交际。英语学习作为一门语言学习也是如此，学习就是要达到交流与交际的最终目的。所以，我们将从距离象似性这一角度来对英语语言的交际进行探索与研究，找出距离象似性对口语交际的得体性与礼貌程度这两项原则产生的影响。

1. 语言得体性与礼貌原则

在交际过程中，人们会对语言进行文化心理的价值评价，而这一评价就是人们在交际过程当中需要遵守的最高原则，也就是语言得体性。从距离象似性来看，我们可以发现，两人说的话越得体，就说明两人使用的语言越复杂，信息量也就越大，也就说明两人之间的社会距离也越大。举例来说，"Open the window."（打开窗户）与"Could you possibly open the window?"（你能把窗户打开吗？）两句话进行对比，我们很明显地就能发现后者的结构比前者的结构更复杂，通常是在人与人不太熟的情况下使用，而前者的语言结构十分简单，所以一般是用在比较亲密与熟悉的人之间的。

2. 距离象似性对得体性和礼貌程度的影响

英语的许多表达之中都能体现距离象似性，其中有一个典型的例子就是词语位置的不同会产生不同的效果，举例来说：

Only I want two apples.（只有我想要两个苹果。）

I only want two apples.（我只想要两个苹果。）

I want only two apples.（我想要仅仅两个苹果。）

通过以上例子我们就可以发现，句子中只是"only"的位置不同，就表达出了不同的含义与意义，而这主要是根据和"only"相邻的词语决定的。

根据距离象似原则以及通过对日常生活的观察我们可以发现，客气就是代表着不熟，也就意味着距离，具体来说就是当人们说话时语言结构复杂，说明想要表达的内容就要多一些，也就体现出交流双方的距离大。举例来说：

Your price is too high for us to accept.（你们的价格太高了，我们无法接受。）

I'm afraid your price is somewhat on the high side.（恐怕你们的价格有点偏高。）

如果是在日常生活中进行讲价时，我们可以运用第一种表达方式，但是如果在正式的商务会谈中运用第一种，就会显得过于简单与不礼貌。由此也就可以看出语句越简单，人与人之间的社会距离越近，语句越复杂就体现出交流双方之间的社会距离越大。除此之外，在交流中使用一些模糊的限制词，也可以在交流中产生意想不到的结果，通过以上例子我们也可以发现限制词"I'm afraid"（恐怕）与"somewhat"（稍微，有点），这些词语的使用就让整个语句变得更加有礼貌了，减少了人与人之间的对立情感，从而缓和交易中的紧张气氛，让交易变得更容易成功。

在日常生活中我们还可以发现，越是委婉的语句表达得就越复杂，所以在委婉语中也可以体现距离的象似性。

除此之外，不同的语言表达也可以体现出不同的礼貌程度。具体来说就是当不考虑交流情境这项因素时，交流的语句中语言符号越多，就说明交流的双方的社会距离越远，交流双方的社会距离远，双方说话会较为客气与礼貌，所以我们就可以根据交流语句中的语言符号来判断话语的礼貌程度。举例来说：

① Will you please close the door?（请你把门关上好吗？）

② Won't you close the door?（你不把门关上吗？）

③ Close the door, if you please.（请把门关上。）

④ I would like you to close the door.（我想让你把门关上。）

⑤ Would it be too much to ask you to close the door?（请你把门关上会不会太过分了？）

例子中我们可以发现①和⑤都是"close the door"，①到③的语符单位明显小于④和⑤。而且语言符号越多，语句想要表达的内容就越多，就说明人们之间说话越客气，也就说明说话的二者之间的社会距离就越大。

但是我们需要注意的是，在日常生活中我们在运用语言时要注意交际的情境，还要根据情境灵活调整语言，由此我们也发现语言的简短度与复杂程度可以充分地体现出人与人之间的社会距离，所以我们也可以认为语言能够揭示出人类的普遍认知规律与人与人之间的关系。

二、建构主义理论

自 20 世纪 90 年代以来，建构主义成为一场当代教育心理学的革命，是当今世界上最有影响力的学术思想。建构主义认为，外部世界是客观存在的，当人们理解外部世界时会根据自己原有的经验进行判断与决定。由此我们就可以知道每个人建构的世界是不同的，因为每个人原有的知识是存在差异的。建构主义强调的是个体从自身经验背景出发，从而对客观事物产生主观理解和意义建构，重视学习过程而反对现成知识的简单传授。

（一）社会建构主义

个人建构主义认为个体从一出生开始便积极地从自身经验中建构个人意义，即建立他自己对世界的理解。个人建构主义把心灵的发展看作已有知识和当前经验不断达到平衡的过程，伴随这一过程的是同化和顺应。这一理论强调了个人的发展和经验，忽视人为干预和直接教育的作用，忽视社会环境的作用，因此具有局限性。本书所建立的理解教学过程的基础是社会建构主义模式。个人建构主义的核心内涵就是知识不再只是由教师向学习者进行传授，学习者个人也可以利用一些必要的学习资料在一定的情境下通过别人的帮助获得知识。但是社会建构主义与个人建构是存在差别的，社会建构主义认为学习环境包含以下要素：第一，情境，具体来说就是学习者在进行学习时要根据学习内容建立一个合适的学习情境；第二，协作，这一要素贯穿整个学习过程；第三，会话，这是达到意义建构的一项重要手段，具体来说就是在进行学习时，各个小组之间以及小组的各个成员之间要进行会话与交流，从而完成学习计划；第四，意义建构，这是学习将要完成的最终目标，具体来说就是事物的性质、规律与事物产生内在联系。因此，根据建构主义，教师进行教学时，就应该坚持以学生为中心，在教学中积极承担起组织者与促进者的角色，通过各种各样有趣的方式，充分发挥学生学习的积极性与创新性，从而让学生在学习过程中对所学的知识进行意义建构。

（二）最近发展区理论

苏联心理学家维果斯基（Vygotsky）经过研究发现，心理学的中心概念具有中介作用，这可以对儿童身边对儿童产生重要意义的人的认知形成与发展过程产生十分重要的作用与影响。从学习效果这个角度来看，当儿童与中介人之间的互动质量越高时，儿童的学习效果就越好。除此之外，维果斯基还发现了最近发展区理论，具体来说就是儿童在进行学习时，可以通过身边人的帮助让自己的知识在现有的基础上达到一个可以进步的水平。然而要想让儿童得到这方面水平的提高就需要让他们与自己能力高的成年人进行交流与互动，并且这种与能力高的人进行互动的方式有利于学习者在学习时解决学习上的困难，从而让学习者进步，进入一个新的学习阶段。

当前建构主义的教学方法主要包括以下三种：第一，随机进入教学，具体来说就是指学生可以通过各种方式与各种途径来获取知识或者是对某一事物的理解；第二，支架式教学，主要有搭脚手架、让学生进入情境、学生独立探索、学生之间协作学习与教师进行效果评价这五个环节，具体来说就是指教师在教学过程中，根据学习内容为学生构建一个知识框架，这个框架为学生进一步地学习与发展提供服务，在构建知识框架时，需要教师做到把要学习复杂的知识进行拆分，从而让学生由浅入深地学习知识，更好地接受与理解知识；第三，抛锚式教学，换句话说就是教师在教学过程中通过很多实际的、具有感染力的具体案例不断地向学生提出问题，让学生对其问题进行探索，从而学习到案例中出现的事物的性质与规律，对知识获得更深层次的理解。抛锚式教学主要包含两个方面：创设情境与确定问题。创设情境具体来说就是教师在教学过程中根据教学内容选择真实的案例为学生学习提供参考，那么这个选出的案例就是锚，所以向学生提问的这一环节就是抛锚。总的来说，教学过程就是要经过抛锚、进入随机学习锻炼思维、小组协作交流学习与教师效果评价这几个环节。

三、克拉申的二语习得理论

美国语言学家克拉申于 20 世纪 70 年代提出了著名的语言监控理论。该理论主要分为以下五种假设。

（一）习得 / 学习假设

克拉申认为，首先要区分学习和习得两者之间的差异。学习是一个过程，通过课堂或其他方式让学习者有意识地掌握一种知识或技能，或纠正学习过程中的错误；而习得是一种无意识的行为，学习者并不是主动地、有意识地进行某方面的学习的过程。也就是说，习得和学习的区别就是学习者在学习的过程中是不是有意识的。

通常，人们会有这样一种想法，那就是母语也就是第一语言是无意识习得的，而外语则需要有意识的学习行为。对于这样的观点，克拉申并不认同，他认为也可以通过习得来获得外语知识，那就是使这种语言的发展能力处于一种自然的交际环境当中。而有意识的学习就是对语言进行调整和监督，与相关的交际能力没有关系，需要习得来完成。

（二）自然顺序假设

基于普遍语法和过渡语理论，克拉申二语习得理论逐渐发展出了自然顺序假设。其主要观点就是，任何一种语言的自然习得都有一定的自然顺序，所谓自然习得也就是非正式学习。如果想要学习一门语言，无论学习者拥有怎样的文化背景，学习的困难点几乎都是一样的。也就是说，在习得语法顺序上面，所有的人面临的问题都一样。相关数据表明，在把英语作为第二语言进行学习的时候，不管学习者的年龄如何，与掌握名词所有格相比，名词复数总是被优先掌握的，与过去时相比，人们也是优先掌握进行时的。但克拉申认为，教学大纲在制定的时候，并不需要以此为基础。实际上，如果让学生习得某种语言能力是最终的教学目的，那么在教学的过程当中，不必受到任何语法顺序的限制。

（三）情感过滤假设

在了解情感过滤假设之前，我们首先需要对其中的情感进行一个初步了解，这里的情感主要指的就是在学习语言时的动机、需求以及情感状态。

在学习语言的过程当中，情感因素对语言学习的结果往往会造成直接影响，正确调节情感因素，能有效促进语言的输入。因此，我们将情感称作可以调节的过滤器，这也是情感过滤假设的基础。在学习语言的过程当中，过滤器不可或缺，只有这样才方便大脑的吸收。外语学习者在学习一门外语的时候，情感的积极与否直接影响语言输入的效果，情感越是积极，目的语的过滤情况就会越顺畅，输入情况也会越好。

（四）监控假设

监控假设与习得／学习假设关系紧密，它反映了语言习得和语言学习之间的内在关系。通过监控假设我们可以发现，语言习得与语言学习之间存在不同，具体来说语言习得系统就是人潜意识中的语言系统，而这个潜意识的语言系统才是人真正的语言能力，那么语言习得系统其实是有意识的语言知识，一般发生在对母语之外语言的学习与运用的前后，对语言的学习不仅起到了编辑的作用，还起到了监控的作用。

这种监控作用在不同的语言交际活动中会导致不同的交际效果的产生。在进行口头表达时，由于语言输出的速度相对较快，语法有时候就会顾及不上，过多地纠结语法，在表达上就会不太顺畅，反而对正常的交际造成影响；而书面表达时，因为减慢了语言的输出速度，再加上交际的对象在这种沟通方式之下更加关注语言的形式，时间上面是很充足的，输出者可以仔细斟酌，讲究语法的准确性，有效促进交际效果。

（五）输入假设

输入假设是第二语言习得理论的核心。它与学习无关，而与习得相关。输入假设认为，语言使用能力不是教出来的，而是随着时间的推移，在接触到理想的输入后自然而然形成的。由此可见，理想的输入对语言能力的形成具有重要意义。

克拉申认为，人类只通过一种方式获得语言，那就是对信息的理解，通过吸收可理解的输入信息来获取语言知识。只要学习者听到有意义的语言信息并设法对其进行理解，就会产生语言习得的效果。他认为，学习者所接受的输入语言必须满足下面三个条件，语言习得才可能会发生：①可理解的输入；②学习者自己拥有的已知的语言成分；③新学的语言知识比自己目前所已知的语言水平高。这三个条件具体来说就是，当学习者学习一门新的语言时，这门语言需要是一门可以让学习者理解并且是高于目前学习者第二语言水平的语言，这样学习者才能更专注地进行学习，从而产生习得。如果现有语言水平为 i，能促进他习得的是 i+1 的输入。

互动假说是迈克尔·朗（Michael Long）在克拉申提出的输入假设基础上提出的，并被广泛认为是输入假设理论的扩展和延伸。朗关注这些输入如何变成可理解的，即交际双方为交流能顺利进行而进行的交互调整，语言输入在互动中通过澄清请求、理解检查、重复证实，其理解性会增强，语言输入也会更加成功。这一理论也为讨论式教学、课堂交际活动提供理论支持。在课堂教学中要使学生获得更多的可理解性语言输入，就必须尽可能多地创造为实现交际目的而使用语言的机会，以便让学生接触到更多可听懂的语言输入。

第三节　新时代高校英语教学模式改革的策略

英语教学的主要目的是使学习者能够熟练使用语言，从而达到交际的目的，为社会输送更多的英语人才。在社会环境不断发生变化的形势下，对大学英语教学模式进行改革成为提高英语人才素质的重要方式。教学策略和学习策略作为教学模式的重要环节，对于教学改革的顺利实施有着积极的意义。在英语教学改革新形势的背景下，大学英语教学策略与学习策略也需要不断进行更新和变化，以更好地促进大学英语教学质量的提高以及学生学习效率的提高。

一、大学英语教学策略改革

教学策略是教师在课堂上为实现预期教学目标所采取的一切有效原则和教学行为，它对教学的有效实施和教学质量的提高起着重要的作用。

在现在的英语教学中，教学策略的运用十分关键。运用得当的教学策略，教学效果能够得到显著的提升；运用不当的教学策略，教学质量可能大打折扣。因此，现代大学英语教学必须关注教学策略的科学运用。在教学改革的背景下，管理策略、提问策略和话轮转换策略在大学英语教学中经常被用到。

（一）管理策略

教学是一个动态的过程，要保证教学的顺利进行，就离不开教师对课堂行为以及活动的管理与控制。我们常常将教师在开展教学活动的过程当中对课堂内部的各种人际关系进行协调，并尽力吸引各位学生积极参与其中，从而使得整个课堂环境得以达到最优的状态，最终实现预定的教学的目标的过程，称为课堂管理。一般而言，通过在开展教学活动的过程当中实施相应的管理策略，能够确保课堂教学活动得以顺利进行。

1. 管理策略的作用

（1）通过创设好的课堂环境，促进课堂活动顺利进行

良好的课堂环境能有效完成外在控制向内在控制的转化，促使学生形成自律的心理机制，进而可以减少产生矛盾与冲突的可能性，并消解许多潜在的矛盾与冲突。而课堂管理就可以创造这样的课堂环境，并能通过良好的课堂环境促使课堂活动顺利进行。

（2）通过交流与互动，保证课堂活动的有效展开

课堂中的互动主要由人与人之间、人与环境之间的相互作用和相互影响构成。有效的课堂管理可以促进师生与生生之间的对话和信息交流。而这种互动又能进一步促进课堂活动充分展开，促进学生知识经验的获得、心智的开启、能力的发展，以及教师课堂教学质量的提高。只有实现了人与人之间、人与环境之间的有效交流，才能保证课堂教学不流于形式化。

（3）通过激发课堂活力，促进学生的持久发展

课堂活动对于学生而言具有个体生命价值，蕴含着巨大的生命活力。只有生

命活力在课堂上得到有效挖掘，才能形成真正的课堂生活，课堂上人的成长才能真正实现。课堂管理主要是通过调动各种各样的因素，对课堂中隐藏的活力进行挖掘，从而有效发挥出其中的成长功能，由此就能够更好地为学生的进一步发展奠定基础。

2.管理策略的原则

管理策略的实施应该遵循一定的原则，至于是何种原则，学者们观点不一。但无论什么观点，管理策略都必须坚持以下两个原则：有助于维持课堂秩序，不伤害学生的人格与自尊。

（1）有助于维持课堂秩序

教学管理的目的是维持课堂秩序，这不仅是教师的任务，也是学生的责任，具体表现在以下几个方面：①了解学生的兴趣和需要；②处理好师生之间的关系；③培养学生良好的课堂行为；④增强学生的自律意识；⑤建立师生之间共同的行为标准。

（2）不伤害学生的人格与自尊

在大学英语教学中，如果学生出现什么问题，教师要本着人文主义精神对学生进行积极的引导，要尊重学生，不能随意伤害学生的人格与自尊。具体来说，教师应该做到以下三点：①尽量避免惩罚行为；②注重公平性和个体的差异性；③找出课堂问题行为的成因。

在以上原则的基础上，教师还要结合教学的实际情况来管理英语教学课堂。从近些年国内外的研究和教学实践来看，加强教学管理的知识和技能的培养已经成为世界性的发展趋势。有学者指出，出色的教学管理不仅意味着将教学中出现不良问题的概率降到最低，还意味着能及时在问题出现的时候进行有效的干预。因此，教学管理策略应该以学生为中心，使学生可以积极主动地参与到学习中，从而建立良好的师生关系，形成相互尊重、相互信任的教学氛围。

3.管理策略在大学英语教学中的运用

为了维持教学秩序，提高教学效率，教师可以采用纪律管理策略和时间管理策略对教学课堂加以改进。

（1）纪律管理策略

课堂纪律是维持课堂秩序的手段，教学离不开纪律管理，纪律管理是有效教学的重要保证。课堂管理是指能够有效鼓励学生参与课堂学习的话语、行为和活动，而纪律是指评判学生行为是否适当的标准。此外，课堂纪律还具有社会功能，具有内化道德规范、促进学生健康成长的作用。

课堂纪律管理包括纪律维持和违纪处理两个方面。对于听话的学生来说，学生本身具有自控能力，教师的一句警告就可以约束学生的不良行为；对于比较叛逆的学生来说，只有对他们的违纪行为进行处理才会起到警示的作用。可见，矫正学生的课堂纪律问题不是一件容易的事情，因此教师应该在这些问题还没有出现的时候采取预防措施，减小这类问题发生的概率。具体措施包括：①发挥学生的自我管理功能。例如，教师可以组织小组活动，让学生相互监督。②发挥教师的管理功能。课堂教学大多是由教师自己来管理课堂纪律的，因此教师应该根据实际情况采用多样化的课堂纪律管理手段，以维护课堂纪律。③设计有趣的学习任务。例如，教师可以根据所学内容设计一些游戏活动，激发学生的学习兴趣，促进学生的参与，课堂纪律自然也就得到了维持。④正确处理课堂管理和教学之间的关系。在传统英语教学中，教师将大部分精力放在了教学上，对课堂管理的重视程度不够，这就导致很多学生"人在，心不在"，无论教师再怎么努力，学生的学习效果依然得不到改善。

（2）时间管理策略

时间管理策略要求教师有效地利用教学时间，使学生最大限度地参与到学习活动中，从而保证教学的高效率。要想有效地做好时间管理，主要从以下几个方面着手：①教师应该激发学生的学习兴趣，让学生主动参与到学习中，提高学生的学习积极性。②教师要保持教学活动的流畅性和紧凑性，让学生有事可做，不被轻易打断。③要合理分配时间，课堂的时间主要包括教学时间、投入时间以及学生学习时间；按照课程表的内容，教师应该将这些时间进行合理的分配。④鼓励学生进行自我管理。

（二）提问策略

1. 提问策略的作用

提问策略作为一种教学行为方式，主要是教师通过提问对学生的学习情况进行检查。简单来说，提问策略主要具有如下几个方面的作用：①激发学生的学习兴趣，调动学生的积极主动性。②刺激学生的参与意识。③促进学生的思维发展。④有助于教师分析解释疑难问题。⑤有助于教师检查某些细节性问题。⑥有助于教师检查学生对问题的理解和掌握情况。

2. 提问策略的原则

提问是一种常见的课堂活动，看起来简单，但实际上需要遵循科学的原则方能发挥良好功效。为提高提问的质量，教师在提问时应该遵循以下几项原则。

（1）主题性原则

每一堂课的教学都有一个突出的主题，因此提问也要围绕这一主题而展开，紧扣难点和重点，由浅入深、由易到难，使学生一步步地深入。脱离了主题的提问是没有任何意义的。在提问过程中，教师可以先设问，再反问，然后进行追问、深问，使学生的知识逐渐深化、提高。

（2）启发性原则

教师的提问必须具有一定的启发性，所提出的问题要能够激发学生的求知欲，促使学生参与到问答活动中来，刺激学生去思考，引发学生进行自主探究，从而能够有效提高学生的创造能力与思维能力，在开展具体的教学的过程中，教师应当依据课程类型采取不同的提问方式。当学生给出的回答过于简短时，教师要进行追问，鼓励学生对自己的答案进行解释和说明，扩展和丰富自己的答案，启发学生的思维。对于教学过程中出现的知识难点，教师要进行有针对性的提问，有目的地对学生加以点拨，帮助其突破难点。总之，教师的提问要能够启发学生思考，帮助学生形成全面的认知结构。

（3）兴趣性原则

兴趣是学习的内在动力，因此教师的提问必须具有兴趣性。教师要结合教材和学生的心理特点提出具有挑战性和启发性的问题，还要善于抓住最佳的提问时机，以激发学生的兴趣。具体来讲，教师可以在课堂开始时向学生提出一些具有展示性或事实性的问题；当学生处于思维高度活跃时，教师可以提出一些具有开放性、推理性、参考性的问题，这类问题没有固定的答案，有助于学生对所学内容进行分析和理解，可以强化学生的兴趣，有利于他们积极思维状态的保持；当学生的思维逐渐进入低潮的时候，教师应当利用各种具有巩固性与强调性的问题激发学生的学习兴趣。

（4）互动性原则

教师的提问要遵循互动性原则。在提问的过程中，教师应允许学生发表个人意见，允许学生插话，提问的态度要亲切温和，避免使学生产生紧张心理。此外，学生在回答问题时教师应耐心聆听，点评时应注意用鼓励性的话语来激发学生的求知欲，还要鼓励学生多向同学和教师发问，主动地参与到课堂教学活动中，形成互动、和谐、轻松、平等的学习气氛。

（5）层次性原则

教师的提问必须具有层次性，这就要求教师在提问时必须紧扣教学内容的重点和难点等关键内容，对教学内容的逻辑顺序、内在联系以及学生的已有知识和能力进行深入的分析，然后按照由浅入深、由易到难的规律设计一系列问题。

教师在提问时要注意循序渐进，根据学生的不同水平逐步深入。例如，对于学习一般的学生，可以提一些层次较低的、机械记忆的问题；而对于学习较好又善于思考的学生，则可以提一些需要通过分析、比较、总结等方法对信息进行组织的问题，这类问题需要经过高级思维才能得出答案，可以很好地锻炼学生的思维能力。

3. 提问策略在大学英语教学中的运用

（1）提问计划

教师在备课的时候要提前准备问题，因为即兴提问虽然比较灵活，但是往往会出现语言组织问题或是顺序安排缺乏逻辑性的问题，很难达到预定的教学目标。因此，在课堂教学开始之前，教师应该做好提问准备。这种准备主要包括以下两个方面。

①确定提问目的。提问活动开始之前，首先要确定提问目的。教师在进行备课的时候，需要明确教学中的教学目标，毕竟对于教师来说，不同的课型会产生不同的教学目标，也就需要提出对应的提问目标。如果提问目标发生了变化，问题的类型也会有所差别，提问的层次也会发生变化，所采用的技巧也会随之发生改变。

②选择提问内容。在课堂教学中，教师提问的侧重点会成为学生学习的重要依据，因此教师在选择提问内容时要慎重，不应选择容易回答或不重要的内容进行提问，以免对学生产生误导。

（2）问题设计

问题设计策略是指教师恰当、有效地选择问题的方法和技巧。运用这一策略可以使问题清楚易懂，更符合学生的特点，更有利于培养学生的思维能力。在问题设计过程中，教师应该注意以下几点。

①调节。所提出的问题要与学生的知识水平和思维能力相吻合。

②简化。提问的语言要简单、清楚，尽量使用学生熟悉的词汇进行提问。

③讲究趣味性。所设计的问题不必太拘泥于教材，可以对教材内容加以灵活处理，设计贴近学生实际生活又与课文相关的问题，以提高学生的兴趣，引发学生积极讨论。

④以学生为中心。所设计的问题要以学生为中心，充分发挥学生的主体作用，引导学生发现问题、积极思考，培养学生创造性的思维能力。

⑤由浅入深。所设计的问题可以从不同角度出发，由浅入深、由易到难，引导学生从多方面进行思考，同时使学生有机会取得成功。

（3）提问控制

提问控制策略是指教师在提问过程中要有意识地调整提问的方式，对教学内容、教学进度起控制的作用。教师在提问时应注意以下几点：

①要将问题镶嵌在教学设计或教案中。

②所设计的问题要能够吸引学生的注意力。

③提出的问题要清晰、简短，切中要害。

④提出问题后要留出一定的时间让学生思考或做好回答的心理准备。

⑤非语言行为如眼神、站姿等应与所提问题协调一致，以启发、鼓励学生。

⑥学生回答不精确或不完整时需要继续提问，不必马上给出明确的答案。

（4）提问评估策略

提问的评估策略指的是教师用于反馈的手段。教师要及时对学生的提问或回答做出相应的评价，这是提问有效进行的重要保证。常用的提问评估方式有以下几种。

①引用。引用是指教师陈述答案或总结时引用学生的语言，它是一种间接的表扬，其效果比口头表扬更好，会让学生产生认可感、成就感，增加学生的自信心，进而促使学生向更高的目标努力。

②表扬。教师的表扬是对学生能力的一种认可，特别是那些能力相对较差的

学生更需要得到教师的表扬，因为教师的表扬可以唤回他们的自信心，从而帮助他们走向成功。

③鼓励。在英语教学过程中，教师的鼓励对学生具有重要意义。当学生不能回答教师提出的问题或学生的答复不得当时，教师切不可冷言相对，挫伤学生的自尊心，而是应该给予学生适当的鼓励，不断进行暗示，帮助学生分析原因，找出正确答案。

（三）话轮转换策略

课堂教学是一个会话的过程，而当前的大学英语课堂抑制了学生参与课堂的积极性，因此大学英语教师可以有意识地运用会话分析理论中的话轮和话轮转换策略，从而有效提升学生在课堂中的参与度，通过课堂当中教师与学生之间的积极互动能够在一定程度上提升学生的英语交际能力。

1. 话轮与话轮转换

会话分析理论认为说话人的话从开始到结束为一个话轮。话轮是会话分析理论中的基本单位，由词、词组、从句、句子、句子组合等不同语言单位组成。话轮转换是会话分析中的核心问题，这一理论通过对日常生活中人们在对话中选择的开口说话的时机与如何进行一次轮流的发言进行研究，最终揭示了自然会话所具备的语言特征。

过渡关联位置指的是在进行会话的过程当中，某个说话人最开始只会被分派一个单位（话轮），在这个单位终止之后就能够对说话人的位置进行变换。交际时参与的双方或各方都知道某个话轮中待结束的句法单位类型是话轮转换之处（话轮过渡关联位置），在此处起作用的是支配轮流说话的规则。通常情况下，在会话过程当中，话轮可以由说话人选择，也可以由前一个说话人进行指明。在前一位说话人讲话的时候，听话者会根据说话人语句的完整度以及其中蕴含的种种信息判断会话是否该结束了，甚至于有些时候，会话参与者还会通过合理的预测帮助对方说完。有时候会出现听话者在说话人未说完话的时候就开始讲话的情况，这时候就会出现话轮的部分重叠。需要注意的是，无论下一个话轮使用什么样的方式开始会话，参与会话的双方一直都处于过渡关联的位置，从而进行话轮的转换。

会话的过程实际上就是交际双方不断转换话轮的过程。由于常规大学英语课堂的限制，教师掌握课堂的支配权，学生的积极性受到打击，而目前大学英语的大班授课方式也使学生的课堂参与度受到影响。因此，在课堂中教师通过有效地运用话轮和话轮转换策略，可以有效提高学生的课堂参与度，挖掘学生的交际潜能，培养学生的英语交际能力，获得令人满意的教学效果。

2. 话轮与话轮转换策略在大学英语教学中的运用

（1）开场寒暄话轮和及时结束话轮

开场寒暄，又称导入会话，是进入课文学习的一个过渡部分，其看似和上课无关，其实不然。就像两个熟人见面时要先打招呼，然后再谈正事一样，它是师生之间开展教学活动的良好开端。除了礼节性的客套话，如"Good morning!/Morning!/Hello!/Hi!/Let's begin our class!"等之外，还有一些涉及将要学习的课堂内容的话题，并且形式多样，如课前讨论、个人阐述、对话等，都可以起到课前热身的作用。比如，《新视野大学英语》第一册第五单元中的一篇课文是关于与艾滋病抗争的，可以采用如下的开场（下文中 T 均指教师，S 指学生）。

T: Do you know what is the date Dec. 1st for?（你知道 12 月 1 日是什么日子吗？）

Ss: En/Ah.../I don't know.（嗯 / 啊……/ 我不知道。）

T: It is the AIDS Day.（是艾滋病日。）

S: Oh, it is approaching, the next Monday.（哦，快到了，下周一。）

T: What is AIDS short for?（AIDS 是什么的缩写？）

S1: AIDS is short for acquired immune deficiency syndrome.（AIDS 是获得性免疫缺陷综合症的简称。）

T: Right, very good. What is the virus that causes AIDS?（好的，很好。引起艾滋病的病毒是什么？）

S2: I know, it is called HIV.（我知道，它叫作艾滋病毒。）

T: Then what is the main ways the HIV can be spread?（那么艾滋病毒传播的主要途径是什么呢？）

Ss: Er.../mother to children/sex/blood.（呃……/ 母婴传播 / 性传播 / 血液传播。）

T: Good job. There are three main ways through which the HIV can be spread:...So what should we do to prevent AIDS? (stop for several second) Today we will read a text about how a group of people do to spread AIDS information. [干得好。艾滋病毒主要

有三种传播途径……那么我们应该做些什么来预防艾滋病呢？（停顿几秒钟）今天我们将读一篇关于一群人如何传播艾滋病信息的文章。]

当谈话的某一方接受或开始话轮时，应根据上下文的制约和要求尽可能使自己的谈话包含足够的信息量，这是其一；其二，所提供的信息应不超过要求，以防谈话啰唆无意义；其三，说话人应及时而巧妙地结束话轮。因此，在课堂中教师要开始一个新的话轮时也应注意这三方面的要求。在上例的开场中，教师通过第一个话轮的问题吸引了学生的兴趣和注意力，接下来使用有层次的问题来启发、引导学生说出更多他们熟悉的关于艾滋病的信息，使话轮得以继续。随着问题难度加大，学生的发言减少，此时教师开始提供足够的信息来完成本次话轮，使学生获得相应的未知信息。在话轮结束的时候，教师使用一个问题和一句过渡语巧妙而简短地结束本次话轮并引起下一个部分。因此，这个开场比较成功地运用了话轮的技巧。

（2）有效利用巧妙的过渡语

对于任一话轮的转换，在说话轮次的分配成分中，必须有一个交换点，即过渡关联位置的出现，否则话轮交替就不能正常进行，谈话就不能持续下去。而且在会话中，任何一个想接替话轮的说话者必须去听正在说话的一方，找出可插话的地方（过渡关联位置）并取得话轮。在关联理论当中，往往将语言交际看作一种明示推理过程，其中的说话人会基于某些主客观条件的范围为听话人提供相应的最佳的关联信息，从而使其得到明示刺激，在这个时候，听话人会在大脑中开展一系列的动态假设，将自身所获得的各种明示刺激当作最佳的关联信息进行处理，以便能够以最小的代价获得最大的语境效果，并且借此推导出说话者的交际意图。对于大多数教师来说，自身所掌握的教师语言不仅是开展相应的教学计划的工具，还能作为学生的语言输入的重要来源之一。所以说，关联理论能够在课堂教学的组织与学习者的语言习得等方面发挥重要的作用。

就课堂教学的步骤而言，课堂提问能顺利衔接教学的各个环节：导入新授语言材料，进行控制性与半控制性练习，创设情境引发学生积极思考，整合新旧知识，引导学生输出语言，发展语言运用能力，提高课堂教学质量。如在讲解课文时，可以避免使用传统一贯的"What is the main idea of next paragraph?"（下一段的主旨是什么？）"Let's move on to the next part!"（让我们进入下一部分！）而是根据两段文章中有效的关联部分设置问题，将学生的思维自然地带入下一个部分，让学生自然地融入课文的内容与思想中。

（3）合理分配话轮

值得注意的是，在大学英语课堂当中，因为受到课堂常规的限制，所以教师逐渐掌握了话轮的支配权，这就导致学生在课堂参与方面会受到来自教师的话轮分配技巧的影响，其中主要的技巧有以下三种：个人恳请、小组恳请和全体恳请。在教师的教学过程当中，单一的话轮分配方式并不能够使学生获得足够平等的话语权，这一现象主要体现在话轮的分配过程当中，教师使得众多的学生能够获得平等的课堂机会。但是需要注意的是，现阶段所推行的小组恳请的方式能够在一定程度上弥补这些缺陷，这就使得众多的学生能够最大限度地参与到学习中去，从而实现师生之间的全面互动。

相比于个人恳请，在小组恳请当中，因为教师并不是话轮分配的支配者，学生能够对话轮接替进行，所以说小组恳请的方式能够帮助个体进行更多的实践，从而使他们更好地参与到语言互动当中，最终实现使用目的语的目标。值得注意的是，相较于全体恳请，使用小组恳请能够将话轮更好地分配给每位学生，从而使得下一个话轮的接替者更为具体。在此情况之下开展的小组讨论的活动当中，我们能够明显地发现，课堂上的互动语言不只是存在于教师与学生之间，还扩展到了学生与学生之间，并且使得学生的言语互动得以增多，也逐渐激发了学生的学习积极性。在小组恳请的过程当中，因为学生所具备的高昂的学习积极性，学生之间的言语互动与合作能够有效促进学习者抵达下一个"最近发展区"。另外还需要注意的是，大部分的小组活动的形式是完成某种任务，这就使得在完成任务的过程当中，参与其中的所有人都能够处于一种互动的状态，在较为真实的语言环境当中掌握话轮的转换功能，使得学生的交际能力得以提高。

在课堂教学当中，课堂话轮的分配模式能够有效作用于课堂气氛，提高学生的参与度。所以说，所有教师在开展课堂教学的时候都应当尽量掌握话轮的分配模式，从而能够自行调整教学所需的各种模式的分配比例，有效避免单一或者是一成不变的模式，最终使得话轮能够较为合理地分配给全班的学生。需要注意的是，在开展课堂教学的过程当中，教师应当多多使用小组恳请的教学方式，使得全班的学生都能够最大限度地参与到学习当中，实现教师与学生之间的全面互动。

（4）授予话轮的策略

大学英语课堂由于受中国特殊的社会环境、传统文化观念的影响，从而形成一种现象：在进行课堂学习的过程当中，学生更习惯认真听讲，并不习惯主动进行提问，或者是受到先举手后发言的规则限制，课堂当中的话轮的支配权一直被教师掌控，教师本身的话语占据了大部分的课堂时间，学生并不能够通过自然会话等自由竞争的方式进行话轮替换，只能依靠教师或者是课堂规则进行授予。一般情况下，为了能够使学生更好地适应大学英语教学的要求，培养学生的实际交际能力，教师必须掌握以下授予话轮的策略。

说话人本身的发言权会受到之前的话轮的支配，其中能够进行支配的方式主要有以下两种。第一种是当场接受分配，简单来说，这种方式就是会受到之前的话轮的指定；第二种就是需要根据预先制定的程序进行发言，就比如，在课堂当中，可以根据学生的座位号、学号的顺序等进行发言。一般而言，大多数时候这种程序都会在课堂活动开始之前就制定好，但是需要注意的是，在部分的课堂活动当中，会出现当场进行受配与预先交叉进行的情况。

值得注意的是，非受配一类的话轮的发言权并不是预先确定的，也不是当场指定的，通常情况下，其本身只要是受到之前的诱发的影响，就会做出相应的反应。并且，这一类的话轮是自选的，但是其中的内容会受之前的话轮影响。例如：

T: Why did he leave his homeland?（他为什么离开祖国？）

S: For political reasons.（出于政治原因。）

T: Yes, for political reasons.（是的，出于政治原因。）

一般而言，在进行课堂交流的过程当中，教师会通过直接指定下轮话语的内容的方式来确定发言对象，这也是较为常用的授予话轮的方式。值得注意的是，教师本人对下轮话语的内容进行指定，主要是为了能够诱发学生进入话轮当中，简单来说，这种诱发在本质上是具备语言性与行为性的。很多时候，语言性的诱发会带有足够强烈的交际性，更为接近自然对话。例如：

T: What do you think is the moral of the fable?（你认为这个寓言的寓意是什么？）

S: The moral is that it is easier said than done.（这个故事告诉我们，说起来容易做起来难。）

此例是一个询问一个回答的毗邻双部结构，这个双部结构的第一部分指定了下轮话语的内容，诱发学生作出回答，进入会话。有时候通过诱发能够同时发出众多的未经指定的自选话轮，但是需要注意的是，这种方法并不容易理解，由此就能够使用以下的方式方法来解决以上种种问题。

①提名发言对象、指定发言内容。例如：

T: Linda, will you please tell us the difference between "simile" and "metaphor"?（琳达，你能告诉我们"明喻"和"隐喻"的区别吗？）

S: OK, let me try.（好的，让我试试。）

在这个例子当中，教师主要通过毗邻双部结构中的"询问—回答"来指定对应的话轮内容。值得注意的是，教师还能够通过其他策略进行话轮的授予，例如，通过下列常用的套语直接对发言对象进行指明来授予话轮。例如：

Do not you agree, John?（你不同意吗，约翰？）

What do you think, John?（约翰，你觉得怎么样？）

You have been very quiet, John.（你一直很安静，约翰。）

John, I think it is your turn now.（约翰，我想该轮到你了。）

What is your opinion, John?（约翰，你的意见是什么？）

②通过面部表情、身势语，如手势、目光提示等指向性姿态来授予话轮。例如：

T: What is the most common way that you use to keep in touch with somebody?（你和别人保持联系最常用的方式是什么？）

S: (Standing up)（起立）

T: OK, you please. (Teacher points to a student) [好，你来答。（老师指着一个学生）]

S: By sending messages with mobile phone.（用手机发信息。）

③教师可以通过教给学生各种话轮类型与话轮转换过程中经常使用的各种词语或者是句法结构的方式授予学生话轮。与话轮转换相关的惯用表达方式主要有以下几种：

开始话轮：Hello / Hi / How are you?...（你好 / 嗨 / 你好吗？）

接续话轮：Yes, but / Well, yes. But/Surely...（是的，但是 / 嗯，是的。但 / 肯定……）

把持话轮：Anyway/You know/I mean/Sort of...（不管怎样 / 你知道 / 我的意思是 / 有点……）

施与话轮：What do you think?...（你怎么看？）

结束话轮：Right/Well, anyway/So/OK, then...（好吧 / 好吧，不管怎样 / 那么 / 好吧，那么……）

预示语列：Listen/Did I tell you about it?/Oh, I want to ask you...（听着 / 我告诉过你吗？ / 哦，我想问你……）

修正话轮：（自我修正）What I meant was...（我的意思是……）

（他人修正）Sorry/I don't quite get what you mean...（对不起 / 我不太明白你的意思……）

要旨话轮：（自己的）What I'm getting at is...（我想说的是……）

（他人的）What are you getting at?...（你的意思如何？……）

通过对上述的与话轮转换的惯用表达方式进行总结及归类，学生获得了较为详尽的语言材料，熟悉各种表达方式之后就能够精确地获得话轮，并进行话轮的转换。

（5）恰当处理学生的反馈项目

这里所说的反馈项目指的是听话者对于当前的说话者表现出的对应的反应与态度，并以此来表示自己在认真聆听对方的讲话，并支持对方继续。反馈项目能够在会话当中起辅助作用，以便于主话轮的有效展开。在课堂当中开展英语口语的交流活动时，若是学生不能够及时对相关信息进行反馈，或者是在进行交流的过程当中缺少某些反馈项目，就会使说话者难以明确自身所传达的信息是否被对方所接受，在极度不确定的情况之下，双方的会话就很难持续。所以说，在进行课堂交流的过程当中，听话者若是能够有效掌握适宜的反馈项目的策略就能够促进话轮替换的顺利进行，一般而言，主要存在以下几种反馈项目。

①非词汇性反馈项目。例如，oh、aha、uhm 等，它们表示"我在听呢""继续说吧"等意思。

②词汇性和习语性反馈项目。就比如 "I see." "I know." 等，主要表达的是"我知道了""我明白了"等意思。

③感叹词性和感叹词语反馈项目。就比如"God.""Oh dear."主要表达的是"天啊""哎呀"等意思。

④非言语性反馈项目。主要指的是身势语，比如点头、摇头、怒视等。

在开展英语课堂教学的时候，教师主要通过提问的方式促使全班学生参与到课堂会话当中。若是从表面来看，提问这一方式十分简单，但是对于教师来说，在课堂上进行提问的时机、对象，甚至对于学生所做的回答的反馈都不是能够简单把握的。一般而言，在开展课堂教学活动的过程当中，若是教师的邀请话轮并没有得到学生的反馈，就需要对所提出的问题进行重复的提问，或者是对其进行解释以便能够帮助学生进行理解，从而诱发反馈话轮。但是需要注意的是，若是以上的方式还不能够成功诱发话轮，就需要教师主动寻找潜在的能够对话轮进行反馈的对象，之后展现出鼓励的态度对自己所选中的反馈话轮者进行指定。另外，教师可能还会遇到没有潜在的反馈话轮的情况，这个时候就需要教师通过自答的方式结束这一话轮，之后再更换一个新的话题，重新诱导学生参与其中。对于教师来说，若是为了给予反馈意见而开启新的话轮，在讲述缺点的时候，坚决不能将学生的错误作为笑料或者是在众目睽睽之下对学生进行指责。教师本人应当时刻注意自身的措辞，绝对不可以伤害到学生的"面子"，需要注意的是，这里的"面子"并不是指虚荣心，而是个人对于想要获得他人尊重的内心需求。

（6）及时进行修正调整

一般而言，修正指的是在会话过程当中，会话的双方对于听不懂、有歧义、表达有障碍等问题的纠正。其中，修正可以分为两种，分别是自我修正与他人修正。自我修正指的是说话者能够自行修正自己表达中的错误；他人修正指的是在正在进行的交谈当中，通过插话的方式对他人的表达错误进行纠正、澄清、督促等。

在功能层面上，我们也能够将话轮修正分为四种类型，分别是重复、替换、添加插入、重构。一般而言，若是会话当中涉及多个话轮，修正在其中发挥着协商的功能。通过在会话过程中不断发现错误并对其进行修正，交谈的双方能够达成共识，最终使双方的交际圆满成功，获得理想的结果。若是不能够对会话过程中出现的问题进行有效修正，就可能导致双方交际失败。在英语课堂的交际过程当中，若是遇到沟通方面的问题，教师与学生都应当在自身所处的话轮中进行修正。对于教师来说，若是发现自己在教学过程中进行的讲解无法引起学生的学习兴趣，就应当有意识地改变自身的教学表达方式。若是学生自身的英语水平不高，教师就应当选择较为简单的英语表达方式与学生进行沟通，甚至可以采用语码混用的方式进行，选择合适的时机添加汉语辅助教学。对于教师来说，若是对发现的问题没有及时进行纠正就会使学生的困惑逐渐加重，从而形成恶性循环，这样不但造成了时间上的浪费，还反映出了师生之间存在缺乏流畅沟通的问题。

对于学生来说，在外语课堂的交流当中，常常会出现因为听不懂而不知道怎样提醒他人进行修正的问题，也存在着自身表达出现错误但是不善于进行自我修正的问题。受以上的问题影响，学生间的会话常常容易处于沉默与慌乱当中，并因此被迫中止了话轮。但是需要注意的是，对于教师来说，修正话轮本身就是一种十分典型的教学语言，应当有意识地对学生进行这一方面的训练。例如：

S: I go to see my grandma tomorrow.（我明天要去看我奶奶。）

T: Good. You will go to see your grandma tomorrow.（好。你明天要去看你奶奶。）

T: Oh, yes, I will go to see my grandma tomorrow.（哦，是的，我明天要去看我奶奶。）

此例中教师用修正话轮 "You will go to see your grandma tomorrow." 对学生的动词将来时态的使用进行修正，在不改变学生的发言内容的前提之下对学生的语法进行修正，通过这种手段可以保证学生依然享有原话轮的发言权。对于教师来说，在开展外语课堂交流的活动时，应当重视并善于使用修正话轮。

总体而言，传统的一言堂式或被称为以教师为中心的大学英语课堂授课方式违背了语言作为人们相互交流的工具这一根本认识，通过话轮转换可有效地解决这一问题。教师通过采用各种策略手段促进课堂话轮的更替，鼓励、帮助和指导学生积极参与交际，进而可以引导学生熟悉、掌握话轮更替的特点以及各种语用策略，加深他们对英语课堂交际中话轮特征和规律的认识，从而提升学生所具备的英语会话交际能力。也正因如此，教师应当及时转变自身的传统教学观念，将话轮和话轮转换策略积极有效地运用到课堂交流中，使得大学英语课堂变成真正的师生积极互动的语言交际场所。

二、大学英语学习策略改革

学习策略是学习者为提高学习效率而有目的、有意识地制定的与学习过程相关的方案，它对提高学习效率和培养学习能力非常有利。

学习策略对语言学习起到至关重要的作用，它是促进学生学习的有效措施，也是学习者更有效地进行学习的基本思路，关系着语言学习的成败。因此，掌握科学的学习策略对学生的英语学习而言十分重要。

（一）研究性学习策略

在大学英语教学中实施研究性学习策略顺应了当前大学英语教学改革的总体要求，能有效提高学生自主学习和个性化学习的能力，有助于培养学生的创新思维和实践能力。

1.研究性学习当前存在的误区

（1）研究性学习占主导或完全取代接受性学习

研究性学习是相对于接受性学习所提出的一种探究性学习与教学方法。值得注意的是，无论是在个体学习还是教学当中，这两种方式是能够相辅相成的。在传统的教学理念当中，主要是通过接受性学习的方式开展教学工作，教师主要通过讲授的方式向学生传授各种知识，但是伴随着互联网时代的到来，计算机使得众多的学生能够进行自主学习，也能够利用互联网所提供的广袤的知识空间与无限的可能获取知识、探究知识。研究性学习模式契合时代要求，能够更好地满足学生对于无限知识的渴求。需要注意的是，若是想要开展研究性学习，就需要学习者具备一定的知识基础与初步的系统化知识，通过开展有意义的接受性学习为研究性学习打下坚实的基础。另外，通过教师的讲授能够在短时间内对所学的知识中的重点、难点等进行明确与明晰，真正做到有的放矢。对于部分大学中的低年级学生来说，因为自身的词汇量、阅读表达能力等方面并不尽如人意，所以为了能够更好地开展研究性学习，就需要通过接受性学习对自己的不足进行弥补。所以说，教师应当对学生所接受的研究性学习与接受性学习的内容进行合理的安排，以便能够使学生正确地认识到这两种学习方式的优缺点，从而对其进行灵活应用。

（2）研究性学习重在"研究"

研究性学习在本质上仍旧属于一种学习方式，这里的"研究"指的是学习所需要利用的途径与方法。大学英语本身并不像其他的理工学科一样，通过各种实验进行数据分析就能够获得科研的新成果、新数据，从而产生研究成果。大学英语开展研究性学习主要是通过研究相似的认知与心理方式进行学习，最终是为了有效拓宽学生自身的语言与文化视野。借助英语这个语言载体，对相关知识进行自主探究与掌握，最终对自己所学的知识进行实际运用，主要是为了对学生的交际能力、实际运用外语知识的能力、分析和解决问题的能力、开放性思维能力等进行培养，从而有效提升学生的综合素质。总的来说，与大学英语相关的研究性学习的课题本身并不需要具备科研性，更多的是与学生在生活或学习中感兴趣的主题相关。

（3）实施研究性学习，教师成了旁观者

有些人认为，在接受性学习当中，教师处于知识的传授者、课堂的主导者的角色位置。在接受性学习课堂当中，知识的讲授与答疑解惑是教学的重点，这种课堂很多时候就是教师的一言堂，对于所学的知识学生只能够被动地接受。但是在研究性学习为主导的课堂当中，学生是课堂的中心，教师更为重视培养学生的自主性与探索性学习的能力，大部分的教学会在课堂之外进行，这里的课堂教学逐渐转变为课题研究的成果展示课，教师的主要工作就是对展示的各种成果进行评价并加以总结，仅仅占据着旁观者或是监督者的位置，在研究性学习中的作用被大大降低。需要注意的是，以上关于研究性学习的观点是错误的，不仅没有真正认识到教师在整个研究性学习中所起的作用，也没有真正理解研究性学习对于教师的新要求。

在研究性学习当中，教师需要从宏观的角度对教学的内容进行研究设计与实施规划，在实施的过程当中，教师应当参与其中并对遇到困难的学生给予帮助，或是对学生进行监督与评估，教师的存在需要贯穿于整个学习过程当中，毕竟教师本身就是整个学习过程的决策者、组织者、指导者与促进者。对于研究性学习，教师应当对自己所选择的客体进行研究与准备，从中选择合适的、对学生的学习有着积极的促进作用的主题，教师还应当对所选择的客体进行深度与广度层面上的了解，以便能够对之后学生学习过程中可能会涉及的内容与方式进行准确的预知，并根据自己所了解到的学生状况进行相应的调整。若是在学习过程中遇到难以解决的困难，需要教师与学生共同探讨问题，并积极寻找解决的方法。教师应当对学生之间或者是小组之间的协作进行及时的协调，以确保研究能够顺利进行，同时培养学生的团队精神。若是想要顺利开展研究性学习，就需要教师对自己掌握的知识进行不断的革新与扩充，更新自身的教学观念，提高自身的教学科研能力，对研究性学习的理念、目标、内容、方法等进行深刻的了解与研究。在教学过程当中，教师应当重点培养学生的研究能力与创新精神，持续进行情感教育，真正做到"全人教育"，为学生提供全方位的指导与支持。

2. 研究性学习策略的培养

通过对上述误区进行针对性的研究，我们需要明白，在开展大学英语研究性学习的过程当中，教师应当对以下几点加以重视。

首先，师生需要转变自身的固有观念，加强关于理论的学习与方法的培训。教师应当对研究性学习的理念进行深刻的理解，并在开展相应的课程之前就对学生进行研究性学习理念、学习方法等方面的培训，以确保学习过程能够顺利开展，从而获得良好的教学效果。

其次，研究性学习要与大学英语课程的特色相结合，并对学习过程加以重视。之所以开展大学英语研究性学习，主要是为了激发学生的学习兴趣，从而使学生能够发挥主观能动性，积极学习语言知识。为了完成以上目标，教师应当对教学的研究性学习的主题进行仔细的研究与精心的设计。

最后，使用多方位的评价机制。开展大学英语研究性学习主要是为了对学习过程形成评估，并对学生自身利用各种资源的能力、解决问题的能力等方面进行评价。

总的来说，相较于传统的教学观念，研究性学习算得上是一次成功的革新。对于大多数教师来说，应当通过合适的行动与实践将研究性学习的观念进行内化，并为其赋予意义。在改革的过程当中，借助于教师自身的探索性实践，不断对出现的问题进行反思与总结，最终有效提升教师自身的研究性教学的理论与实践能力，从而获得理想的教学效果，甚至还能够提升学生的自主学习与创新能力，使其能够掌握终身学习的方法，有效提升综合素质。

对于英语教学来说，研究性学习只能作为一个有效途径，并不能够完全取代教师的作用，教师应当积极吸收研究性学习中先进的教学理念与方法，通过经验的积累，最终在教学中实现创新与发展。对于学生来说，研究性学习的过程是自身进行自主学习的过程；对于教师来说，研究性学习的开展过程是自身的专业能够得到成长的过程。

（二）交际策略

学生学习英语的主要目的就是用英语进行交际，所以学生有必要掌握一定的交际策略。英国语言学家罗德·埃利斯（Rod Ellis）认为，如果发话人不能按照既定的方式来传达交际目标，就需要采取一定的交际策略或采用其他方式表达。简单来说，在交际的过程当中，若是交际者难以想到合适的词句表达自己的思想，会在无意识间借助于某种副语言或者是非语言等手段对所处的交际困境进行解决，从而使自己所要表达的思想能够准确且清晰地传达给其他人，这种手段就是交际策略。

1. 交际策略的类型

（1）词汇策略

词汇策略包括以下部分：①目的语策略，学习者采用目的语对某一词语进行描述；②迂回说法，学习者用目的语对某物的成分或某行为的特征进行描述，使对方明白自己的意思；③创造新词，学习者为了将所要表达的概念表达清楚而创造出一个新的词汇；④用近义词，学习者用目的语中的某个词代替所要表达的词语；⑤用同义词，学习者使用同义词表达另一词语的意思；⑥用反义词，学习者使用反义词表达另一词语的意思。

（2）知识策略

所谓知识策略，即学习者根据既有的常识与经验，通过联想来借助目的语表达某个词语的含义。

（3）重复策略

重复策略是指发话人将自己的话语重述一遍，以引起对方的重视，希望对方对自己的话语认真思考，猜出其中隐藏的含义。

（4）手势策略

手势策略是指当交际者利用手势辅助自己的话语来传递信息，或借助手势来解决自己表达中遇到的困难，从而使对方更好地理解自己的意思。

（5）回避策略

回避策略是指交际者在表达中遇到不知该如何表达的问题时，放弃某个相关的语言单位或放弃这一话题。

2. 交际策略的培养

掌握和运用交际策略并非一种与生俱来的能力，而是需要有意识地培养才能形成。其培养可以从以下两个方面着手。

（1）关注交际策略的运用

要想提高交际策略的掌握程度，仅仅参与交际活动是不够的，更重要的是有意识地运用这一策略。学习者在交际过程中要敢于表达自己的观点、想法和情感，要将注意力放在交际的内容上，而不是只注重语言的形式。要尝试使用交际策略解决语言困难，保证交际活动正常进行，在熟练使用交际策略的过程中，增加自信心，提高交际能力。

（2）积极参与交际活动

交际策略，顾名思义是在交际中使用的策略，那么交际策略的培养自然离不开交际活动。学习者若要掌握这一策略，必须积极、大胆地使用外语与其他人进行交流，不要害怕在交流中出现错误，要敢于开口。同时，学习者要学会利用各种渠道提高自己的交际能力，在真实的交际环境中形成切实有效的交际策略。

总体而言，交际策略是一种对学习十分有益的策略，掌握了这一策略，学生就能在更多真实的交际场景中感受真实的英语，学会处理各种问题，最终提高自己的英语运用能力。

第四节　新时代高校英语教学模式的创新与应用

一、分级教学模式

所谓"分级教学模式"指的是以学习者的学习水平和学习潜能为标准，将学习者划分为不同的层次，并在此基础上开展相应的教学活动。因此，基于因材施教的教育理念，分级教学模式使得众多的不同层次的学习者能够在自己的起点上取得进步。

（一）分级教学模式的理论

分级教学模式是教学者根据科学的教学理论创造出来的，主要包括 i+1 语言输入假设理论、学习迁移理论和掌握学习理论。

1. i+1 语言输入假设理论

分级教学模式以克拉申的 i+1 语言输入假设理论为重要的理论依据。这个理论对分级教学模式的影响主要表现在以下两个方面。

（1）从课程理论角度来看，i+1 理论不仅注重知识的获得，更注重学习者获得知识的途径。具体来说，i+1 理论强调学习应采取循序渐进的步骤、方法和过程，这正是分级教学的精髓。

（2）从教学实践来看，分级教学根据学习者在性格、动机、态度等方面存在的差异，为学生设立不同的学习目标、学习要求与学习方法，这符合 i+1 理论的要求。

2. 学习迁移理论

学习迁移指的是已学得的学习经验对现在学习的影响，一般包括两种：当之前的学习经验对现在的学习起到促进作用时，便是正迁移；反之，起到抑制或干扰作用时，则属于负迁移。

认知教育心理学家奥苏伯尔（Ausubel）的认知结构迁移理论认为，学习者头脑内的知识结构就是认知结构。对于学习者来说，在对所学的新知识进行同化的时候，原有的认知结构，无论是内容还是组织等方面的特征，都可以看作认知结构变量。奥苏伯尔认为，存在着三个认知结构变量能够对新的学习与保持产生一定的影响，若是对这三个认知结构变量进行操纵与改变，就能够实现新的学习与迁移。以奥苏伯尔的认知迁移理论为基础，把原有知识掌握水平相当的学习者安排在一起组织教学，即采取分级教学模式，能够促进学习的正迁移，取得较好的教学效果。

3. 掌握学习理论

美国心理学家布卢姆（Bloom）的掌握学习理论认为，学习者成绩不理想不是因为学习者的智慧欠缺，而是由于欠缺完备的设施与合理的帮助。当具备适当、合理的学习条件时，绝大部分学习者的学习能力、速度与动机等都会变得十分相似。因此，采取分级教学模式可为不同潜质的学习者提供多样化、个性化的教学手段，从而尽可能地将学习者的潜能挖掘出来。

（二）分级教学模式的原则

分级教学模式在具体实施中需要遵循一定的原则，主要包括循序渐进原则和因材施教原则。

1. 循序渐进原则

遵循循序渐进原则指的是教师在进行知识的传授工作时，既要尊重知识的内在规律，又要采取相应的学习者可以接受的教学形式。分级教学模式能够使教师基于学习者的英语知识体系，采取合适的教学方法进行教学，从而使学习者的语言技能逐步提高。

2. 因材施教原则

简单来说，因材施教就是指教师在教学的过程当中，根据学习者的实际情况进行有的放矢的教育。

因为环境、教育以及学习者本身的实践等方面的不同，学习者之间必然存在一定的差异性。近年来，随着扩招政策的推进，越来越多的学习者得以接受高等教育，但不同的学习者在英语水平方面的差异却不容忽视。在这种情况下，如果不对这种差异性进行充分考虑就把英语水平悬殊的学习者安排在同一班级，很容易出现水平低的学习者"吃不消"、水平高的学习者"吃不饱"的尴尬局面，严重浪费教学资源。与之不同的是，分级教学模式认为不同的学习者存在着个体上的差异，可以为学习者提供满足其自身需要的教学条件，从而取得理想的教学效果。

（三）分级教学模式的实施

分级教学模式的实施可以从以下几个方面着手。

1. 合理科学进行分级

分级教学并不要求全体学习者达到同一目标，而是按照不同的级别制定不同的教学目标。因此，进行合理、科学的分级是分级教学模式取得实效的前提。

为此，应采取科学的分级试题和分级标准。具体来说，应以《大学英语课程教学要求》中的各级词汇量为基础来组织分级试题，同时应注意题目的层次性。分级标准则应对分级测试结果、个人实际水平、个人意愿等因素进行综合考虑。

在具体的教学实践中，将学习者分为 A 级与 B 级两个级别较为合理。此外，教师应注重缓解 B 级班学习者的心理压力，调动他们积极的学习情感。这样，B 级班学习者可以尽快达到 A 级班学习者的水平，从而在同一起跑线上竞争。

2. 提高分级区分程度

高考英语成绩与摸底考试成绩是很多院校进行分级的标准。但是，常常出现一些学习者因为几分之差甚至一分之差而没能进入 A 级班的情况，而这几分之差往往很难说明英语水平的高低。因此，为了提高分级的区分度与合理性，可在分级时听取学习者本人的意见，进行双向选择。学习者往往对自己的实际英语水平与兴趣点有较好的把握，他们由被动接受转为主动选择可以增强主体地位，提高他们在后续学习过程中的自觉性与积极性。

3. 实施升降调整机制

实施升降级调整机制，就是对学习者的学习程度进行动态管理，使学习者的级别随学习的兴趣、成绩以及能力的变化而变化。具体来说，如果 B 级班的学习者取得进步，达到 A 级班水平时，教师可将其升入 A 级班，以激励学习者取得更大的进步。当 A 级班的学习者未能取得进步，且成绩滑落到 B 级班程度时，教师也可将其降入 B 级班，以给予其适当压力。

需要注意的是，进行升降级的调整应坚持选拔与自愿相结合的原则，且应在一定范围内定期调整，不可过于频繁。

4. 制定科学评价标准

在分级教学模式下，不同级别应采用不同难度的试卷，但是这就很容易造成一种不良现象，即英语水平高的学习者所取得的英语成绩竟然低于部分水平低的学习者。因此，为提高评价的科学性，可采取以下两种措施。

（1）采取总结性评价与形成性评价相结合的方式来确定最终成绩，具体办法是增加平时表现在总评成绩中的比重。

（2）根据各级别试卷的难度设定一个科学的系数，根据加权算法从宏观上调整两个级别的分数。

5. 尽量避免负面影响

任何事物都是优势与缺陷的集合体，分级教学模式也不例外。作为英语教学改革的新生事物，分级教学模式不可避免会带来一些负面影响，如操作过程较为复杂、考勤管理较为烦琐、学习者产生不良情绪、班级归属感降低等。如果这些问题不及时解决，就会为分级教学模式的推进带来阻碍。因此，教育管理者需要制定相应的制度规范，并根据遇到的问题及时调整，从而将分级教学模式的不良影响控制在最小范围内，将其优势最大限度地发挥出来。

二、模块教学模式

模块教学模式是大学英语教学改革的重要组成部分，是一种系统性的教学模式，以大学英语教学为系统，将其分为知识、技能、拓展三大模块，并在不同的学期中有针对性地进行教学，从而最终提高学生的综合语言应用能力。

（一）模块教学模式的定义

随着英语教学改革的推进，英语教学系统发生了重大的改变。英语教学向着能力化、技能化、多样化、信息化的方向发展。英语模块教学模式就是在这种转变中被提出的，因此其反映了时代发展对大学英语教学的要求。

模块教学就是指通过一个能力和素质的教育专题，不仅强调教法上的知能一体，还强调学法上的知行一致。模块教学模式主张提高学生的素质和具体技能，在教学中通过集中开展理论、技能、实践等活动来实现教学目标。

大学英语模块教学能够丰富英语课程，实现课程的多样化，同时对于学生来说，模块化的教学模式通过形式丰富的课程，从而提高学生对英语学习的兴趣，调动其学习的积极性。随着现代科学技术的发展，英语教学课程的固定化使其越来越难以适应社会形势。采用模块教学也能使英语教学贴近时代发展，增强人才培养的时代性。

（二）模块教学模式的展开

通过对《大学英语课程教学要求》进行分析可以看出，其对于不同英语水平的学习者提出了不同的能力要求。在这种多层次的要求下，大学英语很难通过一整套固定的教学模式实现人才的全方位培养。而英语模块教学模式主张在一定时期内对学生进行阶段性目标的培养，这种观点正好符合现阶段的教学要求。

由于模块教学模式是对整个教学系统的管理，因此其在实施过程中需要教学工作者进行科学设计。学者李晓梅、罗桂保对大学英语模块教学中的模块进行了分类，如表 6-4-1 所示。

表 6-4-1　大学英语模块教学中的模块分类

基本分类	更细的模块分类
知识模块	语音模块
	词汇模块
	语法模块
技能模块	听说模块
	阅读模块
	写作模块
	翻译模块
拓展模块	各门外语类选修课
	第二课堂活动

下面以拓展模块为例，对模块教学模式进行分析。拓展模块主要是对学生的能力进行拓展，因此可以开展丰富多样的课程，其主要包含以下几个方面。

模块一：开设的后续课程为专业型英语课程，其中包含时事新闻、商务英语、经济英语、法律英语等。

模块二：开设的后续课程为技能型英语课程，其中包含高级口语、演讲、高级写作等。

模块三：开设的后续课程为跨文化知识型英语课程，其中包含介绍西方各国文化、常识、价值观、教育，对比传授中西文化、跨文化研究等。

模块四：开设欣赏型英语课程，其中包含欣赏英文电影、音乐、神话、小说、诗歌、散文、演说等。

模块五：开设综合考试型英语课程，其中包含对通用英语的深入学习，以及对雅思等各类出国考试的培训等。

值得注意的是，以上模块之所以出现，主要是因为现在的学生与社会有此需求，其本质是为了进行语言实践，帮助需要的人提高自己的英语应用能力、语言能力、文化修养、专业信息获取能力以及语言表达能力等，以便能够适应社会需求。这样的拓展模块设计细化了学生对大学英语教学的需求，在整体上建立和完善了与传统大学英语教学体系完全不同的大学英语拓展模块体系。

三、研究性学习教学模式

为适应教学改革的总体要求，大学英语在进行教学的过程当中应当充分利用网络资源，并借此开展研究性学习。值得注意的是，未来大学英语教学改革的总体趋势就是开展大学英语研究性学习，如此才能够更好地培养创新人才。

（一）研究性学习教学模式的定义

20 世纪五六十年代，美国芝加哥大学教授约瑟夫·施瓦布（Joseph Schwab）首先提出了研究性学习的概念。施瓦布认为学生的学习过程与科学家的研究过程在本质上具有相似性。在日常的学习当中，学生应当积极发现问题、解决问题，以便能够获取足够的新知识，提升自身的语言能力与研究技能。上述观点在 20世纪 80 年代的国际教育界得到了广泛的关注。

对于研究性学习的含义的认识，不同的学者有着不同的观点与看法。钟启泉认为，研究性学习指的是学生在教师的指导下，基于自身的学生生活与社会生活进行选择和确定研究专题，并对知识进行主动的获取与应用，积极解决问题的学习活动。① 叶平、姜瑛俐认为，研究性学习教学就是指学生在教师的指导下，以类似研究的方式进行学习，从而发挥自身的主观能动性，进行知识的获得与吸收，这种教学模式的本质是让学生在"再次发现"和"重新组合"知识的过程中进行学习。② 胡瑞霞、蓝兰认为，研究性学习将学生作为中心，主要路径为自主学习，始终坚持的价值取向为能力培养，极为重视探索、研究、发现等学习实践过程，本质上属于一种开放式的教学与学习模式。③

总体来说，对于研究性学习的定义，学术界存在以下两种观点。

①研究性学习是在开放的教学环境中，以培养学生研究式学习方式为目标的定向培养课程。在研究性学习教学中，教师需要让学生了解不同的研究方法，从而提高学生的研究技能与学习能力。

②从狭义上讲，研究性学习是相对于传统的接受性学习而言的，其通过使用

① 钟启泉. 基于核心素养的课程发展：挑战与课题［J］. 全球教育展望，2016，45（1）：3-25.
② 叶平，姜瑛俐. 研究性学习的原理、方法与实施：中小学教师指导书［M］. 武汉：湖北教育出版社，2003.
③ 胡瑞霞，蓝兰. 在大学英语中实施研究性学习的反思［J］. 海外英语，2012（21）：39-40.

探究性学习和对应的教学方法，在一定程度上提升了学习者的学习能力。

值得注意的是，研究性学习本身所具备的特点主要为自主性、探索性、开放性与创造性，对于学生来说，通过亲身实践的方式可以获取相关的学习经验，并能够逐步培养自己的科学精神与科学态度，促使自己掌握基本的科学方法，进一步提高自己综合运用所学知识对于实际问题的处理能力。有别于传统的英语教学模式，学生才是研究性学习教学模式当中的主体，其本身为知识的主动建构者；同样的，教师是整个教学活动的组织者、引导者与促进者。在这种教学模式下，师生关系能够得到和谐的发展，师生通过主动的积极建构进行知识的学习。

总而言之，研究性学习教学模式具体指的是在创新性教育理念的指导之下，将建构主义心理学和发现说作为理论基础，并且始终坚持将学生作为教学的中心，并将学生的自主学习作为教学的主要路径，其主要的价值取向为能力培养，并且始终对探索、研究与发现等学习实践过程非常重视。

（二）研究性学习教学模式的意义

研究性学习教学模式是一种新的知识观、教学观，是大学英语教学改革的重要模式之一。研究性学习教学模式主张学生的平等参与，对学生进行能力教育，同时使其学习方式向着深度学习转变，由此，使得学生真正成为学习的参与者。以下就是对研究性学习教学模式的意义总结。

（1）研究性学习教学模式能够进行知识观的建立。传统的英语学习是一种旁观性的学习，学生对知识的吸收主要通过被动的记忆与课堂教学。研究性学习教学展开的前提是对学生知识观进行改变，建立一种新型的主动的知识观。在研究性学习教学中，学生能够真正有效地参与课堂活动，从而将课堂知识内化为"个人知识"。在这种模式下，学生的参与意识得到激发，会在学习中注入自己的热情、经验、品位等。

（2）研究性学习教学模式能够建立一种新的课程观。传统的大学英语教学主要受知识课程观的影响，教学中将关注点放在教学目标与结果的完成上，致使英语课程带有控制性与封闭性。研究性学习教学模式则以能力课程观为指导，在教师的引导下，学生能够根据自己的兴趣爱好进行不同的课题研究，从而提高自主学习能力和独立创新能力。

研究性学习教学模式的能力课程观尊重并鼓励学生的个性化，主张在开放的教学环境中展开活动，反对在教学中过多渗透经验与文化，提倡以学生的经验为核心进行教学的展开与实践。学生角色的转变能够使学生对学习进行批评与反省，从而对知识进行重新理解与吸收。

（3）研究性学习教学模式能够建立一种新的教学观。研究性学习教学主张对学生的世界观、学习观和知识观进行重新建构，通过在情境中展开教学，提高学生的主动性。这种教学模式以理解现实世界为目的，是一种应用性很强的教学模式。

在研究性学习教学中，教师通过探究的方式进行教学的组织与知识的传授。师生之间是一种平等、互助的关系。教师通过对教学的引导能够开发学生不同的特质，从而形成个性化的教学。

（三）研究性学习教学模式的展开

研究性学习教学模式主要是依托于开放的教学环境进行教学，并始终坚持以提高学生的能力为教学目标。因此，其教学关键是对学生的实践能力与创造能力进行培养与提高。这种教学模式要求打破传统英语教学的束缚，关注学生的学习潜力与个性特点，从而使学生成长为拥有独立学习意识与自主钻研能力的学习者。通过对研究性学习教学模式的总体论述，下面对展开教学的几个重要方面进行总结。

1. 创设适合教学的问题情境

研究性学习教学模式主张对学生的学习积极性和主动性进行开发，因此在教学过程中创设问题情境十分有必要。适合教学的问题情境要能够引起学习者的求知欲望，通过教学内容与求知心理的结合，让学生将自己主动代入学习中。同时在这种教学模式下，学习者能够清楚地了解教学目标，因此其研究的欲望就能得到激发。教师在设计教学问题的过程中，需要考虑到问题的趣味性、挑战性，并结合学生的年龄特点进行开放性和实践性的教学。

2. 注意独立研究与合作交流的结合

研究性学习教学模式主张培养学生独立思维，因此在教学过程中学生能够根据自己的经验对教学内容中的问题进行研究。这种独立研究能够充分调动学习者的思维，使其主动建构知识。这个过程和传统英语教学中被动地接受知识不同，学习者能够感受到获得知识的喜悦，从而提高学生的自主意识和独立研究能力。

在研究性学习教学模式中，还需要让学生在独立研究的基础上进行同学间或班级内的合作交流活动。在交流活动中，学习者能够展示自己的思维过程与研究方式，并吸收其他研究中的优秀之处。在合作交流的过程中，学生的合作意识与语言运用能力都会得到提高，同时对班级凝聚力的形成也大有裨益。

3. 教师在研究性学习教学中的作用

在此种教学模式当中，教师的角色得到了改变，成为教学的指导者与促进者，相比传统的教学，这种开放性的教学环境对教师的要求有所提高。

研究性学习教学模式是一种新兴的英语教学形式，因此学习者很难在最开始的时候完全适应，同时也不能领会到这种教学模式的目的与意义。而在这个过程中，教师对学生的引导十分重要。教师需要保证一定的教学效果，同时还不能过分干预学生主体性的发挥，因此这对于教师能力是重大的考验。

为了提高研究性学习教学模式的效果，教师可以利用一些新兴的英语教学手段开展教学工作。例如，通过多媒体、网络进行教学内容的展示，引起学生对其研究的兴趣。在学生研究的过程中，教师可以进行引导，并教授学生常见的研究方法。在学习结束后，教师还需要对此次教学的目的、研究内容、研究意义进行总结，从而使学生的主人翁意识得到增强。

（四）研究性学习教学模式在英语教学中的应用

大学英语教师在进行教学的过程当中应当充分利用研究性学习教学模式，从而提高学生运用语言的能力，为其以后走入社会进行语言交际打下良好的基础。

研究性学习教学模式是一种开放型的教学模式，在不同的英语课程中都能得到广泛应用。

1. 大学英语视听说课中研究性学习教学模式的应用

在传统的英语视听说课中，学生主动学习的热情不高，因此教学效果不理想。众多学者主张将研究性学习教学模式应用到英语视听说教学过程中，初步构建以"策略引导—多元互动—立体化"为特色的大学英语研究性学习视听说教学模式。

在研究性学习教学模式中，教学的展开主要以学生为中心，教师在教学中起引导作用。同时教学突破了课堂教学的限制，延伸到了课外，大大扩展了学生的学习范围。

2. 大学英语语法课中研究性学习教学模式的应用

语法是一种规则性知识，因此语法教学相对枯燥，需要学生进行记忆。在教学中提高学生的学习兴趣与学习主动性，成为提高教学质量的重要途径。在大学英语语法课中，教师可以采用原因探究的形式进行教学。这种教学方式是半控制教学，主要通过以下几个步骤展开：①教师创设需要解释的语法情境；②对教学活动任务进行解释说明，要求学生在后续练习中使用将要学习的语法项目；③教师提示不同的语法情况；④学生根据自己的想象与语言基础进行解释。

这种研究性学习教学能够调动学生的积极性与想象力，对其语言使用能力的提高也大有裨益。

3. 大学英语词汇课中研究性学习教学模式的应用

英语词汇具有一词多义的特点，在教学中无法穷尽每个词汇的含义，因此进行研究性词汇教学能够使学生自主探索词汇的含义与用法。这种方式在增加教学趣味性的同时，对学生词汇量的提高也有重要的作用。

研究性学习教学模式对大学英语教学有着重要的指导作用，教学者可以根据具体的教学实际与学生的特点展开有针对性的教学工作。

四、任务型教学模式

（一）任务型教学模式的定义

任务型教学本质上就是对学习者进行引导，以便能够让学生完成现阶段所学习的某些语言任务，并以此为基础进行语言教学，并且通过任务型教学还能够帮助学生更好地培养自己的语言运用能力。

任务型教学本身就是通过特有的课堂教学程序来对学生的语言运用能力进行培养，因此，很多相关学者，如威利斯（Willis）、斯凯恩（Skehan）以及埃利斯等都提出了由自己所设计的任务型教学程序模式。

在威利斯的任务型教学程序模式当中，任务前、任务环、语言聚焦三者相互作用呈现出较为典型的二语教学特征。值得注意的是，语言聚焦存在于任务完成之后，可见，任务完成并没有被看作语言学习的结果，而是语言学习的前奏，由此就会给外语教学的实践工作带来意想不到的困难。斯凯恩所提出的教学程序是基于认知心理学的，值得注意的是，这一教学程序说明了诸如减缓认知负荷，或者是操控注意力等教学环节的根本目的，但是学生的心理过程较为复杂，也很难判断全班学生的认知心理过程是不是完全处于一致的状态。同样的，埃利斯在设计任务型教学的过程当中，会按照时间的顺序将其分为三个阶段，分别是任务前、任务中以及任务后，在这之后将不同的教学活动进行了划分，以便将其作为不同的选择按照阶段提供给教师。值得注意的是，这种方式就是放弃了使用课堂教学程序将不同的教学活动串起来的努力。

对于教师来说，一个较为清晰的课堂教学程序本身应当拥有着教学目的与教学过程的双向性。简单来说，我们应当按照教学程序对教学目的加以说明，以便能够较为清晰地展现教学程序。并且，很多教学程序的提出者都处于国外的环境中，这些程序是否适用于中国的汉语环境，或者是这些教学程序是否适用于教学时间有限的大班环境，以上种种问题都是值得我们进行深入的研究与实践的。

（二）任务型教学模式的目标

无论在哪种教学法中，目标都是一项必备要素。因为教学目标具有明确的指向性，只有明确了目标，才能确定教学内容。

1.语言运用目标

任务型教学的目标是培养学生对语言的综合运用能力，这一目标又可以细分为以下三个具体的目标。

（1）准确度

所谓准确度，是指规范地使用语言，按语法的规则来进行表达。不准确的语言会影响交流的有效性，长期使用不正确的语言还可能形成固化思维，即形成固定的错误。许多任务型语言教学的倡导者都把语法、语言的准确性放在第一位，即注重语法的形式，让学生知道如何使用这些语言，以达到交际的目的。

（2）流利度

流利度是所有语言教学追求的目标之一。任务型语言教学在注重语言准确度的同时，也非常注意用各种各样的方式培养学生的语言流利程度。

很多学者认为，人们在使用语言的时候，自己头脑当中所存储的并不是单个的词语或是支离破碎的语言，而是一块一块的语言结构，简单来说，就是在使用语言之前就已经组织好的某些短语或者固定的表达方法。在实际的语言交流中，如果达不到一定的流利度，对方恐怕不愿意继续交流下去。

总的来说，在任务型语言教学当中，在对学生的语言能力进行发展的过程当中，教师不仅要重视某个单独的语法结构，还需要对综合的语段能力加以重视。对于教师来说，可以组织学生预先掌握组织好的短语或者是某些固定的表达方法。学生若是整体使用语言进行交流，就能够巩固自己的语言准确度，还能够有效提升自己的英语表达流利程度。

（3）复杂度

重构是促使中介语言系统更复杂、更精细、体系更完整的过程。培养学生复杂度的过程也是一种"重构"。

对于语言使用者来说，之所以要对复杂度加以重视，主要是因为复杂度能够促使语言的使用者在进行交际的过程中更为清晰地进行表达，以避免出现词不达意的情况，或者是自己所表达的意思不够准确而不得不采用较为曲折的表达方法的情况。

在任务型教学中，要促进学生复杂度的提升，需要让学生有重构的机会。在任务型教学模式的倡导者看来，为学生提供使自己的语言系统更为复杂的机会，以及提供使语言中介系统更为复杂的发展机会是任务的作用之一。

2. 素质教育目标

任务型语言教学本质上属于人文主义的教学理念，值得注意的是，任务型语言教学主要从以下两个角度对任务的作用加以认识：一是从语言教学的角度，二是从人的发展与人的培养的角度。一般而言，任务型语言教学主要包含以下三个层次的任务。

第一层次的任务需要选定一个特定的情境或者是选定某一个语言范围来重点发展学生的交际能力，一般而言，这一层次的任务主要就是围绕某一个特定的功能展开，或者是需要解决某一个简单的问题。需要注意的是，这个时候的学生所使用的语言结构并不复杂。

第二层次的任务不但需要提高学生的交际技能，还需要提高学生在一般情况下的认知策略、处理信息与组织信息的能力。

第三层次的任务需要建立在前两个层次的基础之上，结合学生学习外语的经历与体验，重点发展学生的个性。值得注意的是，这并不只是语言方面的目标，还属于较深层次的教育目标，其中主要包含文化意识、情感态度等，以及发展创造性与个人人际交往的能力。

简单看来，在第一个层次主要涉及交际的问题，在第二个层次就涉及了认知，到了第三个层次就需要确保人能够全面发展。

（三）任务型教学模式的价值

1. 对英语教学的价值

（1）改变学习环境和学习方式

令人满意的教学效果离不开良好的学习环境。我国传统的教学模式没有将学生的个人兴趣、价值观和人生目标等进行综合考虑，严肃有余，活泼不足，难以调动学生的积极性。任务型教学法的课堂具有轻松活跃的气氛，学生在这样的学习环境中学习，容易消除心理上的障碍，产生积极的情感，激发学生的学习兴趣和学习动机，使他们参与到任务中来，乐于思考，敢于探索，并体会到任务完成后的成就感和乐趣。

若是使用任务型学习法，那么就会在学习环境中出现以下几种变化：一是在课内学习环境方面，能够调动学生的学习主动性；二是在课内语言环境方面，能够创造语言的运用机会；三是在校内学习环境方面，能够建立师生平等和谐的关系；四是在校外学习条件方面，能够增加接触与运用语言的机会。

上述这些变化与大学英语教学改革的目标一致，因此任务型教学法对大学英语改革意义重大。

（2）实现互动性课堂教学

任务型教学法的本质特征之一就是互动性。以任务为本的教学可以实现真正的互动性课堂教学，有利于英语课堂教学质量的提高。真实的互动性课堂教学主要有以下两个方面的特征与优势。

第一，在真实存在的互动性课堂教学当中，无论是教师还是学生都是动态存在的。其中，互动式活动主要可以分为以下几个阶段，分别为启动、展开、深入和结果等。启动是活动的第一阶段。在这一阶段，教师作为设计者，不仅要考虑整个教学活动的形式与语境，还应考虑学生、语言材料等因素。同时，教师应带领学生参与设计，将他们的兴趣与观点加入其中，以使课堂活动与他们的兴趣需求相符合。展开是活动的第二阶段。在这一阶段，教师需要为学生提供必要的指导，他们的第一角色是组织者与辅导者，并且，教师也是参与者，一个轻松且真实的交际环境是通过教师与学生的共同努力而创造出来的。对于学生来说，自己是活动的参与者、组织者、辅导者。其中，活动的第三阶段为深入，在这一阶段当中为确保学习活动的顺利进行，教师应当有意识地激发学生的参与兴趣，所以可以将学生看作学习的促进者。除此之外，学生还是问题的发现者，因为学生的积极想象、探究与创新，使得整个活动逐渐走向了最高层次。活动的第四阶段为结果，在这一阶段当中，教师是作为评价者与观赏者的角色出现的，教师会对学生的表现进行评估，并对其优点加以表扬，对其缺点加以指正，并且还会积极鼓励学生，从而实现持续的发展。在这一阶段，学生本身不但是成果的评价者也是观赏者，并且能够逐步适应自主学习与自我评价的模式。

第二，互动的多维性。教师"满堂灌"和学生"满堂学"是传统教学模式的特点。在这种模式下，信息的互动是信息单向地从教师向学生传递，这并不是真实的信息互动。然而，在任务型教学法的课堂教学中，互动本身是以多维的形式存在的，其中包含从教师到学生、从学生到教师、从学生到学生、从个体到群体、从群体到个体、从个体到个体、从群体到群体等多个层面，是真实的信息互动。在多维互动的过程中，教师既是信息的发送者，又是信息的接收者和加工者。作为活动的共同参与者，师生之间的关系是平等的。

（3）合作共享

通过任务型的教学模式能够实现真实的合作共享，简单来说，这里的合作主要包含以下两个层面的含义：其一，在信息传递的过程当中，师生之间与同学之间需要互相填充信息差；其二，在处理信息的过程当中，师生之间以及同学之间应当坚持资源共享。

因为信息差的存在，最终产生了合作共享的机制。因此，为了实现真实的合作共享，教师在设计课堂活动时可以考虑建立一定的信息差。活动的组织形式对合作共享的实施而言至关重要。在任务型教学课堂中，教师通常采用"小组活动"的方式，以较为合理的方式成功解决"参与率"与"资源量"之间的矛盾。

（4）体验创造

学习者在参与互动性语言活动的过程中，会将自己所学的各种语言知识运用到真实的交流中，由此就能够向周围的人表达自己的真实思想。值得注意的是，这一过程本身就具有创造性，具体体现在如下三个方面：第一，理解的创造性。学习者根据自己的生活阅历和已有的语篇结构对信息进行合理的处理和加工，因此，在对信息进行理解时具有创造性。第二，语言的创造性。学习者运用所学的语言知识，重新组合语言材料，以表达自己的真实想法。第三，交际的创造性。信息交流是为了对交际双方之间的信息差进行填补，但同时又会产生新的信息差，这也体现了创造性特征。

活动的情境设计对学生体验各种创造过程而言至关重要。因此，在任务型教学课堂中，教师可依据学生的语言水平、生活背景和心理特征来设计活动的情境，这样才能使课堂教学真正互动起来，学生才能体验创造的快乐。

2. 对学生进行素质培养的价值

（1）调动学生的学习积极性

任务型教学的根本就是存在于教学过程当中的任务，这些任务能够对学生的学习积极性产生较为正面的影响。简而言之，因为任务型教学法能够为学生提供足够明确且具体的任务，由此就使得学生能够秉持着明确的目的，积极且主动地进行学习，因此他们有更多的机会选择自己感兴趣的话题，表达自己的想法，描述自己熟悉的事情，选择自己喜欢的材料，构建自己的知识领域。对于学生来说，在完成任务的过程当中，可以有意识地培养自己发现问题、解决问题的能力，由此就能够更好地帮助自己了解自身的认知能力。

（2）培养学生的自主学习意识

教师在教学过程中实施任务型教学法，可以在日常教学中保证学生有与他人交流、协调、合作的机会。通过对任务型教学法主导的课堂教学的课前任务、课堂任务以及课后任务进行设置与完成就能够确定，在执行任务的过程当中，学生可以通过自己的努力不断强化自己的学习动机，并逐步提高自己的学习兴趣，甚至还可以通过不断地观察、发现、归纳，最终研究并掌握语言规律，从而形成有效的学习策略。在这一过程当中，学生的自主学习意识与自主学习能力也得到了培养与提高，不断敦促学生更加努力，以成为真正的自主学习者。

（3）提高学生的语言运用能力

以任务为本的教学通过采用多种类型的任务，给学生创造了综合运用其所学的语言的机会。为了完成交际任务，学生在运用语言时，主要会关注语言所表达的意义，把运用语言和完成任务视为最终目标，这就大大减小了学生的心理压力，使他们在交流中学会交际。同时，为了保证学生运用恰当准确的语言，并采用正确的语法形式，教师会在学生完成任务的过程中适时地给予指导，这更加促进了他们语言运用能力的提高。

（4）培养学生的合作意识

就目前的情况来看，社会分工的细化使不同行业、不同岗位之间的合作更加深入。社会不仅需要具备单一技能的普通工作者，更需要具有合作意识、团队精神的人才。任务型教学模式通过为学生创设具体的任务，为学生提供了与他人进行合作的机会。在完成任务的过程中，每个成员都需要发表自己的看法，同时也需要听取他人的意见。在形成团队意见时，还可以学会如何取舍、如何协调，这对于学生合作意识的培养具有不可替代的作用。

总的来说，通过任务型教学模式能够为学生传授语言知识并使学生掌握语言技能，由此就能够提高学生的自主学习能力，在此种教学模式之下，能够有效改善现阶段的学生的学习方式，并辅助学生掌握足够有效的学习策略，培养并提高他们的语言交际能力，这些对大学英语教学改革具有巨大的推动作用。

（四）任务型教学模式的实施

任务型教学途径就是以具体的任务为学习动力，以完成任务的过程为学习的过程，以展示任务成果的方式来体现教育成就。在实施具体的任务型教学法的过程中需要运用一些途径和手段。

1. 以教学大纲为指导

若要在教学时使用任务型教学模式就应当始终坚持以教学大纲为教学的指导，斯特恩认为语言教学本身包含四个十分重要的概念，分别是语言观、学习观、语言教学观以及语言教学环境。所以，教师在使用任务型教学法进行教学时，应当参考具体的语言教学观，并根据语言教学观以及现如今的教学大纲的理念对自己的教学理念进行发展与完善，并在之后运用自己完善的教学理念对教学实践加以指导。

教学大纲是教学的纲领性文件，所以说，在进行任务型教学时，应当对任务相关的具体步骤进行明确并加以阐述。总的来说，任务型教学大纲主要包含以下几个方面的具体目标与指导原则：①应当对任务型教学的过程加以明确；②应当确保教学的原则足够清晰且明确；③在教学当中对任务进行选择的时候应当有一定的倾向性；④对任务的设计与难度进行具体的分析；⑤应对任务的结果加以评估；⑥在教学的过程当中，教师应当确保自己的语言存在意义与形式上的平衡；⑦应当明确教师与学生在任务型教学中所扮演的角色；⑧对于学生来说，在任务型教学当中应当拥有足够的交际的机会，以便能够实现学生在认知方面的发展；⑨在对任务型教学所使用的教材进行编写与使用的时候，应当重点与当地的实际情况进行结合；⑩应当在教学大纲中对教学过程当中交际策略的使用、任务设计的动机、任务的目标与任务的处理方式加以明确。

通过在教学大纲中对上述内容加以阐述，就能够使得任课教师获得明确的努力方向，从而使得任务的实施走向系统化，也增加了教学实施过程中的科学性与操作性。

2. 以教学原则为依托

在任务型教学实践中需要以教学原则为依托，教师不能根据心情随意教学。在进行任务设计时，教师需要遵循教学原则，同时为了提高任务实施的可行性和可操作性，还需要注意以下几点：①在任务设计时应该注意其操作性，不能脱离具体的教学条件；②教学活动要具有多样性，这样才能满足多种类型学生的需求，也能满足学生自主选择学习内容的需要；③任务的设计要具有层次性，也就是说任务要有不同的难度梯度，这是为了保证不同学习层次学生的要求，进而提高学生的创造力和审美力以及相互间的协作能力；④当学生完成相应的任务时，教师应能从学生的完成情况中看出学生的实际学习水平；⑤任务型教学并不是将任务局限在课堂教学中，学生也可以在课内外对任务进行研究和学习。

总的来说，为了任务型教学所设计的任务活动都应当突出趣味性、可操作性、科学性、交际性、拓展性、真实性、整体性和层次性，侧重于培养学生的创造思维能力，不但能够帮助学生更好地使用外语来解决实际的问题，还能够有效提升学生对语言的综合运用能力。

3. 以学生认知为标准

学生主体性的原则要求教师在任务型教学实践中以学生的认知为标准。需要提及的一点是，以学生为中心，并不是指将课堂中的所有时间都交给学生进行分配，教师应当有意识地对课堂时间进行科学且合理的分配，还需要关注每一位学生的学习特点，观察学生的学习过程，并对学生所存在的学习心理进行分析，对学生的学习思维进行了解。因此实施任务型教学法应该对学生进行关注，用个性化的教学方式指导语言教学。同时，教师在学生完成任务的过程中还需要重点观察学生的学习模式与学习特点，积极寻找学生现阶段存在的不足，并积极对其进行指导。

4. 以任务型教材为根据

众所周知，教学理念的实现需要有相应的教材作为依托，任务型教学法也是如此。一般而言，任务型语言教学的教材主要具备以下三个特点：第一，相关教材的设计核心应当是"任务"。任务型教学就是在做事情的过程中自然地使用所学语言，在使用所学语言做事情的过程中发展语言能力。因此，任务型教材不应该直接呈现各种语言知识和素材，而应该设计各种不同的任务来提高学生的英语习得水平。第二，任务型教材中出现的语言材料应力求真实，所谓真实性的材料指的是生活中经常出现的语言素材，如报纸、杂志、广告、公告、通知、产品说明书、操作指令、书信等，这些真实性的材料是用于公众的交际等目的，并不是专门为了教材的编写而设计的，若是为了教材而专门设计的语言材料必然会丧失其真实性。第三，教材中要突出真实的交际目的，根据任务型语言教学思想编写的教材无论使用何种类型的任务，都要突出其交际的真实性。简单来说，交际的真实性指的是学生所完成的交际活动都有着真实的交际需求、真实的交际语境以及真实的交际对象。

5. 利用课外教学进行任务型教学

教师若是选择任务型的教学模式进行英语教学，就不应当仅仅将课堂作为任务完成的场所，还应当拓展思维，主动将教学任务延伸到课堂教学之外的生活当中。这就是说，教师应该充分利用课外教学辅助任务型教学。需要注意的是，利用课外教学进行任务型教学并不是将学生的学习时间延长，而是要教会学生在日常生活中运用所学知识。主要可以通过以下两种方式对课外教学加以利用：

第一，为学生布置一些足够有趣的课外作业进行任务的延伸。学生的课外教学应该是丰富多彩的、充满乐趣的，因此教师可以设计一些调动学生兴趣的课外活动和作业让学生在课下完成。借助课外教学能够有效提高学生学习的主动性与积极性，还能够锻炼学生独立完成任务的能力。

第二，开展多样的课外活动作为任务的延伸。在课外活动中，学生可以摆脱课堂上的束缚，从而产生无穷的乐趣。而且通过课外活动，学生的学习热情也会被激发，课外活动中的任务能够对学生的知识进行巩固。学生的课外活动可以通过下列几种方式进行。

①英语竞赛活动。在大学的不同阶段，教师可以组织学生展开丰富多彩的英语竞赛活动，如英语单词竞赛、英语作文竞赛等。

②英语表演活动。英语表演活动的开展对学生的语言表达能力、团队协作能力等都有着重要的影响。通过英语表演活动，学生可以在互帮互助的环境下进行语言的学习，这是一种广受学生喜爱的活动。

③开办英语角。英语角的开办能够为英语学习爱好者提供一个互相学习的基地，使学生乐于用英语表达和沟通。

6.利用多媒体技术进行任务型教学

多媒体技术的发展为任务型教学提供了理想的教学环境。利用多媒体技术开展任务型教学主要有以下几点好处：①学生的主体性地位得到提高；②多媒体技术为任务的完成提供了技术上的保障，便于学生搜集任务所需要的资料和资源；③通过多媒体环境，学生获取信息、搜集信息、处理信息的能力得到了提高；④在多媒体的帮助下，学生的思维变得更加开放，有助于学生创新思维的发展；⑤通过多媒体技术，学生实现了网络上的互联，也有利于学生进行合作和互助，对增进学生之间的友谊有很大帮助。

7.利用思维教学模式进行任务型教学

一般而言，处于任务型教学中的学生应当积极发挥自身的思考能力才能够完成任务，这会对学生的思维产生一定的挑战。通常情况下，在任务型教学当中，学习主体地位的落实主要取决于学生是否在课堂上进行了积极的思维活动。同时，教师任务完成的重要标志也是教师能够在课堂上激发学生的思维，使学生能积极思考。因此，利用思维模式进行任务型教学十分有必要。

在思维教学模式中教师的作用十分重要。教师可以通过下列三种思路激发学生的思维。

第一，建构主义理论认为，知识并不是通过教师的传授获得的，而是相关的学习者在一定的社会文化背景之下，通过他人的帮助，利用相应的学习资料，通过意义建构的方式获得的。在通过思维教学模式开展任务型教学的过程当中，教师应当重点培养学生的思维，以便能够调动学生在思维上的主动性与积极性，引导学生积极主动地学习新的知识。

第二，学生个体具有差异性，因此在思维模式上也存在着不同。学生思维水平的不同要求学生能够在任务完成过程中形成一种积极互动的模式，利用不同的思维特点共同完成任务。正是由于思维模式的不同，任务的完成才不会千篇一律，学生的主动性才能得到充分发挥，思维也会在这个过程中得到发展。

第三，语言对促进思维发展具有重要作用。在任务型教学中，学生的语言表达能够促进其思维的发展，因此在具体的教学中教师应该鼓励学生多表达，通过具体的沟通和表达，学生的语言能力、思维能力以及和同学之间的沟通能力都会得到提高和发展。学生的语言水平得以提高、思维得到锻炼，这对任务的完成十分有帮助。

第七章　新时代高校英语教学模式探索与实施

第一节　新时代"互联网 +"与高校英语教学的关系

一、"互联网 +"的内涵及其发展

现阶段的互联网发展的新形态、新业态就是"互联网 +",这可以看作在知识社会的创新 2.0 推动之下的互联网不断发展产生的经济社会发展的新形态。互联网已经对我国社会中的各个领域、行业以及我们的生活习惯与思维模式产生了巨大且深远的影响。李碧武认为,"'互联网 +'是遵循互联网思维,将互联网与传统行业相结合,从底层重构或改造这些传统行业,从而促进行业高效率、高质量发展的行为模式或运动过程"。[①] 王竹立提出,"'互联网 +'不是一个简单的相加,加完之后一切都会发生改变。它是刀,是斧,是锯,将原来的一切都分解成碎片,然后,再以互联网为中心重新组建起来,成为新的体系、新的结构。所以,'互联网 +'的本质就是碎片与重构"。[②] 吴旻瑜等人认为,"'互联网 +'直译成中文应当是'互联网化',它强调行为的数据化,数据的连接化、共享化、要素化,连接的广泛化。也就是说,'互联网 + 各类传统产业'并不是将互联网简单接入各产业及组织内部,而是通过连接,产生反馈、互动,最终出现大量'化学反应式'的创新和融合"。[③] 从上面的几位学者提出的观点当中我们能够很明显地发现,他们都认为"互联网 +"本身是对传统的行业进行重构与深度融合的行为模式或者运动过程。

---

① 李碧武."互联网 + 教育"的冷思考 [J]. 中国信息技术教育, 2015 (17): 96-99.

② 王竹立."互联网 + 教育"意味着什么 [J]. 今日教育, 2015 (5): 1.

③ 吴旻瑜, 金凯, 陈新阳."慕课"对高校"品牌形象"塑造功能探究 [J]. 中国电化教育, 2017 (5): 135-141.

　　"互联网+"与"+互联网"本身都是通过互联网与其他的事物产生联系，所以这两者都遵奉互联网精神，遵循互联网规律，也都有互联网特质，简单来说，有着类同的基本属性。

　　"互联网+"与"+互联网"主要有以下五点区别：第一，两者的影响层次不同。其中"互联网+"能够进行深层次的影响，它可以对某一事物进行最底层的重构。与之相比，"+互联网"的影响就比较浅层，在施加影响的时候一般从最表层与最容易的地方开始。第二，两者的影响范围不同。其中"互联网+"能够为某一事物施加全面的影响。但是"+互联网"只能够为事物施加片面、局部的影响。第三，二者存在不同的影响周期。其中"互联网+"能够为某一事物施加全程且长期的影响，但是"+互联网"只能够施加短暂且阶段性的影响。第四，两者存在不同的影响性质。在"互联网+"当中，互联网是作为平台存在的，它是"互联网+"存在的基础，但是互联网只能够在"+互联网"中作为工具存在。第五，两者会产生不同的影响效果。就比如，对于传统行业来说，"互联网+"的存在产生的影响是"化学反应式"的，与之相比，"+互联网"的影响只是"物理推动式"的。

二、"互联网+"在高校英语教学中的价值

　　基于"互联网+"的时代背景，对于英语教师来说，若是想有效提升大学英语教学的效果，并为大学生提供足够高效的教学指导，就应当在教学的过程当中积极进行教学与互联网信息技术的结合，促使教学活动实现全面的改革。在新的教学模式之下，教师应当重点引导学生系统学习英语知识。

（一）借助微课视频强化预习环节，启发学生的自主意识

　　基于英语课程改革的时代背景，现阶段最热门的教育话题就是学生的自主发展，值得注意的是，若是引导学生进行自主发展，就应当在英语教学过程当中为学生设置预习环节。所以说，英语教师在进行"互联网+"模式的教学过程当中，为了能够有效促使学生建立起自主意识，可以使用微课视频来强化预习环节，使得学生能够拥有足够的自主学习的空间与时间对教学内容进行全面的了解。在传统的英语教学当中，不少教师并不重视预习环节，就算是布置预习环节也只是敦

促学生阅读教材内容，对其中的部分文字资料进行背诵与记忆，因此，使得传统英语教学模式下参与预习环节的学生未曾产生积极的表现，甚至还会出现敷衍了事的情况。这样一来，就失去了预习环节在整体的教学当中应当发挥出的作用，也就很难引导学生形成并发展自己的自主意识。

为了落实新课改的理念，并有效促进学生的自主发展，教师在教学开始之前，可以重点学习微课制作，通过对教材的深入研读，将各种碎片化的知识点进行整合，在充分了解学生的现有水平的基础之上，为学生制作合理的适合自主预习的微课视频。教师可以在微课视频当中对学生提出一些简单的问题，学生需要在预习阶段根据微课视频中提到的各种有效信息得出问题的答案，并在课堂中对相关答案进行讨论，由此就能够不断增强学生的自主意识，使其学习能力也得以发展。

（二）利用智慧白板开启趣味导入，激活学生的学习潜能

在英语课堂教学当中，为了能够有效激发学生的学习潜能，教师可以选择使用智慧白板来进行趣味导入，以便使学生能够在众多丰富且有趣的图文资料、动态视频等素材当中，对英语故事与英语的文化史进行了解，也会因为这种方法使得学生受到引导，更能够表现出他们对于英语课堂的参与欲望。

在之前的英语课堂教学当中，有一部分教师并未对导入教学加以重视，甚至有些教师会直接忽略导入的环节，或者是仅仅通过口头语言对相关联的旧的知识进行联系，很少有教师会利用信息化与现代化的教学技术开始导入教学，也因此形成了沉闷且僵化的课堂环境，最终很难完整地体现课前导入的作用，也使得学生难以激发自身的潜能。

英语教师为了促使学生高度参与"互联网+"英语课堂，从而使得学生的潜在能力得到激发，就应当始终坚持激趣性与引导性的原则，通过智慧白板为学生演示英语相关知识的建构过程，使学生能够对相关内容进行重点观察，并在教师的指导之下积极参与到教学当中，由此就能够充分激发学生自身潜藏于思维深处的潜力，还能够提升学生在英语课堂中的参与度。

（三）使用线上平台引入网络资源，拓展学生的知识视野

基于新课改的背景，为了能够有效增强学生的知识储备，教师应当有意识地拓展教学的空间，使得所有的学生无论何时都能够进行深入的英语学习，从而获得丰富的英语知识。在英语教学当中，英语教师最为重要的教学目标就是拓宽学生的知识视野，要想做到这一点就应当借助线上平台，将相关的网络资源引入课程中，从而确保学生能够对英语文化的产生背景与演变历程等内容进行全面、深入且合理的了解。

对于一些教师来说，因为"互联网＋"技术较为新颖，他们对该教学模式没有足够的了解，最终产生了错误的见解。这部分教师并没有关注到互联网技术的无限可能性，只是将其作为对教材内容进行复现的展示设备，更不用说在教学过程当中导入与教学相关的网络素材，或者是使用班级内的在线网络搜集教学的资源，在这种狭隘的认知之下，尽管使用了互联网技术，但是在英语的课堂教学当中，教材依旧是唯一的教学内容来源，学生的知识视野并未得到拓宽。

当教师将"互联网＋"模式引入英语课堂教学当中的时候，就可以通过班级内的在线网络进行教学资源的搜集与整合，以便有效扩充英语课堂的教学内容。学生也能够通过搜索信息不断获取新的有效的知识，从而扩充自己的英语资源储备库，可以拓展自己的视野并强化自身的学习效果。对于教材当中存在的某些课外拓展的内容，教师应当鼓励学生在课后使用各种搜索工具对相关信息进行搜索，以此来拓展自己的课后学习方式，并丰富自己对于英语的认知。

为了能够进一步提升教学效率，教师可以使用虚拟现实技术对教学过程中存在的难点进行破解。值得注意的是，部分教师并未对虚拟现实技术建立起足够的认知，仅仅将其作为教学过程中活跃气氛的工具，并未将其作为教学的工具，因为没有在教学过程当中使用虚拟现实技术或者是信息技术对英语文化进行解释，这就导致了学生在这种教学指导之下并没有对英语教学相关的难点进行准确的理解与解读，进而陷入思维上的误区，导致学习效率下降。

为了建设高效率的现代化课堂并提升"互联网＋"教学模式的使用效率，教师可以在教学的过程当中使用各种虚拟现实技术进行辅助教学，并借此为学生展示英语语法知识，以便促使学生能够在模拟的英语概念模型当中对知识进行全面的了解，不断增强自身对于教学难点的认识与理解，并且在进行自主体验的过程当中，学生的学习效率也会不断提升。

（四）应用媒体设备创设特殊情境，提高学生的理解能力

对于学生来说，若是想要对英语教学当中的知识进行应用就应当确保理解所学的知识，毕竟只有具备足够优秀的理解能力，才能够真正理解英语知识中所蕴含的内涵与真谛。对于教师来说，若是想要通过教学方式对学生的英语学习效果与理解能力进行增强，就可以使用媒体设备创设出合适的情境为学生提供辅助，以便能够促使学生在多媒体技术的帮助下对英语文化或是英语故事等实现深入的认识，并在此过程当中加深自己对于英语知识和文化的理解。

为了能够更好地体现出英语学科所蕴含的教学价值，使学生能够对相关知识进行深入的理解，教师可以使用情境教学方法开展英语教学。具体来说，可以使用多媒体设备创设足够的与英语教学内容相关的情境，其中主要包含生活化的英语情境、趣味化的英语情境、科技化的英语情境等。具体而言就是重点表现那些与学生的生活极为贴切的英语现象，或者是一些极其生动且有趣的英语活动等，以便使学生能够在这些与自己的认知较为贴近的情境当中对知识产生更加深入的了解，最终对英语知识的学习目标进行深度的理解，并不断增强自身的学习效果。

（五）利用线上平台开展教学活动，保证学生的持续学习

对于学生来说，若是在某些特殊的时期无法到学校的常规课堂中进行英语学习，为了确保教学的有效性，就需要保证学生享有连续性的学习体验，不可以中断教学，因此，有学者提出了"停课不停学"的教育理念，通过将这一理念与"互联网＋"的理念进行融合，诸多线上的教学平台纷纷建立。通过这些线上的教学平台，英语教师能够正常地开展教学活动，不仅能够为学生传授知识，还能够为其解答学习中的困惑，由此就能够确保学生可以在特殊时期进行持续性的学习。

因为没有足够的经验，所以很多教师在教学的过程当中并没有对线上平台进行合理的利用，更有甚者会对远程授课存在抗拒的情绪，他们认为远程授课本身存在着十分庞大的消极因素，会对学生的学习状态产生严重的影响，最终使得教学难以获得实效。

为了有效解决上述问题，使学生在进行线上学习的时候免于受到课外种种消极因素的影响，教师在使用线上平台进行教学的过程当中，可以通过设置密码签到、随机提问或者是连麦互动等活动为学生施加一定的听课压力，以确保学生能够长时间保持积极的学习状态，还可以通过线上平台联系学生家长，使家长能够在学生完成课后作业的时间段起到监督的作用，由此就能够保证课后作业发挥出监测学生学情的功能。教师在获得学生的课后作业之后，可以通过大数据的手段对其中的错题进行分析并讲解，以此实现线上的"授课＋练习＋答疑"的一体化远程教学模式，确保学生能够及时地获取知识。

总的来说，为顺应时代潮流，将"互联网＋"的教学模式与英语教学进行有机结合是十分必要且明智的，它能够促进英语教学的整体发展与学生的进步。对于英语教师来说，也能够借此加深自己对于"互联网＋"模式的探索与理解，并基于自己的认识将其与英语教学进行合理的融合，以便能够构建出高度信息化的高质量的英语课堂，从而有效促进学生的全面发展。

三、"互联网＋"条件下英语教学模式构建

（一）构建原则

现代英语课堂教学模式的教学环节、教学活动、教学资源、教学交互方式与教学评价都会随着互联网外部教学环境的变化而变化，教学模式的内部结构也会随着外部环境产生相应的变化。教学环节联通、教学环境翻转、教学资源开放、教学活动互动等都是在"互联网＋"条件下呈现出的新型英语课堂教学模式的诸多特点。因此，教师在设计现代化英语课堂教学模式时，需要根据以下四种设计原则来进行。

1. 联通性原则

联通性原则就是指在"互联网＋"条件下，教育信息环境已经逐渐被物联化、智能化、泛在化，教学主体与教学环境也已经实现了联通。这主要体现在两个方面：一是教学主体之间的互联，二是教学环节之间的互通。下面我们依次来分析教学主体之间的互联与教学环节之间的互通。教学主体之间的互联就是指在互联网高速发展的今天，家校合作是现如今高校育人的大趋势，家庭与学校一同合作，共同育人。随着智能教学的常态化发展，"云、网、端"逐步实现了互联互通，学生、教师与家长通过智能移动终端可以进行实时沟通，可以说，智能移动终端为三者构建了一座效率更高的沟通的桥梁。教学环节之间的互通就是指在新型的教学模式下，线上线下混合式教学已经成为非常重要的课堂教学形式，让学生通过课前预习与课后巩固对所学知识进行内化，有利于实现课堂内外的有效串联，保障教学工作平稳持续运行。教师可以通过统计学生在课前对所学课程的预习情

况，准确找出学生在现阶段的学习过程中遇到的疑难问题，从而对自己的课堂教学有一个合理的评估，为学生布置课后作业时也要将学生学习的实际情况作为参考依据，使布置的课后作业能够对学生吸收课堂知识起到一定的辅助作用。因此，在设计以"互联网+"为基础的教学模式时，就必须在掌握师生在课内外的教学活动情况的基础上进行，使之形成较为通畅的回路。

2. 翻转性原则

翻转性原则就是指教师要在教学活动中将"先学后教、以学定教"作为自己开展工作的依据。在传统的课堂教学中，教师只是充当一个"传声筒"的角色，而学生也只是对知识进行刻板的吸收，甚至有些学生并没有将知识内化为自己的能力。因此，"互联网+"条件下的英语教学模式必须改变这一状况，将教学流程与师生角色进行有效翻转。下面将从教学流程翻转与师生角色翻转两个方面分析翻转性原则的内涵。

首先是教学流程翻转。在"互联网+"背景下，英语课堂教学应该摒弃传统英语课堂教学中教师"边教边学、以教带学"的教学方式，要将"先学后教、以学定教"的新型教学方式在课堂教学中进行普及。在现如今的英语教学中，语言词汇与文化背景是最为重要的教学内容，而这些教学内容与以学生课前自学为主的翻转课堂教学模式有很高的适配度。教师可以在课前为学生提供与本节课内容有关的语言视频资料与学法指导，为学生接下来的学习与知识体系的构建提供有利条件。在此过程中，教师还要要求学生带着问题进入课堂，这样能够使学生更好地吸收课本中的知识。在课堂上，教师要先统计学生课前自学的进度，对学生的进度要做到心中有数；之后，要对学生在课前自学中产生的问题先进行引导再进行答疑，这样能够扩大学生的思考空间，也可以以教学小组为单位，让学生们对学习中存在的问题进行自由讨论。

其次是师生角色的转变。培养学生的语言表达能力，提高学生的语用能力，是英语教学甚至所有语言专业教学的最终目的。因此，教师在课堂教学中必须重视对学生语言输出习惯的培养，不能将传统教学中"教师一味灌输"的思想延续下来，必须将师生角色扭转过来，在课堂教学中以学生为主，承认学生的主体地位，将课堂教学模式由从前的"教师引导"变为"学生主导"，使学生拥有改变课堂教学方向的决定权。教师在这种课堂教学中，要将自己的身份角色转变为学生的帮手，即在课堂中引导学生自己发现问题、思考问题，然后再解决问题，而不是一味地对学生灌输理论知识。教师在这种教学模式中，最重要的职责就是帮助学生对所学知识进行内化，并将其转化为自身的能力，久而久之，学生就能够通过这种能力增强自己的市场竞争力。在这种教学模式下，学生就会逐渐成长为探究式学习与交流合作的主推手，从而无论是在线上还是线下的学习中都拥有更多的主动权，能够使自己充分发挥主观能动性，真正实现对知识的掌握。

3. 开放性原则

开放性原则就是指教师要在"互联网＋"的背景下，将课堂教学看作一个发展整体，而这个整体在发展过程中不能长期处于封闭状态，这会使教学逐渐变得落后，使教育的实效性大大降低。在实际中，课堂教学其实是一个严密运行的系统，要想使这个系统平稳运行，就必须与时俱进，及时将外界环境中新的信息与教育理念为己所用。要想实现这一目标，就要从开放教学途径与开放教学资源两方面入手。

首先是开放教学途径。所谓开放教学途径，就是指不再将知识的传授固定在课堂教学中，对于语言的学习来说，碎片化的时间就足够学生进行许多活动了，例如单词背诵或听力练习。无论是在教师教学的过程中，还是在学生学习的过程中，均可以使用线上与线下相结合的方式，教师可以利用课余时间录制授课短视频，让学生在上学路上、吃饭时或睡觉前循环播放，实现非正式的自主学习，再结合正式的课堂上合作学习的方式，就能够大大缩减课堂教学的局限性，不断拓宽教师的教学途径，提升教学的实效性。

其次是开放教学资源，这就是指在"互联网＋"背景下，教学资源不再只存在于书本、教师脑海与图书馆等有限的学习空间内。在网络上，我们随处可以见到各种形式的、适用于各个阶段的英语教学资源，这些网络资源能够实现突破时间与空间的共享，许多微课、配音视频与英语电影等新形式的英语资源开始走入大众的视野，学生可以利用这些丰富的教学资源，在课下选择自己感兴趣的领域进行学习。由此我们可以看出，课堂不再局限于学校之中，而是逐渐向社会与网络领域扩散。在"互联网＋"背景下，网络资源呈现出开放性、共享性与生成性的特征，为了实现课内资源与课外资源、教材资源与网络资源的整合应用，就必须对优质的互联网资源进行挖掘并充分利用。

4.交互性原则

在教学过程中实现多元教学的交互就是当前教学模式交互性原则的体现，在交互性原则的影响下，教师要充分扩展自己的教学方法，学生也要利用网络中可以利用的一切教学平台中的教学资源展开学习。交互性原则主要体现为师生教学交互与信息技术交互。师生教学交互有两个方面：一方面，在英语课堂教学过程中，教师要尽量引导学生以讨论式、谈话式、探究式与小组合作式等方法对问题进行思考，并在这个过程中找到问题的答案；另一方面，学生在学习的过程中也要积极与他人进行交流合作，教师可以让学生以小组协作或团队竞赛的形式学习课堂内容，通过团队成员进行学习的模式增强学习过程中的趣味性与竞争性，有利于增强团队成员的凝聚力，从而提高学生的学习效率。

由于英语这门学科对于学生的语言输入与输出的要求极高，因此，交互式教学能够使学生通过语言应用练习增强自身的语言表达能力。信息技术交互就是指教师在教学过程中需要为学生提供丰富的数字化平台与资源，使学生在这些平台中利用已有资源进行自主学习、探究式学习与合作学习。随着互联网技术的不断发展，现如今的教学方式是通过教师在课堂上口头教学与教师使用智能设备为学生进行教学两种方式实现的，而这两种方式的交互在未来的教学中也将常态化存在，在"互联网 +"背景下，语言学习也需要在互联网中借助丰富的教学资源与交互机会进行。

（二）教学模式构建

培养学生的跨文化交际能力是现如今"互联网 +"条件下英语课堂教学的重中之重，因此，我国教育部门在具体的教学活动实施的过程中，将培养学生的跨文化交际能力分为三个层次，即总体目标、学科目标与三维目标。互联网教学环境是"互联网 +"条件下英语课堂教学模式的实现条件，可以说，互联网教学环境是在"互联网 +"背景下形成的，在新型的英语课堂教学模式中，互联网教学环境不可或缺。移动终端设备、在线教学资源与数字化教学工具平台等都是组成互联网教学环境的要素，要想在互联网教学环境中更好地提升学生的学习效果，就要保证在互联网中备齐这些要素。教学活动组织安排是在"互联网 +"条件下形成的英语课堂教学模式的操作程序，在这个操作程序中，课前导学、课中领学与课后助学是最主要的三个阶段,这三个阶段紧密相连,为学生每个阶段的学习效果保驾护航。这三个阶段的每一阶段都有自己的使命,但这三个阶段在进行安排与规划时并不是一味地刻板保守,而是相对灵活的,教师可以根据学生在课堂上的表现对这三个阶段的具体内容做出相应的调整,以符合实际教学需要。多元化是"互联网+"条件下英语课堂模式在教学评价中最显著的特征,教学评价应该以此为核心,使用形成性评价与总结性评价相结合的方式进行,由教师、学生与家长对学生在线上与线下的学习进行客观准确的评价。在进行评价时,要注重学生对英语知识的掌握程度与其多种能力素质的提升。

1. 教学目标

"互联网+"条件下的英语教学模式的教学总目标是培养学生的跨文化交际能力,在实现这个教学总目标的过程中,我们将其分为三个不同的阶段性目标,即总体目标、学科目标与三维目标。提高学生的英语成绩与中国学生的核心素养是英语教学的总体目标,在此目标的引领下,学生的信息素养、合作交流能力与问题解决能力是教师在教学时需要关注的重点。课程目标、单元目标与课时目标是总体目标在英语学科中的具体体现。学科目标,顾名思义,就是指高校英语学科在教学中的目标方向,其在课堂教学中具体表现为,能够体现学生知识与技能的、展现学生学习过程与方法的、显示学生情感态度与价值观的三维目标。这三个层次的教学目标也能够根据教师每一堂课对学生所进行的具体学习内容与教学情境做出相应的调整。

2. 互联网教学环境

在"互联网+"条件下的英语教学模式中,要想又快又好地实现教学目标,就必须构建优良的互联网教学环境,这样才能够实现教学模式的有效应用。互联网终端设备、在线学习资源与数字化教学工具等都是互联网教学环境的必要因素。终端设备就包括我们平日里使用的智能手机,教师与学生可以通过使用智能手机中的查询功能、英语教育类应用、拍照录像功能以及阅读观看功能进行交流。学生可以通过智能手机查询自己所需信息,并且不受时间与地域的限制,也可以随时随地使用智能手机阅读电子书、观看微课视频以及新闻材料。在课下,学生也可以将自己已经完成的作业与在学习过程中存在的问题通过智能手机进行拍照录像,并将其上传至教学平台。这一系列的在智能手机上就能够完成的操作,使得学生可以大幅度提高其时间管理、学科学习、语言学习的效率。

预设性资源与生成性资源都属于在线的学习资源，区分预设性资源与生成性资源的方式就是看学生的学习内容是否固定，如果学生的学习内容大部分来自校内资源、社会资源与开放资源，那么我们就可以说这种资源是预设性资源，对于这类资源，教师与学生在使用的过程中非常方便，无论是对文档、微课、音视频还是对图片的访问、筛选与获取，都能够非常高效地完成。生成性资源是学生的学习过程中不断被开发出来的，以学生之间和师生之间的交互为主，例如，学生的作品成果，对于阶段性学习内容的思考、观点与问题都属于生成性资源。在教学过程中，师生使用的平台工具就是互联网教学工具，在"互联网+"条件下，这些教学工具能够实现数据采集、存储与分析，也能够更好地整合教学、学习与管理。认知工具、交流工具、问题解决工具与效能工具都是现阶段教师经常使用的教学工具。这些工具都有着不同的功用。其中，能够促进学生思维发展的工具是认知工具；能够促进师生有效沟通的工具是交流工具；问题解决工具能够帮助学生解决问题表征、信息搜索等问题，对于培养学生的创新能力也有一定的帮助；对于教师来说，备课、批改作业、处理学生信息等工作占据了他们非常多的时间与精力，而效能工具能够提高教师处理问题的效率，也能提高学生的学习效率，有利于提高英语教学的实效性。

3.教学活动

教学内容的组织与引导、教学手段及方法的混合应用、教学情感价值的传递引导都是教学活动不可或缺的部分。在英语教学的不同阶段中，教学活动存在不同的操作程序，虽然在同一套教学模式中，操作程序大体相同，但有些操作程序也会根据实际情况做出相应的调整。目前，互联网发展迅速，依托互联网发展出来的"互联网+"条件下的英语课堂教学模式的教学活动有课前导学、课堂领学与课后助学三个阶段，其中，除了在第二阶段的课堂领学是线下教学，剩余的两阶段的教学活动都是使用线上与线下相结合的方式对学生进行教学的。

（1）课前阶段

在课前阶段，教师要对学生进行特点分析，在进行过特点分析之后，就可以将具体的教学内容与教学目标确定下来，并根据不同学生所表现出来的不同特点，设计符合各个学生特点的、包含不同内容与形式的导学案，让学生在课前自主学习导学案中的内容，并在其中发现自己掌握不牢固或者并未掌握的内容。在设计导学案时，教师必须遵循线上与线下相结合的原则。对导学案以纸质文本、微课视频、音频、图片以及检测练习的形式进行设计，学生既可以在完成线上学习之后打卡，也可以在课堂教学时为教师提供纸质的作业文本。在导学案中，教学目标导向、预习策略、分层问题与习惯养成等都包含在内，学生对于自身学习目标的明确、学习方法的掌握与学习程度的深浅也能够有一个很好的了解。教师在设计导学案时，必须注重学生之间的个体差异，为了满足不同层次学习者的需要，必须做到因材施教，具体来说，就是要采取分层导学的方式为学生设置难度梯度不一致的导学材料，这样就能够使不同基础的学生都可以从英语课前导学中收获相应的知识。

（2）课中阶段

课中阶段也叫课堂领学阶段，包含五个环节：一是导学分享，二是情境感知，三是疑难探究，四是拓展延伸，五是总结归纳。在这个阶段中，教师要在线下与学生进行面对面教学，解决同学们在课前导学阶段产生的问题。具体来说，在导学分享环节，教师需要掌握学生在课前预习的整体情况，要达到这个目的，教师就要在课堂上以随机挑选的方式让学生展示自己的导学成果，从这些导学成果中发现学生存在的问题，并给予学生及时的反馈。教师也可以挑选导学案中的重点知识为学生进行讲解，纠正学生在课前导学阶段的错误思路。在情境感知环节，教师为了帮助学生模拟更加真实的学习情境，可以通过图片、视频与音频等媒体形式来实现，使学生在学习情境中与同伴对话，实现视听感知。在疑难探究环节，教师应该将教学的重点转移到培养学生英语的听、说、读、写的运用能力上。为了达到这一目标，教师可以让学生以学习小组的形式对学习中自己无法消化的问题进行组内讨论，并使学生通过角色扮演与对话练习等形式提高其口语交际能力。在活动进行到一定程度后，教师应对小组内仍然无法解决的疑难问题进行引导，帮助学生突破重难点，将知识进行内化，提高他们的语言运用能力。在拓展延伸环节，教师要通过引导与启发学生进行学习资源与话题的拓展，这样不仅能够帮助学生发展自身的语言技能，还能够使学生的文化底蕴不断增强，思维不断向着多元化方向发展，其文化意识也会不断得到深化。在总结归纳环节，以学生自主总结与教师总结两种方式为主，教师与学生都要及时回顾当堂课所学内容，巩固自己对于新的学习内容的认识，在这个过程中不断提高学生的归纳总结能力。

（3）课后阶段

在课后阶段，教师需要不断反思自己在教学活动中的不足之处，并进行及时的调整，学生也应该回顾本节课上所讲内容，完成对知识的深层记忆。教师可以在课后根据学生的不同特点为学生布置巩固延伸任务。任务的内容可以是练习题，也可以是实践活动；任务的形式则较为灵活，线下形式的纸质文本或者线上形式的在线检测与学习打卡等都是可以的。为学生布置课后任务最主要的目的就是使学生通过课后任务将课中所学的知识点深度内化，并在此基础上保持对英语课程的学习热情与兴趣，不断提升自身的语言运用能力。

4. 教学评价

教学评价在整个教学活动中扮演着非常重要的角色，对于一个完整的教学体系来说，教学评价不可或缺。在"互联网＋"条件下的英语课堂教学模式中产生的教学评价逐渐变得多元化，下面将从评价内容多元化、评价维度多元化与评价主体多元化三个方面进行分析。

首先是评价内容的多元化，具体来说，其涵盖两方面的内容：一是具有总结作用的学生的英语成绩；二是学生在学习过程中的问题解决能力、合作交流能力、信息收集与处理的信息素养等软因素指标，以及学生在互联网平台进行学习时的表现形式。在多元化的评价内容中，教学评价不再只注重学生的知识，而是倡导学生的学识与能力并重。

其次是评价维度的多元化，这个层次的教学评价也存在两方面内容：一是线上评价，二是线下评价。线上评价主要是指线上自学评价，重点是学生在课前导学阶段完成导学案的情况以及正确率。线下评价则以学生在课堂上的表现为标准，评价内容包括学生在上课期间的交流、情绪、注意力与思维等四方面的状态。对于线下评价来说，学生的学习成果也是一项能够影响评价结果的指标，其内容主要包括学生设计完成的作品、作业与测验等。

最后是评价主体的多元化，这个维度的多元化必须遵循评价主体的全面性原则。教师要认识到评价主体不是只有自己，学生与家长也应该成为教学评价的主体。对于学生在学习过程中的评价，只有加入学生自评与家长评价，再结合教师评价，才能够称得上是全面、系统又不失客观的评价。

第二节　新时代"互联网+"背景下高校英语教学的创新模式

一、慕课教学模式

（一）慕课概况

中国大学MOOC是高等教育出版社有限公司旗下的软件，其中MOOC（慕课）是"Massive Open Online Course"的英文缩写，即"大规模在线开放课程"。"大规模"（massive）就意味着在这个网站中会存在数以万计的学习者；而"开放"（open）则表示这个网站突破了时间和地域限制，只要对该网站中的课程感兴趣，就可以登录这个网站进行学习；"在线"（online）是指学习方式是线上学习，以互联网平台为载体；"课程"（course）的呈现方式则是视频形式。

与传统教学方式不同，慕课是在网络上通过视频的形式为学生传授知识，在慕课教学模式下，学生的主体作用得到凸显。在慕课这种教学方式下，每堂课的末尾都会有教师为学生提出问题，让学生在课下思考。慕课以研究讨论为主要教学形式，学生们可以在视频侧边的输入框发表自己的看法。平台会为师生制作详细的研讨时间表，学生与教师可以通过时间表的安排，在规定时间内研讨特定话题，研讨之后，可以将研讨结果合并成阅读意见。在慕课这种教学形式中，每小节的授课视频后面都会附带以选择题为主的小测试，期中考试与期末考试的形式与线下教学并没有太大区别，而在汇总最终分数时，只需要将每小节获得的分数简单相加即可。

现如今，许多高校都已经不满足于传统的课堂教学方式，他们将慕课作为补充引入了大学课堂，这样，学生能够通过教师课上讲授、自己课下巩固的方式对所学的知识进行深化，并利用网络资源开阔自己的视野。然而对于传统高等教育来说，慕课的存在无疑是一个非常大的挑战。在传统的教学课堂上，教师都是通过自己的灌输式讲解使学生增长知识，而慕课的加入使得现如今的教学模式趋向混合式。教师与学生要适应这种教学模式的变化，就必须对自己在教学过程中的角色做出调整并努力适应。

对于学生来说，为了在慕课网站进行自学的过程中获得更加优质的学习体验，可以根据实际情况调整听课进度，在课后完成练习题，巩固深化自己的学习成果。

对于教师来说，除了在课堂上为学生讲解知识外，还需要定期登录慕课网站，抽查学生的自学情况，并以此为依据对学生做出教学评价。教师的自主性能够在慕课平台上得到充分发挥，教师不仅可以在平台上为学生布置作业，还可以与学生进行实时互动。在新的教学模式下，师生关系也有了进一步的发展，新的教学方法的使用使得新的师生关系得以形成，即以教师为主导、以学生为主体的师生关系。

对于教学活动来说，这种师生关系的转变也有利于提高教学的实效性。在使用慕课对学生进行教育的过程中，教师实现了自身的角色转变，由主导者转变为辅导者、参与者与评价者，并且为学生提升学习效果做出了许多努力。学生作为新型教学模式下的主体角色，其主要任务就是学习，而其学习的主要方式就是通过网络平台与教师的课堂讲授。

由于我国各地区之间存在差异性，我国各高校的慕课使用状况也各不相同。在发达地区，已经有不少高校都形成了"慕课＋讲授"的线上与线下相结合的混合式教学模式；而在经济较为落后的地区，由于互联网技术不发达，慕课的应用也就相对较少。

（二）慕课环境下高校英语教学实践

为了深化大学英语教学改革，加强教学内涵建设可谓是重中之重。大学英语教学内涵建设的核心任务是贯彻教育教学基本原理和外语教学原则，改革课堂教学模式和教学方法，优化课堂教学设计和组织管理，提高大学英语课堂教学的效果。

1. 以有效教学为宗旨的教学模式改革

教学模式是在教学活动开展的过程中形成的稳定的结构形式，这种结构形式以一定的教育思想、教学理论与学习理论为指导，并将某种环境作为教学载体。教师、学生、教学内容与教学媒体这四个要素是教学活动进程中不可或缺的，它们在教学过程中能够相互联系、相互作用，形成一个活动着的体系。由于教学过程四要素是固定的，教学模式也就会形成相对稳定的结构形式，而要想建立几个完全不同的教学模式，只需要使用不同的教育理念、教学理论与学习理论即可。教师主体在教学理念上有所变化，学习主体在学习观念上有所变化，只有这样才能够更好地实现教学模式的改革，只靠教师主体转变教学方法与教学手段是行不通的。要想形成较为有效的教学模式，就必须运用特定的教学理论与学习理论。

《大学英语课程教学要求》明确指出："各高等学校应充分利用现代信息技术，采用基于计算机和课堂的英语教学模式，改进以教师讲授为主的单一教学模式。"[①] 现如今，大学英语课堂教学模式与教学方法的改革进行得轰轰烈烈，中国大学慕课教育"有效教学"的宗旨被现代高校在大学英语课程改革与发展中进行迅速普及。为了实现这一目标，教师必须在课堂中为学生展示新的教学理论，而学生也应该使用新的学习理论提高自己学习的实效性。在新型教学模式下，教学思想逐渐由以教师为中心转变为以学生为中心，教师由只为学生传授语言知识与技能转变为不仅为学生传授语言知识与技能，还重视学生对语言的实际应用能力、自主学习能力和批判思维能力的培养与提高。

在教学模式的改革过程中，教学方法与教学手段的改革也是不容忽视的。教学方法，顾名思义，就是教师为了能够更好地实现教学目标，采取不同的方式、方法与途径为学生开展教学活动。教学方法改革必须根据新媒体时代教学方式、教学手段和教学活动的特点，关注以学生为中心的学习方式和学习活动。随着慕课技术的推广，计算机网络技术与外语教学的整合出现了发展机遇，以教学媒体为支撑、以媒体间性为驱动的教学方法改革成为新形势下大学英语教学改革的重心。

"翻转课堂"教学模式是慕课大背景下全球教育工作者普遍关注的教学模式，也是大数据背景下切合现代教学系统特征的新型教学模式。大数据时代背景下，教学媒体的作用越来越显著，基于主体间性的互动教学原则和媒体间性的多模态教学原则，以及以数字化、网络化、智能化为特征的学习技术支持，为外语教学模式创新提供了良好的条件。借助基于云端技术的学习支持系统以及师生可以使用的各种交互终端，课堂教学活动的设计可以实现课前、课中和课后的一体化，"翻转课堂"教学模式应运而生。根据布卢姆教育目标分类，教师可以把传统课

---

① 教育部高等教育司. 大学英语课程教学要求［M］. 上海：上海外语教育出版社，2007.

堂中属于理解、记忆等低层次教育目标的教学内容剥离出来，转移到课外学习的语境中供学生个性化研习，促使学习者主动建构知识意义。这样，在课堂上，教师就有了充足的时间聚焦于应用、分析、综合、评价等高层次教育目标，通过组织各种交互活动，强化学生的参与程度，实现真正意义上的"以学为中心"，促进有效学习。这种以人性化、多元化和协作互动为主要特征的翻转课堂教学模式，强调信息化教学的前移，打通了课堂教学和课外学习的通道，拓展了知识学习与技能培养的空间。

翻转课堂教学模式也体现了"自然学习"的法则，发挥了"社团实践"对于学习者认知能力和协作能力培养的重要意义。翻转课堂教学模式是大数据时代背景下建构主义、社团实践等理论应用于教学模式创新的一个范例。有效的翻转课堂教学模式离不开灵活的学习环境、新型的学习文化、精心的教学设计和专业的教育者等关键要素，即"翻转课堂的四大支柱"。作为一种新的教学模式，翻转课堂模式也不是万能的，并非所有教师、年级、课程和所有的教学内容都适合翻转教学模式，不同教学条件下的不同课程采用的翻转课堂教学结构也有所不同。基于慕课的翻转课堂教学模式适用于大学英语教学，慕课和翻转课堂教学均得到了学生的高度认可，将慕课与翻转课堂教学进行有机结合，能充分发挥信息技术和外语教学深度融合的混合式学习潜能。但是，从总体上来说，翻转课堂教学模式在大学英语教学中应用的研究范围还比较有限，研究成果还比较少，值得对其进行深入的、系统的研究与探索。

在教学模式改革中，围绕教学的有效性，对教学方法、教学手段以及教学过程等方面进行改革，往往是牵一发而动全身。例如，在慕课背景下开展"翻转课堂"教学模式改革，需要注意以下问题。

首先，教师在教学手段上实施"翻转"，采取基于翻转课堂教学模式的教学方法，打破常规教学模式组织的教学活动。

其次，在大学英语课程教学改革中实施慕课教学模式，就必须淡化传统课堂的观念，以在线课堂为主、传统的面对面课堂为辅，实施线上线下一体化教学模式管理。在慕课条件下，如何评价教学效果，如何评定教学工作量，这些都是教学主管部门必须面对和解决的问题，因此必须解放思想，实施科学管理。

最后，关于教学媒体的使用，各校均有自己的教学运行制度或教学惯例，有的学校明确规定课堂播放视频不得超过五分钟，否则被督导专家和领导发现就会被认定为"教学事故"。所以，如何在课堂教学中充分有效地发挥教学媒体的作用，是教师改革课堂教学必须考虑的问题。

可见，教学模式的改革不仅仅是教师个人选择什么教学方法和手段的问题，也涉及教学条件、教学管理制度的配套支持，其背后还涉及深层的教学理念更新问题。例如，按照传统的教学管理，教师教学工作量中的"主讲"学时指的是教师在执行学期课程教学计划指定课时完成的主讲工作量。如果这种传统的教学观念没有得到更新，不能打破传统课堂的边界，与翻转课堂教学模式相适应的教学管理制度不能及时跟进，那么，翻转课堂教学模式中教师制作课前微课视频的工作量就无法得到合理认定，自然就会打击教师开展教学模式改革的积极性，影响教学模式改革的实施效果。

2. 以交互性原则为导向的教学设计与实施

在教学活动中，教师的教学组织与学生的学习行为指导都体现着交互性原则。交互性原则不仅能够将教师先进的教育理念与课堂教学方法展示出来，还能够将学生不同的学习理念与学习策略表现出来。对于教学模式改革来说，教学原则是必不可少的，而教学原则的贯彻实施是在教学设计与课堂教学的过程中体现出来的。在教学活动中，一旦确定了教学模式，就必须以教学目标为指导，分析该种教学模式中显露出来的教学问题，并对解决这些教学问题的策略与具体方案加以明确，这样才能不断提升课堂教学的有效性。教学过程中的策略和方案必须遵循以学生为中心的交互性原则。教学设计应当把交互性原则转化为有利于师生、生生或人机交互的教学任务、活动方案和实施教学的策略。

慕课和翻转课堂教学实践拓展了教学设计的范畴。在线学习材料的设计和开发，为教学设计者提供了良好的环境和机会，同时也带来了与传统课堂环境下的教学设计完全不同的约束。在传统的面对面的课堂上，教学设计者通常根据教师或者学伴的情况进行必要的调整，当学生不能理解某种观点时给予适时的支持；当产生理解困难时，学生通常可以马上向老师或者同学请教。而在慕课在线学习环境下，学生可以按照各自的生活学习习惯安排时间，可能半夜才开始学习。由于教与学在时间上的错位，学生不能当即得到老师或学伴的反馈和支持，就有可能在沮丧中放弃学习。所以，如果教学模式改革中涉及在线学习，教师就需要加强在线课件的智能化，满足人机互动的基本需要，让学生在产生疑惑时，能够得到及时的在线反馈，从而替代常规的人际互动。

在慕课高速发展之际，我们也可以在大学英语教育教学的改革中加入慕课元素，模糊线上与线下课堂的边界。教师要按照相应的教学理论与教学模式对待慕课课程，在课堂内，可以将慕课作为有效的教学资源，也可以将其作为"翻转课堂"中的有机组成部分，甚至是将其作为小规模限制性在线课程（SPOC），因此，大学教师除了对传统教学方法进行规划外，也不能忽略对慕课的规划、设计与组织实施。

第一，教师在进行课堂教学设计与实施的过程中，应该合理把握"教"与"学"的时间分布与空间布局。为了提升学生的参与度，使课堂教学的实效性得到不断提升，教师要促进教学过程中师生之间与学生之间的交互，使学生共同参与到任务型教学活动的设计与组织中。

第二，掌握学习认知规律是交互性原则的基础，教师在制作课件的过程中，不仅要遵循交互性原则，还要使其符合学生的认知特点与水平。在翻转课堂教学模式中，教师可以使用"微视频"辅助学生理解课程内容，在此过程中，要注意向学生发布的微视频不能对学生造成认知负荷。这就要求教师在教学设计时要先进行需求分析，满足学习者更加多样化的需求。

第三，在教师制作的"微视频"中，必须体现交互性教学原则，在课堂上使用的课件要具有较强的交互性，增加学生的参与度。学生也可以在自主学习"微视频"时通过各种社交媒体与教师和同学实时互动。通过这个步骤，教师就能够在线下教学开始前将学生的学习反馈了然于心，在之后的课堂教学中，就能够针对学生提出的问题有针对性地调整自己的教学方案，将课堂教学的重点进一步突出，提高线下课堂教学的有效性。

因此我们可以看出，教学设计在现如今慕课与翻转课堂的教学模式下与在传统教学模式下显现出了一些较为明显的差异，但有一点我们可以从传统教学设计与现代教学设计中找到共通之处，那就是教学设计是由"教"与"学"之间的交互产生的。为了更好地进行教学模式改革，学生就要自觉更新自身的学习观念，树立起新型的外语学习文化意识。

3. 以保障学生课堂参与为目标的教学条件建设

我国高校在 20 世纪末期展开了轰轰烈烈的教育信息化基础设施建设，经过二十多年的发展，我国教育信息化已经初具规模。在高校英语教学中，基本条件建设发展迅速，多数高校已经建成了自己的多媒体教室，网络化的外语教学开始在高校中普及，但高校教师的教学观念与教学模式存在滞后性。由于传统教学观念与教学模式已经根深蒂固，许多教师在网络如此发达的今天，也仅仅是将原本"粉笔＋黑板"的方式转换成"计算机＋投影"的方式，教学模式的改革展现得并不彻底。不少教师还是习惯将自己脑海中的知识形成系统"喂"给学生，由此出现了"电灌"的现象，导致学生在课堂上没有参与感，教师与学生在课堂上的互动也并不频繁。

因此，大学英语教学中的教学条件建设并不能只为学生提供多媒体教室，而是要建设能够提高学生课堂参与度的教学环境。教学环境除了在设备先进、环境舒适方面达标以外，还要能够为教师提供便利、实现教师与学生的实时互动。

大学英语教学模式改革需要将计算机与课程进行充分整合，为了达到这一目标，高校在信息技术的应用方面就要多下功夫。例如，在课堂教学环境的创建方面，可以为学生与教师创建多元化的、能够提升教学实效性的教学环境；在使用线上优质教育资源拓展教育内容时，要鼓励教师多使用微课与慕课对学生展开教学，使学生适应课堂与在线网络课程并行的翻转课堂混合式教学模式，培养学生自觉、自主、个性化学习。教师使用翻转课堂教学模式对学生进行教学时，要注重与学生进行在线交流，及时收集学生在教学活动中出现的问题。高校应该在自己建设的网上学习平台中形成相对完善的教学体系，不断满足学生人机交互与人际交互的实际需求。在高校英语教学改革的过程中，大学生展现出了一些新的学习特点，因此，大学英语课室必须跟随学生的脚步，建立可移动的英语学习平台，使现代高校大学生的学习方式具备自主性、移动性与随时性等特点。

在"互联网＋"背景下，慕课与大学英语教学相融合，在一定程度上推动了教室环境的重构。为了提升学生的学习热情与课堂参与度，必须将创建新型教室环境提上日程，利用高速发展的网络通信技术与融媒体技术，使学生的学习环境焕然一新。黄荣怀等专家从内容呈现（Showing）、环境管理（Manageable）、资源获取（Accessible）、及时互动（Real-time Interactive）和情境感知（Testing）等五个维度提出的 SMART 智慧教室[①]，为现阶段新型大学英语教学课室的建设提供了坚实的理论基础，并且也提高了课室建设的可操作性。呈现出优化的教学内容，在学习资源的获取方式上更加便利，师生在课堂教学中的互动更加深入，这些都是从专家们提出的"SMART"模型中提炼出来的。在"互联网 +"背景下，教育领域专攻技术的专家开发出了多种以"高清晰""深体验""强交互"为典型特征的智慧教室。

　　由于外语教学以培养学生的语言运用能力为主要目的，因此，"小组协作"的教学模式在大学英语教学模式改革中颇受欢迎，这是因为"小组协作"能够提升学生的参与度，体现高校英语教学的交互性。现如今的教室环境已经无法满足教学模式改革后交互性课堂的教学需求，因此，从架构方面讲，必须更新与完善教学课室的顶层设计。如表 7-2-1 所示，智慧教室的设计能够从"内容呈现（S）""资源获取（A）"与"及时交互（R）"三个方面进行，由此设计出来的智慧教室表现为三种类型，分别是"高清晰"型、"深体验"型与"强交互"型。

表 7-2-1　三种类型的智慧教室比较

类型	教学模式	教室布置	内容呈现	资源获取	即时交互
"高清晰"型	传递—接受	以"秧苗式"为主	双屏显示无线投影	支持讲授的资源和工具	以师生互动为主
"深体验"型	探究性	多种布局均可	学生终端	丰富的资源和教学工具：全面支持各种终端接入	以生机互动为主
"强交互"型	小组协作	以"圆形"为主	小组终端	支持小组协作的资源和工具	以终端支持的生生交互为主

　　但是我们也需要明白，建设课室的目的是提升学生的课堂参与度，因此，建设以计算机通信与智能技术为基础的智慧教室并不是高校改善课室环境的唯一路径。如若高校在普通教室实行探究式教学模式时也能够增强师生在课堂上的交互，提升学生的参与度，那么就不需要花费极其昂贵的资金建设智慧教室。在现阶段的高校英语教学中，有些教师非常看重对学生英语技能技术水平的培养，但是却

---

① 黄荣怀，胡永斌，杨俊锋，等. 智慧教室的概念及特征［J］. 开放教育研究，2012，18（2）：22-27.

忽视了语言教学最重要的实质内容，也就是忽视了师生间与学生间使用所学语言进行无障碍交流这一内容。因此，在对高校英语教学进行改革时，必须将培养学生的语用能力放在重要位置。

现如今，互联网技术高速发展，技术在今天已经成为第一生产力，对于高校英语教学改革有着巨大的推动力量。在"互联网+"背景下，学生对于英语资源的获取与利用已经非常方便，他们可以在网络上选取自己感兴趣的领域进行学习。在中国大学慕课时代，外语教学资源的共享使得各地区的人们都能够享受最先进的教育资源。在这种条件下，也就不存在"学习不好是因为没有足够的学习资料"这种说法了，如果一个人有着无尽的求知欲，那么在信息技术无比发达的今天，就没有什么能够阻碍他汲取知识的脚步了。

二、微课教学模式

（一）微课概况

1. 微课的界定

对于微课这一概念，我们可以先从字面意思来理解。"微"的意思就是"小"，现如今，人们的生活节奏越来越快，"微信""微博"等社交媒体也被大众广泛应用。由于互联网的发展，"碎片化"也成为一个热度极高的词语，人们可以利用碎片化的时间来进行学习，从而出现了一系列教育领域内的新形式，如"微课程""微视频""微教育"等。可以这样说，微课是在信息技术高速发展的过程中产生的，随着教育改革的不断深入，为了满足时代发展与新课程改革的需要，微课已经成为教育板块中不可或缺的一部分。随着"微课"概念的提出，国内外学者都对微课进行了研究，但是直到今天，微课仍旧在发展过程当中，对于"微课是什么"这个问题，国内外学者并没有一个统一的定义。

2008年，美国新墨西哥州圣胡安学院的高级教学设计师戴维·彭罗斯（David Penrose）首次提出了"微课"这一名词。他认为，微课是基于建构主义理论，在一定的学习目标和学习任务的基础上，以某一个主题或问题为教学内容，通过录制视频的方式形成六十分钟微课程。同时戴维·彭罗斯把微课程称为"知识脉冲"。在我国，广东省教师胡铁生是最早提出微课概念的人，是我国的微课创始人。胡铁生提出微课是微型课程的简称，它是以微型教学视频为主要载体，教师针对某个学科知识点（如重点、难点、疑点等）或教学环节（如学习活动、主题、实验等）而设计开发的一种情境化的、支持多种学习方式的新型在线网络视频课程。[①]之后，他又对微课的定义进行了不同程度的修改与完善。黎加厚则将微课定义为：微课是在"翻转课堂"的基础上发展起来的微课程，它是以教学目标和教学任务为基础，结合教学活动，以录屏软件（如 Camtasia Studio）录制视频的全过程。[②]赵国栋提到微课是以混合式教学为指导思想，以翻转课堂为基本应用模式的一种课件设计方案，强调学习知识的碎片化与知识学习的及时反馈。[③]

国内外的微课专家认同微课的核心理念，即以视频形式对学生进行课程内容的讲解，其学习目标、学习任务与教学环节与线下教学其实是一样的。对于微课的形式，学者们众说纷纭，有的学者说可以录制 PPT 微课视频，而有的学者建议使用专业的录屏软件，如 Camtasia Studio、Movie Maker 等，还有的学者为了节约教师的时间，提出教师可以直接使用手机为学生进行课程的录制。

2. 微课的特点

（1）微而精

微课最突出的特点就是它的体量小，但是内容全面。下面我们将从"微"与"精"两个方面为大家阐述微课的该项特点。

"微"主要是指时间微——以不超过十分钟的视频为主；内容微——单个视频内容知识点少，一般来说，只对某一个知识点进行深入讲解；储存微——微课视频所占存储空间小，便于学生下载储存，反复观看。

"精"也从三个方面体现出来。首先是教学内容精准。微课在教学内容方面体量小，但是胜在讲授的视角新颖、主题明确。其次是教学设计精密。由于使用视频授课，为了提高教学的实效性，完成本节课的教学任务，教师在录制视频的过程中就必须对视频教学设计进行周密的规划。最后是教学活动精彩。在微课模式的教学活动中，教学氛围相对轻松，视频形式也能使学生的注意力集中起来，提高学生学习的积极主动性。

---

① 胡铁生."微课"：区域教育信息资源发展的新趋势［J］. 电化教育研究，2011（10）：61-65.

② 黎加厚. 微课的含义与发展［J］. 中小学信息技术教育，2013（4）：10-12.

③ 赵国栋. 微课、翻转课堂与慕课实操教程［M］. 北京：北京大学出版社，2015.

（2）多而实

在互联网高速发展的今天，微课资源非常丰富，人们对于资源的开发与课程的制作方式有了更高的要求，资源开发与制作方式呈现出多样化的趋势。对于微课来说，包含了微教学、微教案、微课件、微练习、微评价与微反馈在内的微课资源包加速了其在现阶段的开发与建设。除此之外，微课的情境化教学与学生的现实生活联系较为密切，这也能够促进学生的学习与发展。

（3）广而便

关于微课的"广而便"特征，我们可以将其拆分为"广"与"便"两方面进行分析。

首先是"广"，主要体现为传播范围广、利用领域广与知识面广三点。第一，传播范围广，是指微课这种视频形式以网络为传播媒介，不受时间与空间的限制，学习者随时随地都能够进行学习。第二，利用领域广，是指微课的授课内容涵盖面非常广泛，无论是教师希望深化自身知识，还是成年人想要在工作之余再学一些新知识，都可以通过微课来实现。第三，知识面广，这一点是指微课不仅有中小学的学科知识，对较高水平的学习者来说，他们也能够在微课上找到自己所需要的学习内容。

其次是"便"，是指微课的使用方式相对便捷，能够让学生充分利用碎片化时间进行学习。

总而言之，以互联网为依托产生的微课为学生创造了良好的学习条件，能够有效提升学生的自主学习能力，对学生综合素质的发展也有一定的推动作用。

（二）高校英语教学中微课的应用现状

1.部分教师的微课理论基础知识薄弱

现阶段，我国微课的发展较为缓慢，有人认为，这是因为在高校中从事教学工作的部分教师对于微课并不了解，不知道微课对于教学活动的意义，自然也就不会在平时的教学活动中使用微课对学生进行授课。一些教师对于微课并没有树立起正确的认识，学校对于微课也不甚重视，没有对教师进行微课相关的技能培训，导致部分教师对于微课的理论基础知识接触不多、掌握不牢。

2.部分教师的教学任务过重，缺乏微课制作的教学环境

学校在教学改革的发展过程中，对教师提出了更高的要求。教师在教学改革

过程中，不仅要注重学生学习成绩的提高，还要帮助其培养自身的综合能力。对于一些教师来说，把线下的教学任务完成就已经非常疲惫了，腾不出时间与精力为学生录制微课视频。另外，一些学校在发展微课教学环境方面较为落后，录制微课的设备准备得并不齐全，这对于教师开发制作微课也产生了一些阻碍。

3. 一些教师自我发展观念狭隘

目前，互联网技术高速发展，"互联网＋"背景下的教育也应该与时俱进，不断加强与信息技术之间的联系，教师也要通过学习新的教育技术促进自身的发展。然而，有的教师认为他们只要好好教书，使每一个学生都能够跟得上自己的步伐，就已经完成了教师的使命，无须进行自我发展，自然也就不需要接触与了解现代的教育技术。但是，在互联网时代背景下，我们深知这种思想就是在自掘坟墓，将自身的发展局限在一定区域，那必定会被时代所淘汰。

4. 微课教学形式单一，教师操作技术不熟练

教师在开发、制作微课课程时，难免会受到自身已经形成的传统教学观念的影响，出现对于教学模式的改革不彻底的现象。对于年轻教师而言，其教学经验没有老教师丰富，对知识点的把握也相对浅显，会产生热衷追求微课教学形式、忽略微课教学实质的现象。而对于一些中年教师来说，由于他们不精通互联网，对于微课的制作也就相对粗糙，不利于学生对于微课视频内容知识的掌握。

5. 微课使用频率低，与学生的认知发展相脱节

作为教育者，如果学生在学习过程中迟迟没有显现出应有的学习效果，那么我们就要积极分析其中的原因。第一，一些教师对于微课的使用频率较低，在平时只使用纸质的书本为学生进行教学，使得学生对于课堂的参与度不高。第二，一些教师在使用微课进行教学时，并没有充分考虑学生的认知发展程度，学生对于知识的掌握还未达到教师所认为的程度，这样的教学方式只会拔苗助长，并不利于学生能力的培养。第三，在现如今的大部分教学活动中，微课并没有充分深入课前与课后，而仅仅存在于教学过程中，并且也没有改变原有的教学模式，不利于提高学生的参与度。

（三）高校英语教学中微课教学模式建构

随着教学改革的发展，英语微课教学模式已经由"分析—设计—开发—实

施—评价"模式发展为"课前—课中—课后"模式。在课前，教师可以将微课作为教学活动的引导，创设情境为即将要学习的知识做铺垫，也可以在这个阶段为学生制造一些问题，让学生带着问题进入正式学习的课中阶段。在教学活动进行的过程中，教师应该将本节课程内容中涵盖的知识点结合现实中的具体事例为学生进行讲解，这样能够使学生的参与感增强，然后引导学生在课堂上与教师和同学进行互动，之后教师可以对学生的回答进行点评。下课之后，教师可以询问学生对本节课的内容是否还存在疑问，并为学生布置作业，督促学生在课后消化课中所学知识。

1.课前——微导入

（1）情境创设

教师可以在这个阶段，根据即将为学生讲授的知识内容与课程目标，为学生创设教学情境，从而更好地激发学生的学习兴趣，形成良好的学习氛围。对于情境的创设，教师要选择贴近学生日常生活的、与本堂课程教学有关的内容，这样才能帮助学生理解。

（2）背景呈现

教师在课前阶段要注重对学生文化意识与文化敏感度的培养。进行背景呈现对学生有两方面益：一是可以帮助学生更好地了解即将要学习的知识的背景，为理解课文内容打下坚实基础；二是能够帮助教师引导学生，使学生更快地进入学习状态。

（3）巧设问题

设问是课前准备阶段极为重要的一项内容，对于学生来说，教师的问题可以帮助他们在接下来的课堂中集中注意力。在这个环节中教师需要注意的就是，提出的问题既不能与学生的生活相隔甚远，也不能与教学内容毫无关联，只有这样才会使学生产生共鸣，提高学生的课堂参与度。

2.课中——微讲授

（1）知识点微呈现

在各个专业的学习过程中，学生的学习目的都是要获取知识，并将掌握的知识内化为自己的能力，将其应用到实践中。因此，微课最重要的任务就是对知识点的呈现，这也为教师制作微课提出了具体的要求。教师在制作微课时，要对制作内容进行合理选择。对于微课来说，只需要教师将某一堂课的知识点进行深化挖掘，以轻松愉悦的表现方式呈现给学生就可以了。通过这种方式，学生能够精确地捕捉到本堂课的关键内容，从而更好地进行课堂讨论。

（2）结合微事例

教师在进行知识点的呈现之后，为了更好地帮助学生吸收知识，可以为学生寻找一些与他们生活密切相关的事例，引导学生进行进一步的思考。

（3）问题微讨论

在为学生提供了事例之后，教师可以向学生提出问题，并要求全班以小组的形式进行讨论。这种讨论式的教学方法能够培养学生的创造性思维，还能够增强学生的团队协作意识。

3. 课后——微练习

（1）练习巩固

教师可以在课前事先准备好微练习视频，视频的内容就是本堂课的知识点，在课堂教学中为学生讲授知识点之后，就可以为学生播放视频，使学生在练习中巩固本节课所学内容。等到下课之后，教师可以将微练习视频上传至群共享，供学生们再次下载练习，以巩固自己的课堂所学。

（2）再次提疑

学生在课后通过观看视频、完成作业，能够发现自己仍旧不明白的问题。学生在这时应该先进行独立思考，如果遇到的是依靠自身能力实在无法解决的问题，在下一堂课开始前，学生可以向教师求助，在教师的帮助下对该项知识点进行理解与掌握。

（3）布置作业

教师在将知识点讲授完成之后，就可以布置家庭作业了，为学生布置家庭作业是让学生对刚学习的知识进行输出的过程，学生只有将自己所学的内容进行整合并有效输出，才能真正将自己所学的知识内化为自己的能力，也只有这样，教师才能够对学生掌握知识点的程度了然于胸。在作业的设置方面，教师要针对不同学生的不同特点，有针对性地为他们设置家庭作业，这样才能够提升教学活动的实效性。

第三节　新时代"互联网+"背景下高校英语教学的创新优化

一、大学英语听力教学

（一）大学英语听力教学内容

1. 听力知识

对于听力知识的教学，语音知识、语用知识、策略知识、文化知识等都是不可忽略的。在进行听力时，教师要重点培养学生对于语音的解码能力，因此，语音的教学对于听力教学来说非常重要，教师应该在此项教学中培养学生的发音、重读、连读、意群分析与口语语调能力。

在培养学生听力能力的过程中，不能忽视对学生策略知识、语用知识与文化知识的培养，这些知识对于学生进行听力理解能够起到非常重要的辅助作用。为了使学生能够在进行不同的听力任务时选择合适的听力方式，就必须为学生讲解听力的相关策略；为了能够使学生提高语言解码能力，理解对话者的真正意图，教师就要对学生进行语用知识的训练；为了解决学生由于文化差异无法正确理解对话内容的问题，教师在向学生传授听力知识的同时，也要传授一些目的语国家的文化知识。

2. 听力理解

现阶段，我国英语教学听力理解的主要目的是培养学生对于字面意思的理解与学生对文本中隐含意思的理解。理解过程主要由以下几个要素组成。

（1）辨认

在理解过程中，学生对于听力内容的辨认是第一位的，能够对于文本内容中的语言、符号与信息等进行辨认是实现后续内容的基本要求。当教师需要针对此项内容对学生进行训练与检验时，可以通过正误辨认、匹配与勾画等方式实现。例如，教师可以对文本中的句子进行顺序调换，再让学生根据自己所听的内容重新调换顺序。

（2）信息转化

信息转化是听力理解的第二个层次，要求学生对所听到的信息进行转化是指学生需要将其所听到的信息进行分析，并将分析过后的信息进行书面输出——填入图或表中。学生可以在转化的过程中采取原信息转化与运用自己的语言进行转化两种形式，在这个阶段，学生需要能够辨别出听力材料中包含的短语或句型。

（3）重组与再现

前两个阶段都是学生从听力材料中获取信息的阶段，进入第三阶段即重组与再现时，学生就需要用自己的语言对从听力材料中获取到的信息进行重新整合，并按照教师的要求以口头或书面的形式将整合后的信息表达出来。在这个阶段，学生可能会因为词汇量少而忽略听力材料中的某些信息，甚至是关键信息。因此，为了解决这一问题，教师应该在教学过程中鼓励学生扩充自身的词汇量，也可以对初次接触的词语进行复述练习。

（4）评价与应用

听力进入这个阶段，对学习者的要求也是最高的。在这个阶段中，学生不仅需要对听力材料中的信息进行完全掌握，并实现对文本信息的输出，还需要学生能够使用自己的语言对该段文本信息进行评价及应用。英语的听力练习并不是为了听而听，其最终的目的是将英语技能运用到实践中去，它是在为我们进行语言交流打好基础。因此，听力教学力图达到的一个目标就是进行评价和应用，在实际教学中，评价和应用可以通过讨论、辩论等活动进行。教师在对学生进行这个层次的培养时，不能急于求成，因为学生的听力能力会随着听力材料体裁与内容的变化上下浮动，甚至向前回溯。如果要想使学生的听力水平得到巩固，教师除了要对他们抱有耐心之外，还要寻找一切机会帮助他们增加词汇量。

3. 听力技能

学生要想完整、准确地理解给定的听力材料，除了需要掌握一定的听力知识之外，还需掌握一定的听力技能。听力技能是一项综合能力，在不同的教学阶段，听力技能的教学目标不尽相同，在训练学生的听力技能时，要注重学生的个体差异性。

（1）辨音能力

辨音能力包括辨别音位、辨别重弱、辨别意群、辨别语调、辨别音质等，它是听力理解的最基本能力。

（2）猜测词义能力

这种能力是指学生能够利用自身已经掌握的技巧猜测听力文本中自己不熟悉的单词词义。

（3）理解大意能力

理解大意能力就是指理解听力材料的通体意思，进而理解其要表达的主题和意图等。

（4）推理判断能力

推理判断能力是指借助各种技巧，通过推理判断，能够获取谈话人之间的关系，说话人的态度、意图和言外行为等非言语直接传达的信息。

（5）理解细节能力

这种能力是指学生能够从一段听力文本中捕捉细节信息。

（6）交际信息辨别能力

这种能力的培养有利于学生进行跨文化交际。交际信息包含新信息指示语、例证指示语、话轮转换指示语、话题终止指示语等内容。

（7）评价能力

这种能力是建立在学生已经对听力文本完全掌握的基础上的，在这个基础上，学生能够对听力材料的内容表达自己的观点与看法，我们才能说学生已经具有了评价能力。

（二）大学英语听力教学创新

1. 正确领会教学目标，推动学生自主进行网络学习

在高校英语教学中，教学的主要目的应该是对于学生进行应用知识的培养。在学生的文化交际能力与学习策略培养等方面，高校应该给予足够的重视。要想提升学生的文化交际能力，首先就要从培养学生的听说能力开始，只有学生养成了听顺利、说流畅的语言习惯，才能够在之后的日常生活中使用英语与母语者进行无障碍交流。为提升学生的交际能力，教师就要尽量选取与学生实际生活联系紧密的听力材料。

（1）听通知

出门在外，我们经常会在车站、机场等地方听到上车、登机、晚点等通知，

听懂这些通知对学生日后的外出、旅行十分重要。这就是生活中最实用的，也是最能引起人们注意的例子。因此，教师可以多给学生播放一些通知，教会学生掌握通知中所有的重要细节，帮助学生养成听的习惯。

（2）看电影

看英语电影是一种很好的学习英语的方式，很多经典英语电影也是中国学生追捧的对象。对此，教师可将电影应用于听力教学中，选取一些经典的无字幕英文电影，让学生一边看一边听。

（3）听新闻

与通知和电影相比，新闻的专业性更强，且题材丰富多样，因此，在听新闻的时候，学生可以不必掌握所有细节，只要理解大概意思即可。这就要求学生在听之前，掌握语篇的大致意思，听的时候要抓住其中的关键词。每天听一点，时间久了就会成为一种习惯，能够使他们的英语听力上升到一个新的高度。在高校英语教学中，大学英语教学是作为延伸课程存在的。在大学生前两年的学习过程中，主要是对于英语基础知识进行积累与掌握，而到了大三这个阶段，教师就要有意识地培养学生像外国人那样说话，可以从说话的态度与速度上模仿他们。

2. 创新多种教学方法，使课堂氛围更加活跃

高校教师要树立在实践过程中培养学生语言应用能力的意识。目前，高校为了使不同基础的学生都能够从英语教学内容中获取自己所需的知识，开展了分级教学，以互联网为依托，建立了多个等级的学习目标，根据学生的不同进度为学生提供适合自己的学习内容。教师也可以在校园内开展丰富多彩的、有利于促进学生英语听力能力的实践课余活动，这项措施也能够改善高校英语教学方式。

在互联网技术不断发展的今天，网络平台为高校英语教学提供了非常多的教学资源，其中，最为重要的就是听力资源。教师要学会利用网络平台为学生提供英文歌、英文电影等资源，在将这些资源收集完毕之后，可以利用课间或自习时间为学生播放，这样也能够提高学生的学习热情，提高他们对英语学习的积极性。在学生们接触了越来越多的网络上的英文资源后，也会激发他们完善自我的心理，对提升自身的听力水平有很大帮助。

3. 逐步细化教学课程，展示互联网多样资源

进入大学，学生有了许多属于自己的时间，要想提升自己的学习成绩，就要

对这些碎片化时间进行利用。但碎片化的时间并不利于学生掌握过多的知识，因此，为了使学生能够充分地利用碎片化时间，教师就必须将课程进行细化处理。教师可以利用互联网资源，引导学生观看网络上的英语演讲或电影、脱口秀等视频内容，在娱乐中提升学生的语感与听力水平。

英语作为语言学科，其最终目的就是培养学生的口语交际能力。但是我们也要知道，学生口语交际能力的提升并不是一朝一夕的事情，而是要具备一定的知识储备与听力能力，只有做好"输入"，学生的"输出"才会更加顺畅。在互联网时代，要想不断提升学生的口语交际能力，除了在课堂上进行交互式教学，教师还要利用网络资源为学生搜罗相关的微课。另外，教师要注重第二课堂对学生的教育作用，构建更加完善的第二课堂，使学生在进行听力学习的过程中更加轻松、愉快。

二、大学英语口语教学

（一）大学英语口语教学内容

大学英语口语教学的内容主要包括语音训练、词汇、语法、会话技巧、文化知识等。

1. 语音训练

语音训练是学习英语口语的基础。语音训练的目的就是帮助学生掌握正确的语音和语调，包括重读、弱读、连读、音节、意群、停顿等。错误的发音或不同的语调会造成理解困难，甚至产生误解。

2. 词汇

词汇是英语学习的基础，无论是英语听力、阅读、口语还是写作，都离不开词汇。没有足够的词汇量就没有足够的输出语料，因此就不能进行信息的交流。词汇是信息的载体，如果没有足够的词汇，就不能在脑中形成既定的预制词块，这必然会影响英语的输出效率。有效的词汇输入是词汇输出的条件，口语交际功能的实现离不开充足的词汇量。因此，在大学英语口语教学中，应注意加强学生词汇的积累。

3. 语法

语法是单词构成句子的基本法则，要想达到沟通的目的就要构建符合语法规则的句子。只有句子符合语法规则才可以被听者理解。词汇是句子含义的载体，语法是句子结构的基础，二者必须有机结合才能实现口语表达的实用性和高效性。

4. 会话技巧

口语教学的最终目的就是交际，学习并运用一些会话技巧可以使交际顺利进行。常用的会话技巧有以下几种。

（1）表达观点。例如：

It seems to me that... （在我看来……）

I'd like to point out that... （我想指出的是……）

To be quite frank/perfectly honest, ... （坦率地说 / 非常诚实地说，……）

（2）获取信息。例如：

Could you tell me...? （你能告诉我……吗？）

I'd like to know... （我想知道……）

Got any idea why...? （知道为什么吗？）

（3）承接话题。例如：

To talk to..., I think... （与……交谈，我认为……）

On the subject/talking of... （关于这个问题 / 谈到……）

That reminds me of... （这让我想起了……）

5. 文化知识

在口语交际中，文化知识也十分重要。交际的得体性决定了学生必须掌握一定的文化知识，包括普通的文化规则和不同文化之间的交际规则。这就是说，学生除了要具有扎实的语言基础知识，还要具备一定的文化知识。文化对语言的影响和制约主要表现在两个方面：影响词语的意义结构，影响话语的组织结构。

（二）大学英语口语教学创新

教育事业的改革有赖于现代信息技术的发展，现如今，在英语口语课堂教学中，多媒体与信息技术已经得到广泛应用，教学模式较之前更加现代化、信息化与多元化，英语口语教学在此背景下也逐渐加快了改革步伐。在这样的有利条件下，教师应该积极利用网络教学平台等一系列现有资源，不断创新大学英语口语教学模式，使人工智能、教师与学生共同参与到英语口语课堂教学中，这样不仅有利于提高学生对于英语口语学习的兴趣与积极性，还能够更科学、有效地为社会培养复合型应用型外语人才。

1. 创设多元化口语教学环境

在"互联网+"条件下，教师可以对网络教学平台进行充分利用。在课前阶段，教师可以为学生提供丰富的资源使其对本节课的内容进行预习，并在线下课堂教学时检验其预习成果，在下课之后，教师也可以让学生利用网络教学平台对今日所学内容进行巩固练习。线上与线下结合的混合型教学模式能够将学生的学习积极性充分调动起来，为学生提升自主学习能力打下坚实基础。

利用网络资源对学生进行口语教学，能够不受时间与空间的限制，使学生利用碎片时间，进行碎片化学习。学生在利用网络资源进行学习的时候，能够在英语母语者的影响下掌握地道的英语表达方式，还可以在网络上与英语母语者进行一对一的实时互动，从而提升学习兴趣。

在英语网络教学平台中，可以实现对学习者的跟踪记录，具体来说，共有三个方面：一是寻找轨迹，二是讨论轨迹，三是实践轨迹。下面我们来详细分析学生在学习过程中产生的这三个轨迹。寻找轨迹就是指教师为了掌握学生的学习习惯与思维习惯，可以利用跟踪技术分析收集到的线索，对学生实现正确的引导。讨论轨迹就是指教师通过观察学生们在网络教学平台中讨论的自身学习有困惑的地方，在课上实施重点突破，并帮助学生养成科学的学习方式。实践轨迹就是指教师通过观察学生在网络教学平台中进行的课后练习，评判自己的教学过程与效果，判断学生的学习能力与效果，在此基础上对自己的教学过程进行优化调整。由于互联网技术不断发展，高校英语教学活动可以在网络上高效进行。在网络教学平台上，教师可以建立一个"网上英语课程教学奖励系统"，对在网络课堂中表现突出的学生进行适当的奖励。为进一步提升高校英语教学的实效性，教师必须选用合理的教学方法，不断提升学生的课堂参与度。

2. 建立互联网实时对话的英语口语教学模式

在"互联网+"条件下，英语口语教学模式逐渐向互联网实时对话发展，这种口语教学模式能够改善传统教学模式的弊端，弥补传统教学模式的不足，提升学生学习英语口语的积极性，使大学生们的英语综合能力不断得到提高。在传统的教学模式下，许多学生由于各种各样的原因，不愿意将自己所学习到的英语进行"输出"，怕在老师与同学面前"露怯"，可想而知，他们的英语口语能力也就不会得到提高。

现如今，随着互联网实时对话教学模式的不断深入，教师在与学生进行互动之余也要对学生的个体差异有所掌握。对于水平不同的学生，不能使用同一套教材。对于水平较差、不敢开口讲英语的学生，教师必须使用一些与众不同的教学方法，让他们积极主动地参与进互联网实时对话中，提升自身的英语口语能力，使自我得到满足。除此之外，教师还需要鼓励学生设立英语口语学习目标，督促他们朝着自己制定的目标不断迈进。为了能够使大学生更好地进行互联网实时对话训练，教师在为学生们分配口语学习小组时，必须将学生的能力差异、兴趣爱好、学习进度与学习风格等因素考虑在内，将能力存在差异的学生分在一组，让能力强的带动能力弱的，使得每一个学生在进行一段时间的互联网实时对话训练之后，口语能力都能有所提升。这种教学方式也在很大程度上促进了积极向上的大学英语口语学习氛围的形成。

在大学英语的教学工作中，大学英语口语教学可谓是一块非常难啃的骨头，但其也在高校英语中占据了非常重要的地位。在互联网如此发达的今天，互联网实时对话的口语教学模式能够有效提升大学生的口语能力，使学生能够自信地与母语者进行沟通与交流。教师在教授学生口语技能时，要结合具体情况不断调整互联网实时对话在课堂教学中的时间比例，使大学英语口语课堂的教学质量不断上升。

三、大学英语阅读教学

（一）大学英语阅读教学内容

大学英语阅读教学内容包括培养学生的各种阅读技能，通常包括以下几个方面：①辨认单词；②猜测陌生词语的含义；③理解句子之间的关系；④理解句子及言语的交际意义；⑤辨认语篇指示词语；⑥通过衔接词理解文字各部分之间的意义关系；⑦从支撑细节中理解主题；⑧将信息图表化；⑨确定文章语篇中的主要观点或主要信息；⑩总结文章的主要信息；⑪培养基本的推理技巧；⑫培养跳读技巧。

（二）大学英语阅读教学创新

随着时代的发展，媒体信息技术也在不断进步，现阶段，在教育领域，新型的媒体信息技术已经得到广泛应用，随之而来的就是传统教学模式对于经济社会发展需求的不适应。目前，我国正在加快落实对于复合型英语专业人才的培养，因此，高校英语教学创新已经刻不容缓。英语专业人才在经济社会发展过程中主要起到国际文化交流的作用，因此，对于英语专业人才的阅读能力要求很高。高校在对英语教学进行创新时，应当将英语阅读教学创新放在突出位置。

1.科学安排阅读任务

教师在对学生进行大学英语阅读教学时，应该首先了解学生在英语阅读方面的薄弱环节，再与实际所要教授的英语阅读教学内容相结合，挖掘与英语阅读相关的一切资源，尽可能提高英语教学的实效性。为激发学生的发散性思维，教师需要将英语阅读教学的重点展示给学生，并根据学生的个体差异为他们分配不同的学习任务，提升学生的阅读意识，使学生在英语阅读学习过程中树立自信心。为不断提升大学英语阅读教学的实效性，高校可以利用高速发展的互联网技术，在学校的官网中设置网络信息分享交流平台，鼓励学生将自己收集到的或是从其他同学处获取的英语阅读资源共享到交流平台中，帮助其他同学提升英语阅读能力、拓宽知识面。教师在为学生布置课下的阅读任务时，不仅要考虑学生的学习能力，还要考虑学生的身体与心理发展特点，使自己为学生布置的阅读任务能够切实提升学生的英语阅读能力，促进学生掌握英语阅读技巧，提高其独立分析英语阅读材料的能力，并为学生寻找一些他们喜闻乐见的英语文学作品，提高其阅读积极性。

为了不断提升学生的实践能力，加深学生对基础知识的掌握程度，高校英语教师就必须将线上教学与线下教学相结合，并不断利用网络上的优质资源为学生进行阅读资源的扩充。例如，教师可以在班级内为学生划分学习小组，让学生以小组的形式展示英语阅读的学习成果，组内其他成员可以对小组内成员的学习过程与成果进行评价，丰富自身与组内其他成员的知识储备。为了提高学生对英语阅读课堂的参与度，教师可以构建线上教学板块，使用手机应用软件为学生下发英语阅读测试，以此来提高他们的学习兴趣。在混合式教学模式中，教师可以利用线上课堂和线下课堂与学生进行交流互动，提高学生对知识的掌握程度。

2. 开展合作式教学

在以智慧教学为主的互联网环境下，大学英语教师在为学生教授英语阅读教学时，可以使用教学软件中的分组功能为学生分配合作小组，并将平时的阅读任务以分组的形式发放，促进英语阅读教学工作效率的提升。对于学生的英语阅读效果，教师可以采用合作学习的形式来提供保证。教师要发挥引导作用，在朝着教学目标前进的道路上，让学生利用网络收集与高校英语阅读有关的教学资源，然后为学生设定相应的阅读主题，使他们在小组内阅读传递，这样不仅能够提升他们的英语阅读能力，还能够培养他们的团队合作意识。除此之外，教师要有意识地引导学生在小组合作中进行交流互动，及时发现学生在组内交流过程中存在的问题并进行纠正。同时，为了保证英语阅读课堂教学的效率，教师要对学生在小组内的讨论进度进行合理的把控。

较现在以互联网为依托的新型教学模式而言，传统的英语教学方式相对单调，教师只是在照本宣科，并不注重学生英语阅读学习的实效性，导致学生在学习过程中对于英语的兴趣不断下降。久而久之，教师也不再注重对学生学习兴趣的培养，从而形成了非常消极的恶性循环。因此，要想提高英语阅读教学的实效性，教师就必须转变自身的教学理念与教学方式，不能再将"填鸭式"教学作为主要的教学方式，而是要注重学生在学习过程中与教师的互动交流，为此，情境教学应运而生。在高校英语阅读教学过程中，教师不仅可以使用纸质书本为学生讲解阅读内容，还可以用图片与视频的形式改善英语阅读教学的课堂环境，增加与学生的互动交流，培养学生的阅读能力。为了培养学生对于英语阅读的学习兴趣，教师要不断营造轻松愉悦的教学氛围，使学生在畅快的心情中汲取知识，改变学生对于英语阅读的刻板印象。

在当今的时代背景下，我国的综合国力不断增强，与外国的交流也日益密切，因此，社会对英语专业的教师也提出了更高的要求。我国的教学改革进行得如火如荼，引发了教学模式的深刻变革，要想使高校英语阅读教学向着更长远的方向发展，高校英语教师就必须想尽一切办法提高自己的教学水平，提高高校英语阅读教学的实效性。在多媒体技术已经普及的今天，高校英语教师应该有意识地在课堂上应用这些便利资源，并不断提高自身对多媒体技术的应用能力。高校也应该增强对于高校英语教师关于多媒体技术应用的技能培训，使高校英语教师在以多媒体技术为主流的教学模式中仍然具有一定的职业竞争力。除此之外，高校还要定期维护本校中的硬件设施，改善教学条件与教学环境，使用互联网与国内的顶尖高校建立良好的联系，促进各高校之间的交流合作，加强各高校教师间的经验共享，不断提升高校的影响力。

四、大学英语写作教学

（一）大学英语写作教学内容

大学英语写作教学的内容主要包括结构、选词、句式以及拼写与符号。

1. 结构

（1）谋篇布局

在写作之前首先要谋篇布局，这是写作的起点，对写作有着至关重要的作用。所谓谋篇布局，就是指根据不同的题材、体裁来确定篇章以及段落的整体结构，并据此选择恰当的扩展模式，保证写作顺利开展。就篇章结构而言，大体结构是"引段—支撑段—结论段"；就段落结构而言，大体结构是"主题句—扩展句—结论句"。

（2）完整统一

评价一篇文章优劣的重要标准之一就是看该文章是否完整统一。所谓完整统一，是指文章中所有的细节，如事实、原因、例子等都要围绕主题陈述和展开，所有的信息都要与主题相关，所有脱离主题的信息都要删除，以保持文章段落的完整性。如果一篇文章逻辑混乱、层次不清，那么也就称不上是好的文章。

（3）和谐连贯

和谐连贯对于一篇文章来讲也是非常重要的，因为这是一篇优秀文章必须具备的因素。因此，在写作过程中，学生要注意文章的连贯性和逻辑性，保证句子与句子之间紧密相连，内容之间衔接流畅，段落与段落之间环环相扣，使整篇文章流畅自然、和谐统一。英语中保证文章连贯统一的重要方法就是使用恰当的连接词和过渡词语。

表示比较关系的词语：similarly、equally、in the same way 等。

表示并列关系的词语：and、also、or、likewise 等。

表示相反关系的词语：on the contrary、conversely 等。

表示让步关系的词语：although、in spite of、despite 等。

表示转折关系的词语：but、however、nevertheless、while、yet 等。

表示进一步关系的词语：furthermore、moreover、what is more、besides、in addition 等。

表示举例或解释的词语：for example、for instance、such as、in other words、that is、in fact 等。

表示结果或总结的词语：therefore、as a result、and so、finally、to sum up、in conclusion、in short、in a word 等。

表示空间和方向的词语：here、there、next to、beside、near、along、as far as、to the left（right）、in front of、at the back、in the middle、under、above 等。

2. 选词

词汇的含义有表层和深层之分，而且在不同的文化背景下，词汇有着不同的意义，因此对词汇了解不够深刻、不能选用恰当的词汇，将会严重影响写作的效果，所以选词也就成了英语写作教学的重要内容之一。选词通常与个人爱好有关，它是个人风格的体现，也是作者与读者进行交流的方式之一，因此词的选择要考虑语域的因素，如褒义词与贬义词的选择、具体词与概括词的选择、正式词与非正式词的选择等。

3. 句式

语篇是由词和句子通过一定的组合构成的，句式对于写作来讲非常关键。英语句式的种类繁多，而且每一种句式又是形式多样的。掌握和运用不同的句式对于写好文章十分有利，所以句式就成了英语写作教学的重要内容。为了使学生掌握多种句式，写出更加精彩的文章，教师可以采用句式练习的方式，具体来讲，教师可以以"示范"和"讨论"的方式让学生进行练习，促使学生掌握多而正确的表达方式。

4. 拼写与符号

英语写作离不开拼写与符号，如果没有了拼写与符号，文章的逻辑结构就无法体现出来，文章就会一片混乱，因此，拼写与符号也是英语写作教学的重要内容。拼写和符号涉及的均是学生的基础知识，主要包括单词的拼写和标点符号的使用正确与否，这虽然属于细节问题，但对写作却有着重要的影响。

（二）大学英语写作教学创新

1. 运用"互联网＋"翻转课堂模式

现如今，国家大力发展素质教育，因此，有关部门在创建"互联网＋教育"平台时，必须承认学生的主体地位，转变自身的教学理念，积极帮助学生将所学知识内化为自己的能力。因此，将传统的教学模式转变为"互联网＋"翻转课堂模式有利于教师更好地把握学生在学习过程中产生的疑难问题，并针对这些问题与学生进行交流互动，提高教学的实效性。这种教学思路在英语写作教学中同样适用。为提升英语写作教学的实效性，教师应该利用互联网上的资源优化学习流程，将自身主导者的角色变为指导者，整理学生在教学过程中遗留下的重点、难点问题，并在课堂活动中集中解决。教师也可以为学生营造较为轻松的课堂氛围，改变传统的写作教学方式，使用图片、视频等较为直观的形式激发学生的创作灵感，提高学生的创作质量。

学生在进行写作训练时，首先需要对写作材料进行收集，可以通过互联网查找与写作主题相关的材料，并将自己收集的写作资源有选择地运用在写作中。在进行写作训练的初期，教师也要允许学生对比较优秀的范例进行模仿，以提高自己的写作技巧。教师也可以在学生进行英语写作前提出自己的要求，并引导学生在此范围内寻找可以应用的写作材料。这种方式不仅有利于提升学生搜索写作材料的效率，还可以在此基础上不断丰富文章内容。教师可以在学生动笔写作之前，把自己对于英文写作的要求上传至互联网平台供学生下载查看，这样，学生就能够忽略时间与空间的影响，对英语写作资料进行全面的收集。

2. 运用"互联网＋"微课模式

要想使大学英语写作教学蓬勃发展，高校与教师就必须主动对大学英语写作的教学方式进行创新，只有这样才能满足学生的写作需求，也只有这样，高校英语专业才能够为社会不断输送优秀的英语专业写作人才。

微课在高校英语写作教学方式创新中是一种非常重要的形式，教师可以利用微课对学生提出写作前的要求，为学生列出写作大纲，制定一系列在写作过程中必须注意的事项等。制作微课不仅能够提升学生的参与热情，还能够使学生保持独立思考的能力。在微课的制作内容上，教师不仅可以提出关于写作的要求，还可以将学生在写作过程中遇到的难点、重点进行汇总，并以微课的形式呈现给学生，引导学生主动参与，交流自己的经验与不足。教师利用互联网平台发布自己对于学生的写作要求后，就可以为学生揭晓英语写作题目了。在看到题目之后，学生需要做到：第一，在脑海中搜寻有关知识，形成初步大纲；第二，要根据教师的要求将写作的重点把握好；第三，在开始着手写作时，要分析自己可能会在哪个地方出现问题，在哪些方面还可以做得更好。学生与教师进行写作前的讨论，既能够为学生接下来的写作提供思路，也可以提高他们的英语口语能力，培养其英语思维能力。为了提高英语写作题目的应用价值，教师应该引导学生先将写作提纲确定下来，然后为他们标出重点内容，帮助他们优化作文写作结构。

在英语写作的收尾阶段，教师可以利用互联网上的资源制作微课，将关于英语写作的知识点集中在微课视频中，满足学生的学习需求，使他们独立完成课堂写作。学生为了提高自己的写作能力，可以在正式写作前收集一些对自己的写作有帮助的资料，合理地运用在自己的作文写作中，也可以利用网络上的写作资源帮助自己提升自主学习能力，将已经完成的作文上传到网络共享平台中，让他人来评价自己的作文，在这个过程中不断强化自己与其他人沟通的能力。

第一，学生在网络平台中对他人的作文进行批改时，要在做批注时写上自己对这篇文章的想法与建议，可以将这篇文章中写得比较好的部分摘抄下来，学习别人的表达方式，不吝啬自己对他人的赞美。

第二，教师在让学生互评完之后，就要从中选出一些较为典型的优秀作文为学生进行讲解，让学生知道自己之后在写作时的努力方向，也能够帮助学生解决在写作过程中遇到的一些重难点问题。教师要仔细留心这些重难点问题，有些问题出现的次数较多，那就说明学生在这个问题上有着相同的困惑，这时，必须将这个问题为学生讲解清楚，防止他们在这个问题上浪费更多的时间。

第三，对于在写作课程中表现较好、理解力较强的同学，教师可以为他们给予一定的奖励，也可以为其他同学树立榜样，增强大家对于英语写作的自信心。

3. 运用"互联网＋"慕课模式

在"互联网＋"背景下，高校英语教师必须学会利用网络上的资源，结合线上与线下的教学，结合现实中学生的需要，使慕课上的网络资源以更加直观的方式呈现在学生面前。作为学生学习的引导者与课堂的组织者，在互联网如此发达的今天，为了提高学生的课堂参与度，激发学生对于英语写作的积极性与学习兴趣，教师必须利用好慕课这一网络教育平台，为学生展开各种形式的教学活动。与传统的课堂教学不同，在新型的教学模式下，小组合作、游戏写作等形式新颖的教学方式能够使教学形式日益丰富起来，在提高课堂活跃度的同时，也能够提升学生的课堂写作质量。除此之外，教师要能够将本阶段对于学生英语写作的要求熟记于心，并且在为学生展示经典案例时，可以选择一些较为生活化的例子，这样不仅可以将学生所学的英语知识与他们的实际生活联系起来，还可以提高他们的学习兴趣。为学生布置写作题目后，可以引导学生利用互联网收集他们所需要的写作材料，并鼓励他们对收集到的资源进行有效整合，帮助他们调整作文结构，这有利于在初期提升学生的写作效率，节约课堂写作的时间。

教师在为学生设计写作任务时，不仅要考虑写作任务的连贯性，还要注意写作任务与所学知识的系统性。在高校英语写作教学中，写作长度、时间与类型是分割教学活动阶段的三个变量，它们将教学活动分割成了三个阶段。

第一阶段要求学生在选取写作任务时，要选取有字数限制，但是没有时间限制的记叙型写作。之所以要求这个阶段的学生选取记叙型写作，就是因为这个类型的写作难度相对较小，学生只需要根据时间或者事情的发展经过，将事情的状况描述清楚就可以了。在这个阶段，教师可以使用多个类型的话题为学生布置记叙型短文的写作任务，这样做的目的是使学生将自己的注意力转移到英语写作中来，激发他们的写作兴趣，然后在这个过程中帮助学生收集一些更加地道的表达方式。

第二阶段是要求学生能够对写作题目给出的某个事物或图片中的情况进行详细的说明与介绍，这是在培养学生说明型写作的能力。在书写说明型文章时，教师要为学生们讲解说明型文章所用语言的风格，由于说明型文章的表达相对凝练与抽象，因此，这种类型的文章对于学生词汇与语法、句式的要求较高，但只要学生们掌握了这种类型文章的写作技巧，就能够提升自己的书面表达能力。教师在学生进行说明型写作时，要尽量鼓励学生将简单句组合起来，变为较长的复合句，这对于学生思维的训练有着非常大的帮助，也能够为议论型文章的写作打下坚实的基础。

第三阶段就是要求学生对时间与长度都有限制的议论型进行写作。对于议论型写作来说，最重要的就是要对某一个话题发表自己的观点与看法，这就是议论文的核心。教师在为学生布置议论型文章的写作任务时，必须为学生讲解清楚，议论文不仅要能够将自己的观点表达出来，还要言之有物、言之有理。在议论文中，除了论点与论据，在论证过程中所列举的实例也是必不可少的。在对实例进行叙述的过程中，可以将前两个阶段所学的关于记叙文与说明文的写作技巧应用其中，这也能够对前两个阶段进行巩固练习。在议论型文章中，限制长度是为了让学生学会对文章中的语法结构与论据做出相应的取舍，而限制时间也能够使学生形成紧迫感，促使学生使用更为精练的语言表达出自己的观点与看法。

在互联网时代背景下，大学英语写作教学要求教师必须不断提升自己的信息化思维使用能力。为了达到这一目标，可以从以下三方面进行改进。首先，要提升高校英语教师的准入门槛，将教师拥有一定的信息化素养作为高校招聘教师的要求之一。其次，要对高校内在任的教师进行定期的信息技术培训，将信息技术考核添加到教师的技能考核中，优化现有教师的教学方式与教学理念，切实提高高校英语写作教学的实效性。最后，为使在任教师与时俱进，不断更新自己的教学理念与思维方法，就必须为他们提供相应的培训课程，使他们相互交流授课技巧，拓宽其思维培养渠道。

参考文献

[1] 乔姆斯基 . 句法结构 [M]. 陈满华，译 . 2 版 . 北京：商务印书馆，2022.

[2] 内申，顾永琦 . 外语词汇教学的方法 [M]. 北京：外语教学与研究出版社，2019.

[3] 库玛 . 全球化社会中的语言教师教育："知""析""识""行"和"察"的模块模型 [M]. 赵杨，付玲毓，译 . 北京：北京大学出版社，2014.

[4] 蔡基刚 . 学术英语：理工 [M]. 北京：外语教学与研究出版社，2012.

[5] 章兼中 . 国外外语教学法主要流派 [M]. 福州：福建教育出版社，2016.

[6] 莱考夫，约翰逊 . 我们赖以生存的隐喻 [M]. 何文忠，译 . 杭州：浙江大学出版社，2015.

[7] 孟冬梅 . 最近发展区视角的词块习得研究 [M]. 南昌：江西人民出版社，2017.

[8] 埃利斯 . 第二语言习得概论 [M]. 牛毓梅，译 . 北京：商务印书馆，2015.

[9] 奥苏伯尔 . 教育心理学：认知观点 [M]. 余星南，宋钧，译 . 北京：人民教育出版社，1994.

[10] 布卢姆 . 教育目标分类学：第一分册 认知领域 [M]. 罗黎辉，丁证霖，石伟平，等译 . 上海：华东师范大学出版社，1986.

[11] 夏珺 . "主题式"语言课程中二语写作词汇发展研究 [M]. 南京：南京大学出版社，2014.

[12] 李绍鹏 . 动态系统理论视角下的二语写作发展研究 [M]. 上海：上海外语教育出版社，2019.

[13] 朱慧敏 . 大学生英语写作中的词汇丰富性发展特征研究 [M]. 上海：上海外语教育出版社，2013.

[14] 李红梅，张鸢，马秋凤 . 高校英语词汇教学与习得研究 [M]. 武汉：武汉大学出版社，2016.

[15] 张海燕.核心素养理念下英语教师教育专业培养模式 [M].南京：南京大学出版社，2018.

[16] 李博琳.克拉申"语言输入假说"综述 [J].海外英语，2021（12）：103-104.

[17] 李娜.克拉申二语习得理论对英语教学的启示 [J].校园英语，2018（23）：29-30.

[18] 潘红.鲁梅尔哈特（Rumelhart）学习模式对课堂教学的启示 [J].山东外语教学，2008（5）：74-77.

[19] 袁利平，杨阳.施瓦布的"实践"概念及课程旨趣 [J].全球教育展望，2020，49（1）：17-26.

[20] 何守仁，陈婷婷，李晓琳.关于微课程应用于教学的思考 [J].才智，2014（28）：101.

[21] 包宗鑫.高校英语课堂教学评价方式改革探索研究 [J].赤峰学院学报（汉文哲学社会科学版），2022，43（6）：106-110.

[22] 王蕊.高校英语教师企业实践对未来英语教学设计的新思路 [J].中外企业文化，2022（6）：178-180.

[23] 王勇，彭洁予，俞明俍.高校英语专业课课程思政教学研究与实践：以上海兴伟学院"跨文化交际"课程为例 [J].教育教学论坛，2022（25）：96-99.

[24] 莫兼学.基于《中国英语能力等级量表》的高职英语教学改革研究 [J].中国职业技术教育，2018（23）：87-90.

[25] 蔡基刚.教育国际化背景下的大学英语教学定位研究 [J].外国语（上海外国语大学学报），2012，35（1）：69-76.

[26] 李莉，于曼泽.新时代高校英语专业课堂构建与优化 [J].食品研究与开发，2022，43（12）：236.

[27] 吴彦龙.中国传统文化在高校英语教育教学中的融合路径分析 [J].食品研究与开发，2022，43（12）：238.

[28] 李恩庆.英语翻译教学理论与实践探析：评《高校英语翻译教学研究》[J].中国高校科技，2022（6）：107.

[29] 高璐夷 . 高校英语专业课程思政建设中的问题与改进策略 [J]. 遵义师范学院
学报，2022，24（3）：128-131.

[30] 潘嵩 . 高校英语教学中学生跨文化交际能力培养探究 [J]. 辽宁广播电视大学
学报，2022（2）：98-100.

[31] 贾卫国 . 解读修订后的《大学英语课程教学要求》[J]. 外语电化教学，2009
（3）：24-27.

[32] 龚涵 . 大学英语教学现状与跨文化交际教学结合：评《跨文化交际英语教学
与研究》[J]. 外语电化教学，2021（6）：112.